PROCESSO ADMINISTRATIVO TRIBUTÁRIO

**LÍDIA MARIA LOPES
RODRIGUES RIBAS**

PROCESSO ADMINISTRATIVO TRIBUTÁRIO

*3ª edição,
revista, ampliada e atualizada*

PROCESSO ADMINISTRATIVO TRIBUTÁRIO

© Lídia Maria Lopes Rodrigues Ribas

1ª edição: 3.2000; 2ª edição: 4.2003

ISBN: 978-85-7420-843-5

Direitos reservados desta edição por
MALHEIROS EDITORES LTDA.
Rua Paes de Araújo, 29, conjunto 171
CEP 04531-940 — São Paulo — SP
Tel.: (011) 3078-7205 — Fax: (011) 3168-5495
URL: www.malheiroseditores.com.br
e-mail: malheiroseditores@terra.com.br

Composição
Acqua Estúdio Gráfico Ltda.

Capa
Criação: Vânia Lúcia Amato
Arte: PC Editorial Ltda.

Impresso no Brasil
Printed in Brazil
01-2008

Ao meu pai, símbolo de força e de coragem,
que me estendeu os braços
e me apontou para mais além, mais adiante!

À minha mãe, alma grande, serena e branda!
Templo de bondade, refúgio vasto de amor intenso.
Tal como a luz,
converte em harmonia qualquer confusão ou assombro
e com magia meu vigor inflama!

PREFÁCIO

1. De uns tempos a esta parte fala-se muito num *direito processual constitucional*, que teria por objeto o estudo do significado, conteúdo e alcance dos princípios e normas contidos na Carta Magna, que traçam o perfil da jurisdição. *Jurisdição* no sentido de "dizer o Direito", não só na esfera judicial, como na administrativa.

Trata-se, pois, de tema atualíssimo, que revela o louvável empenho do mundo jurídico em vincular todo e qualquer processo à Constituição, até para que se efetive o sagrado direito à *ampla defesa*.

Tal direito encontra adequada explicação no art. 5º, LV, da Lei Maior: "aos litigantes, em processo judicial ou administrativo, e aos acusados em geral são assegurados o contraditório e ampla defesa, com os meios e recursos a ela inerentes".

Esta norma, longe de ser meramente programática, é de eficácia plena – e, portanto, de aplicabilidade imediata. Nem mesmo uma emenda constitucional poderá revogá-la ou lhe diminuir a extensão. Por muito maior razão não o poderão fazer a lei *lato sensu* (aí compreendida a medida provisória) e o ato administrativo.

Calha referir que a *defesa* a que alude o precitado inciso é aquela em que há *acusado*. Portanto, mesmo no processo administrativo tributário ela deve ser amplamente assegurada, sob pena de incontornável nulidade.

Já estamos percebendo que *direito à ampla defesa* não é um mero *rótulo*. É, sim, o direito constitucional subjetivo de rebater as irrogações feitas, com todos os seus consectários: o direito de tomar ciência da acusação, o direito de oferecer contestação e provas, o di-

8 PROCESSO ADMINISTRATIVO TRIBUTÁRIO

reito à observância do devido processo legal (*due process of law*), o direito à dupla instância administrativa – e assim avante.

Em suma – e já nos aproximando do nosso assunto central –, a Administração Fazendária, quando quer apurar a prática de eventuais irregularidades por parte do contribuinte, para, ser for o caso, sancioná-lo, deve necessariamente observar um processo legal em que se lhe enseje o exercício do direito à ampla defesa, com os meios (provas) e recursos (duplicidade de instância) a ela inerentes.

2. Infelizmente, ainda há um autoritarismo entranhado na Receita, que, não raro, julga-se senhora do processo administrativo tributário, a ponto de decidir, segundo critérios próprios, quando e como instaurá-lo, qual a sucessão de atos a nele serem observados, que petições dos contribuintes serão, ou não, recebidas, que autos não poderão ser retirados da repartição, ainda que por advogado regularmente constituído, etc.

Nada disso, evidentemente, encontra acústica na Constituição.

Com efeito, mesmo nos processos administrativo-tributários devem ser garantidos os direitos elementares dos acusados antes de serem tomadas, contra eles, quaisquer medidas sancionatórias. Noutro giro verbal, impõe-se seja dado aos contribuintes pretensamente faltosos o total conhecimento do processado, com a possibilidade de intervirem ativamente nos feitos, rebatendo, já na instância administrativa, provas, presunções, ficções ou indícios contra eles levantados pelo Fisco.

3. É o compromisso com estas idéias elementares que ressai de todas as páginas deste excelente livro da professora Lídia Maria Lopes Rodrigues Ribas.

Antes de tudo, vamos logo advertindo que, nele, a autora, ao invés de buscar caminhos tortuosos, a pretexto de revelar erudição, preferiu percorrer as sendas da simplicidade. Tal opção, porém, não implicou abandono da correção teórica das proposições apresentadas. Apenas possibilitou-lhe – o que é uma inegável vantagem – expor idéias complexas de maneira clara e perfeitamente inteligível.

A autora, que já brindara o mundo jurídico nacional com uma pequena obra-prima (*Questões Relevantes de Direito Penal Tributário*, 2ª ed., São Paulo, Malheiros Editores, 2004), oferece, agora, ao público leitor este estudo de maior fôlego e ambição: *Processo Administrativo Tributário*.

PREFÁCIO 9

O livro, redigido sob minha orientação, foi inicialmente apresentado, como tese de Doutorado, no Programa de Pós-Graduação em Direito da Pontifícia Universidade Católica de São Paulo.

Mercê de suas qualidades, foi aprovado com distinção, tendo a Banca Examinadora recomendado, de modo expresso, fosse publicado.

De fato, poucos trabalhos, no Brasil, tratam deste intrincado assunto com tamanha cientificidade. Posso tranqüilamente afirmar que ele se ombreia com os melhores já escritos, inclusive em Portugal e na Espanha, onde o tema tem despertado vivo interesse e, por isso mesmo, ensejado eruditas monografias.

4. Entrando um pouco no temário, antecipamos que a professora LÍDIA MARIA, depois de desenvolver um amplo estudo do direito constitucional processual e tratar dos grandes princípios que o informam (igualdade, legalidade, devido processo legal, oficialidade, informalidade etc.), volta suas atenções para os atos administrativo-tributários, conceituando-os e apontando-lhes os vícios e os modos de serem revistos e extintos.

Ato contínuo, demora-se no estudo do pouco conhecido instituto da *consulta tributária*, chegando, a respeito, a conclusões criativas e originais.

Debruça-se, de seguida, sobre o processo administrativo-tributário propriamente dito, discorrendo sobre seu *iter*, seus recursos e os requisitos a observar para a validade das decisões nele prolatadas.

Merece especial menção o capítulo da obra em que a autora cuida do crucial problema das provas (meios de prova, ônus da prova, presunções etc.). Nele, exibe à larga seus vastos conhecimentos do assunto.

O trabalho encerra-se com uma original análise do sempre atual "Controle Jurisdicional da Administração Tributária", que não destoa daquilo que de melhor já se escreveu a respeito.

Por todos estes motivos, tenho certeza de que não exagero dizendo que a obra em tela é imprescindível na biblioteca de quem queira ingressar, com um bom guia, nos pouco conhecidos meandros do processo administrativo tributário.

5. A professora LÍDIA MARIA LOPES RODRIGUES RIBAS é jurista extremamente conhecida e respeitada nos meios universitários, fiscais e forenses do Estado de Mato Grosso do Sul. Professora na Universidade Federal de Mato Grosso do Sul, em Campo Grande, foi Assessora Especial da Secretaria de Fazenda do Governo do Mato Grosso do Sul e já presidiu o Tribunal Administrativo Tributário desse Estado, além de ter ocupado outros cargos no Poder Executivo. Tem também proferido palestras e conferências em vários centros culturais.

A par disto, a professora LÍDIA MARIA vem se destacando pela seriedade e competência com que se dedica à pesquisa científica, tendo já publicado vários e importantes artigos jurídicos, quer em revistas especializadas, quer na imprensa de seu Estado.

Em suma, alia aos conhecimentos teóricos uma grande experiência prática. Tais qualidades contribuíram, por sem dúvida, para engrandecer a obra que ora estou tendo a honra de apresentar.

6. Eis por que recomendo a leitura do livro e, ao mesmo tempo, manifesto minha alegria por ver confirmados meus vaticínios: hoje, a professora LÍDIA MARIA LOPES RODRIGUES RIBAS já figura, sem favor algum, entre as estrelas de primeira grandeza do direito tributário brasileiro.

São Paulo, 6 de janeiro de 2000

ROQUE ANTONIO CARRAZZA
Professor da Cadeira de Direito Tributário
da Faculdade de Direito
da Pontifícia Universidade Católica de São Paulo

SUMÁRIO

Prefácio (PROFESSOR *ROQUE ANTONIO CARRAZZA*) 7

Nota à 3ª Edição 15

Introdução 17

Capítulo I – Teoria Geral
do Processo Administrativo Tributário

1. Tutela jurídica 21

2. Tributação e o paradigma constitucional do Estado Democrático de Direito 24

3. Direito substancial e direito processual 28

4. Direito constitucional processual 31

5. Princípios 35

   5.1 Princípios gerais 39

     5.1.1 *Igualdade* 39

     5.1.2 *Legalidade* 40

     5.1.3 *Devido processo legal* 41

       5.1.3.1 Ampla defesa 43

       5.1.3.2 Contraditório 45

   5.2 Princípios específicos 47

     5.2.1 *Legalidade objetiva* 47

     5.2.2 *Oficialidade* 47

     5.2.3 *Informalidade* 48

     5.2.4 *Verdade material* 49

     5.2.5 *Princípio inquisitivo* 50

     5.2.6 *Revisibilidade* 51

6. Natureza jurídica 52

12 PROCESSO ADMINISTRATIVO TRIBUTÁRIO

7. *Processo e procedimento* 54
8. *Objeto* 58
9. *Relação jurídica* 59
10. *Eficácia* 63
11. *Interpretação* 65

Capítulo II – Atos Administrativos Tributários

1. Atos administrativos

1.1 Conceito 69
1.2 Requisitos 70
1.3 Discricionariedade administrativa 74
1.4 Espécies 78
2. Ato e procedimento 79
3. Vícios e conseqüências 81
4. Revisão dos atos 86
5. Extinção dos atos 92

Capítulo III – Consultas Tributárias

1. Direito à consulta tributária 97
2. Agentes 103
3. Objeto e forma 106
4. Efeitos 110

Capítulo IV – Fases do Processo Administrativo Tributário

1. Controle da legalidade 115
2. Histórico 124
3. Impugnação ou reclamação 134
4. Julgamento singular 136
5. Recursos – Revisão 138
6. Requisitos das decisões administrativas tributárias
  6.1 Motivação e publicidade 144
  6.2 Imparcialidade 147

SUMÁRIO

7. Inscrição em dívida ativa 149

8. Importância do processo administrativo tributário 152

Capítulo V – Competência dos Órgãos Julgadores Administrativos Tributários

1. Constitucionalidade e legalidade 161

2. Efeitos da decisão 169

3. Decisão administrativa e ação judicial 174

Capítulo VI – Provas

1. Poderes de cognição dos julgadores 191

2. Meios de prova 195

    2.1 Conceito 196

    2.2 Prova magnética 199

    2.3 Prova emprestada 201

    2.4 Prova ilícita 203

3. Ônus da prova 204

4. Presunções 208

5. Perícia e diligência 212

Capítulo VII – Controle Jurisdicional da Administração Tributária

1. Controle judicial 215

2. Mandado de segurança 222

Conclusões 233

Bibliografia 241

NOTA À 3ª EDIÇÃO

Durante muito tempo o processo administrativo tributário foi pouco trabalhado enquanto disciplina que sistematiza os princípios e regras que lhe são atinentes, pela formulação teórica que lhe deve ser peculiar.

Aos poucos vem sendo integrado aos programas acadêmicos, seja em nível de graduação e principalmente de pós-graduação. E tem suscitado maior interesse por parte dos operadores do Direito, especialmente no âmbito processual tributário.

Enquanto mecanismo alternativo na solução dos conflitos em matéria tributária, o processo administrativo tributário vem se impondo como instrumento de grande importância, não só no Brasil como em outros países, pela contribuição no aperfeiçoamento da relação fisco/contribuinte.

Esta consagração do processo no âmbito administrativo com gênese constitucional é circunstância da evolução das instituições jurídicas brasileiras, resultado do aperfeiçoamento do Estado Democrático de Direito, pela experiência jurídica vivenciada ao longo do décadas.

Na 2ª edição havíamos introduzido a discussão da tributação e o paradigma constitucional do Estado Democrático de Direito e consolidado aspectos teóricos e práticos evidenciados pela pesquisa da legislação, doutrina e jurisprudência.

Nesta 3ª edição são abordadas importantes inovações afetas ao contexto do processo administrativo tributário. Dentre elas estão: a possibilidade de utilização da *prova magnética* no processo administrativo tributário; a hipótese de *revisão judicial do mérito dos atos administrativos*; os *efeitos da Emenda Constitucional 42*, que prevê a integração das atividades tributárias; a *súmula vinculante*

16 PROCESSO ADMINISTRATIVO TRIBUTÁRIO

em relação aos atos administrativos, trazida pela Emenda Constitucional 45, além de ajustes de estrutura, atualização e redação. Assim, esta publicação propõe-se ser útil aos debates processuais tributários no âmbito administrativo.

INTRODUÇÃO

O aprofundamento dos estudos do ato administrativo desde a década de 70 e o desenvolvimento das relações fisco/contribuinte, a partir da maior consciência do cidadão diante do papel arrecadador do Estado, alavancaram o interesse pela necessidade de aprofundamento das discussões sobre os litígios resultantes.

A busca de mecanismos de solução dos conflitos fora do Poder Judiciário se dá no mundo inteiro, e no Brasil a Constituição de 1988 assegurou aos litigantes no processo administrativo o contraditório e a ampla defesa, que se configuram como pilastras da segurança jurídica.

Daí a importância do *processo administrativo tributário* como instrumento de atuação do direito material e alternativo em matéria tributária, que, para cumprir seu papel, há de ter trâmite claro, lógico, que atenda aos princípios da ordem jurídica, cuja matriz é idêntica à do Judiciário, em que o contribuinte tem um espaço de exercício de cidadania.

Os *órgãos judicantes* administrativos, embora com autonomia em relação à *Administração ativa* e com representantes do fisco e da sociedade, hão de ser fortalecidos, para agilizar a solução dos conflitos entre a Administração e os contribuintes, mantendo as garantias e reproduzindo os feitos tributários no Judiciário, ainda que a escolha do *fórum* perante o qual deseja postular seus direitos fique a critério exclusivo do contribuinte. A opção pela via administrativa é constitucionalmente pertinente e desejável, pala vantagem de ser atrativa pela gratuidade, efeito suspensivo dos recursos e com a certeza das garantias constitucionais.

A obrigação tributária resume condições peculiares em relação a outras obrigações de natureza civil, o que exige sistematização do processo tributário, sendo preciso que haja conectores entre o processo administrativo tributário e o judicial, resultando em regras que evitem repetições nas fases administrativa e judicial, visando à agilização, mantendo-se as garantias.

O objetivo deste trabalho é apresentar e aprofundar essas questões, apresentando soluções que, norteadas pelo princípio da legalidade tributária, juntamente com outros princípios, liberdades e garantias, obterão plena recepção no ordenamento.

A realidade do processo tributário brasileiro, hoje, evidencia a falta de estruturação do sistema de acordo com os valores do Estado de Direito, apontando para a necessidade de que o Estado se estruture e organize juridicamente visando a um melhor encaminhamento das questões tributárias, tendo em vista um sistema que tutele os direitos dos contribuintes de modo ágil e eficaz – o que implica revisão de um conjunto de posições do corpo doutrinal, que pareciam solidamente assentadas, sobre o objeto e papel do processo administrativo tributário e sua natureza.

Cabe demonstrar, neste estudo, que o processo tributário terá de ser estruturado segundo os princípios constitucionais, mas com uma vinculação em relação a outros princípios processuais que atendem à natureza dessa relação obrigacional tributária e com a necessária conexão entre o processo judicial e o administrativo.

A obtenção da verdade material que impende à *Administração judicante* é conseqüência da legalidade tributária e tem natureza constitucional, para cuja estrutura processual é indispensável o princípio inquisitório. Essa finalidade do processo administrativo tributário tem imediatos efeitos nos princípios ou máximas que o estruturam, para assegurar uma efetiva tutela legal, refletida pelos poderes de cognição dos julgadores na delimitação fática do processo e na natureza e limites do objeto do processo.

Exatamente da recepção desses princípios e da natureza das relações jurídicas tributárias, concebidas erroneamente como relação de poder ou de direito civil, decorre a inaceitabilidade de algumas das formulações atuais.

É imperioso referir, ainda, a importância da tutela judicial dos direitos dos contribuintes, que a Constituição garante, cuja intervenção na resolução dos conflitos entre o fisco e os contribuintes assegura a *unidade jurisdicional* do sistema brasileiro.

Do início ao fim do estudo são identificadas as várias unidades do processo administrativo tributário, pelo conhecimento de seus conteúdos de significação e sua descrição lógica, o que leva ao conhecimento das bases fundamentais para a edificação de um conjunto sistematizado do processo administrativo tributário, sem a pretensão de se chegar à exaustão, mas com a limitação e a profundidade que permitem uma visão unitária e clara das matérias envolvidas.

Capítulo I

TEORIA GERAL DO PROCESSO ADMINISTRATIVO TRIBUTÁRIO[1]

1. Tutela jurídica. 2. Tributação e o paradigma constitucional do Estado Democrático de Direito. 3. Direito substancial e direito processual. 4. Direito constitucional processual. 5. Princípios: 5.1 Princípios gerais: 5.1.1 Igualdade – 5.1.2 Legalidade – 5.1.3 Devido processo legal: 5.1.3.1 Ampla defesa – 5.1.3.2 Contraditório – 5.2 Princípios específicos: 5.2.1 Legalidade objetiva – 5.2.2 Oficialidade – 5.2.3 Informalidade – 5.2.4 Verdade material – 5.2.5 Princípio inquisitivo – 5.2.6 Revisibilidade. 6. Natureza jurídica. 7. Processo e procedimento. 8. Objeto. 9. Relação jurídica. 10. Eficácia. 11. Interpretação.

1. Tutela jurídica

O Direito é um mecanismo imprescindível à segurança jurídica. Como instrumento de organização social por excelência, implementa condições objetivas para que a segurança seja a maior possível.

A própria necessidade da segurança jurídica ordenada justificou a criação do Estado em uma perspectiva positivista, segundo a qual Estado e Direito se identificam.

1. Embora se entenda tecnicamente mais correta a utilização da expressão "processo administrativo tributário" para especificar o conjunto de atos administrativos desenvolvidos pela manifestação da Administração e do contribuinte a respeito da relação jurídica tributária para solução das controvérsias sobre questões pertinentes aos tributos, no âmbito da esfera administrativa, não se afasta o uso da terminologia "processo administrativo fiscal", uma vez que tem sido comumente utilizada pela doutrina e pela jurisprudência.

PROCESSO ADMINISTRATIVO TRIBUTÁRIO

Tal visão formalista não alcança a dinâmica de um Estado de valores, uma vez que a segurança jurídica requer a existência de um Estado que seja eticamente aceitável.

No dizer de Santi Romano, "se, às vezes, se diz que o Direito é a alma e o princípio vital dos corpos sociais e, portanto, do Estado, isto não significa que Direito e corpo social sejam duas coisas diversas, porém unidas, e muito menos que o primeiro seja um produto ou uma função do segundo, porque aquela idéia pretende rebater o conceito segundo o qual um não pode separar-se do outro nem material, nem conceitualmente, como não se pode separar, a não ser por uma abstração falha, a vida do corpo vivente".[2]

Para César García Novoa[3] a segurança jurídica só pode ser entendida na atualidade como uma conseqüência básica do Estado Social e de Direito. Para ele a configuração da segurança jurídica tem como fatores decisivos a racionalidade do ordenamento e o sentido de sistema.

A vontade do Estado expressa-se pelas normas jurídicas, cuja função instrumental é atingir fins e objetivos por meio de determinados comportamentos humanos, regulando condutas. Ao regular determinados comportamentos, essas normas estão também impondo seu respeito ao resto da coletividade, cuja garantia é efetivada pela imposição de sanções.

Na visão kelseniana a estrutura da norma jurídica estabelece um enlace formal entre a hipótese normativa e um mandamento, cuja relação de imputação prevê uma sanção para que se alcance seu efeito coercitivo.

São pressupostos da segurança jurídica – sem referência expressa, mas decorrente do sistema de garantias previstas na Constituição como um todo –, aqui considerada como um sobreprincípio no altiplano dos patamares do ordenamento, a existência de norma jurídica, a obediência ao princípio da irretroatividade, o conhecimento prévio por parte dos destinatários (publicidade da norma) e sua definitividade. São esses requisitos que propiciam a certeza do Direito.

As normas tributárias compõem o ordenamento jurídico como normas impositivas de condutas positivas que tomam como base a

2. Santi Romano, *Princípios de Direito Constitucional Geral*, p. 73.
3. César G. Novoa, "Seguridad jurídica y derecho tributario", in *Estudos em Homenagem a Geraldo Ataliba-1: Direito Tributário*, p. 50.

TEORIA GERAL DO PROCESSO ADMINISTRATIVO TRIBUTÁRIO 23

realização de pressupostos do tributo. Com a realização dessas condutas nasce uma relação plenamente jurídica.

Os interesses suscetíveis de tutela são derivados da apreciação de novas funções de desenvolvimento dos entes públicos. A tutela jurídica em matéria tributária diz respeito tanto à proteção do particular contra medidas arbitrárias e ilegais da autoridade administrativa como à proteção da Fazenda Pública contra a conduta ilegal do sujeito passivo tributário ou terceiro.

O valor normativo do ordenamento tributário fundamenta-se nos princípios constitucionais tributários, que realizam valores como a justiça, que deve reger as relações sociais, finalidade essencial do Estado de Direito.[4]

O Estado de Direito exige um sistema eficiente de controle da constitucionalidade das leis, a efetividade do acesso ao Judiciário e a garantia de tutela do indivíduo diante do Estado.

A tutela jurisdicional é formada por um conjunto de medidas processuais estabelecidas pelo legislador para conferir efetividade a uma situação amparada pelo direito substancial; ou seja, a tutela consiste na prestação jurisdicional, repressiva ou preventiva, que assegure o direito subjetivo substancial ao seu titular. Sendo instrumento da tutela, o processo está a serviço do resultado, que é a pacificação dos conflitos. Tratando-se de relações entre contribuintes e os entes políticos, pode-se ter, além da tutela jurisdicional, a tutela administrativa tributária, que também é meio de pacificação social.

A tutela jurídica tributária administrativa relaciona-se com as regras do processo que permitam tornar mais efetiva a defesa dos direitos dos contribuintes e dos direitos da Fazenda Pública. Mas – com abono

---

4. No entendimento de Roque Carrazza o *Estado de Direito* não se confunde com o *Estado Constitucional*, já que no primeiro a idéia nuclear é a sujeição do Estado ao Direito, e no segundo – que surgiu para eliminar os poderes ilimitados do Estado – a Constituição dá ao indivíduo um campo privativo diante do Poder Público (Executivo, Judiciário e Legislativo). O Estado, em igualdade com o particular, sujeita-se à Constituição, à lei e à jurisdição. "(...), nos *Estados Constitucionais*, a Constituição, Lei das Leis, é o fundamento de validade de toda a ordem jurídica nacional, disciplinando a atuação não só dos Poderes Executivo e Judiciário, senão, também, do Poder Legislativo" (Roque Carrazza, *Curso de Direito Constitucional Tributário*, 23ª ed., p. 389). Entendendo-se que o Estado de Direito evoluiu para o Estado Constitucional, e embora este resulte em uma melhor concepção, adota-se a terminologia "Estado de Direito" com o sentido mais amplo, por ser mais comum seu uso pela doutrina e pela jurisprudência.

24 PROCESSO ADMINISTRATIVO TRIBUTÁRIO

na opinião de Luís Eduardo Schoueri – "o fundamento do 'processo' administrativo tributário não é o direito das partes, mas sim a verificação da possibilidade de concretização ou não do lançamento".[5]

2. Tributação e o paradigma constitucional do Estado Democrático de Direito

Para tratar questões jurídicas na relação fisco/contribuinte é necessário que se parta da análise do conceito de Estado Democrático de Direito, observando a mudança de seus paradigmas no processo histórico, promovendo uma reflexão sobre suas transformações, à luz dos direitos fundamentais, já que estes adquirem significativa importância na conjuntura estatal. Um sistema de princípios e regras deve ser o meio utilizado para promover o aprimoramento da ordem jurídica, limitando e controlando o poder do Estado, na realização de uma ordem social justa.

Como organização jurídico-política das sociedades civilizadas, o Estado Constitucional Democrático fundamenta-se em instrumental jurídico eficaz para a consecução da cidadania, em que o homem detentor de liberdades públicas assume um papel na construção de um novo conceito de democracia, alicerçado em instituições eficientes e legítimas.

O Direito vincula-se às fontes de integração social, manifestando-se pela prática da autodeterminação, que impõe o exercício das liberdades comunicativas pelos cidadãos, no sentido da soberania da justiça.

Na visão de Soares, "a construção do paradigma Estado Democrático de Direito, (...) além da soberania popular no que tange ao poder constituinte e ao poder estatal, exige um governo popular assente nas prerrogativas constitucionais dos representantes eleitos, na vinculação de todos atos estatais e do legislador à Constituição, no direito dos cidadãos de colaborar com o Estado e participar de políticas sociais, econômicas e culturais de inclusão social e na reestruturação qualitativa das instituições de poder".[6]

---

5. Luís Eduardo Schoueri e Gustavo Emílio C. A. de Souza, "Verdade material no 'processo' administrativo tributário", in *Processo Administrativo Fiscal*, vol. 3º, p. 145.

6. Mário Lúcio Quintão Soares, *Teoria Geral do Estado: o Substrato Clássico e os Novos Paradigmas como Pré-Compreensão para o Direito Constitucional*, p. 169.

TEORIA GERAL DO PROCESSO ADMINISTRATIVO TRIBUTÁRIO 25

Os paradigmas tradicionais devem ser superados diante das novas exigências de transformações sociais, buscando-se a concretização da justiça social, assente em parâmetros constitucionais, a partir de políticas eficazes que incorporem a participação dos cidadãos nos centros de poder.

A efetivação da cidadania ativa no Estado Democrático de Direito pressupõe a garantia e a concretização dos direitos fundamentais, quando é permitido aos seus titulares o exercício efetivo dessa cidadania, pela função de integração, organização e direção jurídica da Constituição.

Diante da realidade das complexas sociedades modernas, impõe-se uma metamorfose do Estado que absorva esquemas de representação, caracterizados pela multiorganização, multipolarização e descentralização da organização política estatal, por meio de sistemas autônomos, auto-organizados e interferentes, como observa Canotilho.[7]

Esta democratização das forças políticas é uma questão de reengenharia constitucional que melhor compreenda o Estado diante da globalização mas que, em respeito a uma ordem internacional democrática, evite a recepção constitucional de institutos jurídicos inadequados à realidade social de cada Estado e viabilize aqueles que contribuam para efetivação da cidadania mais plena e coletiva, com a participação de todos os segmentos sociais.

O Estado Constitucional, além de limitado pelo Direito, ainda se submete a princípios e regras internacionais inevitáveis numa nova ordem mundial universalista, que alcança novos espaços comunitários que se organizam e progressivamente se abrem a uma rede cooperativa de metanormas.

Assim, não há que se ignorar o que está e como está sendo desenvolvido pela ciência jurídica, ainda que isso não implique importar institutos que não se coadunam com a realidade nacional, mas que devem ser analisados e avaliados numa perspectiva do ordenamento brasileiro.

Outro aspecto ligado à engenharia constitucional diz respeito aos mecanismos instrumentais que aprimoram o ordenamento na medida em que não se caracterizem em meras medidas tecnocráti-

---

7. J. J. Gomes Canotilho, *Direito Constitucional*, 6ª ed., p. 15.

26 PROCESSO ADMINISTRATIVO TRIBUTÁRIO

cas sujeitas a se degenerar em arbitrariedade, mas que se constituam em institutos jurídicos adequados à realidade social, configurados pela harmonização da teoria e da prática, pela fundamentação doutrinária.

A Administração Pública democrática exige o estímulo à participação do cidadão na gestão pública, com transparência dos atos administrativos praticados, com publicidade das decisões, das opções consideradas, dos efeitos previstos e das justificativas necessárias.

Enquanto o contribuinte de antes mantinha perante o Estado uma situação de sujeição total em relação ao seu poder impositivo, hoje o Estado está a serviço da comunidade, passando-se à necessária cooperação do cidadão com a comunidade administrativa. O Estado não mais se impõe de modo absoluto diante do cidadão no processo da administração pública.

Segundo o entendimento de Casás,[8] não há mais como aceitar a doutrina que defende a obrigação tributária constitutiva de uma relação de poder, uma vez que no Estado Social e Democrático de Direito o vínculo jurídico que nasce em conseqüência do exercício da potestade tributária normativa encontra no pólo passivo da obrigação um contribuinte-cidadão, e não um súdito.

Houve uma transformação do Estado soberano para um Estado a serviço da comunidade, em que o interesse fiscal não é mais o interesse público do Estado, mas um interesse coletivo, no qual às vezes o interesse do Estado é o do contribuinte.

As novas formas de exercício do poder público, próprias de um Estado Democrático fundado no princípio da soberania popular, co-responsabilizam os cidadãos nas relações Administração Pública/administrados, conduzindo a uma sólida implantação da *democracia administrativa* e à criação de novos direitos fundamentais para o cidadão em suas relações com a Administração Pública, segundo Stippo.[9]

8. José Osvaldo Casás, "El principio de igualdad en el 'Estatuto del Contribuyente' (paralelo entre el pensamiento del maestro uruguayo Ramón Valdés Costa y la doctrina y jurisprudencia de la República Argentina)", *Revista Latinoamericana de Derecho Tributario* 3/57 e ss.

9. Massimo Stippo, "L'accertamento con adesione del contribuente *ex* D. Leg. 19 giugno 1997, n. 218, nel quadro generale delle obbligazioni di diritto pubblico e il problema della natura giuridica", *Rassegna Tributaria* 5/1.233-1.234.

TEORIA GERAL DO PROCESSO ADMINISTRATIVO TRIBUTÁRIO 27

No dizer de César García Novoa,[10] não basta situar a normatividade tributária no marco de um conceito de Estado como ordenamento positivo; é necessário reconhecer as exigências que o Estado Democrático impõe à fiscalidade, superando construções jurídicas formalistas, e proceder a um ajuizamento da legitimidade da norma tributária a partir da perspectiva do Estado de Direito como um Estado de valores, ultrapassando uma formulação meramente legal.

Depois, as relações jurídico-tributárias sofrem, atualmente, grande influência das relações internacionais, não podendo continuar reféns de modelos estáticos, precisando evoluir e se adequar às operações e negócios realizados em tempo real pelos diversos países, em conseqüência dos avanços tecnológicos e do crescimento das relações transnacionais.

A solução dos conflitos tributários efetivada pela prestação jurisdicional tem demonstrado morosidade que resulta em prejuízos para as partes envolvidas: quando o fisco vence, demora para receber seus créditos, e quando vencido tem que arcar com o ônus da sucumbência; por sua vez, o contribuinte também arca com prejuízos das demandas prolongadas – entre outras, tendo dificuldade para obter certidões negativas, com implicações na realização de negócios –, e quando vencido arcando com o ônus da incidência de juros moratórios relativamente ao longo período em que perdura o litígio.

Para Eros Roberto Grau "o sistema jurídico é um sistema aberto, não fechado. Aberto no sentido de que é incompleto, evolui e se modifica".[11] O aparato administrativo do Estado caminha com vistas à efetivação do princípio da eficiência administrativa, já positivado no *caput* do art. 37 da CF, como forma de evolução de um Estado que tem como fim maior o bem-estar social.

No sentido de incentivar e posicionar o ordenamento nacional no rumo das mudanças no panorama jurídico mundial, a Emenda Constitucional 42/2003 alterou o art. 37 da CF, introduzindo o inciso XXII, trazendo a figura da atuação integrada das Administrações Tributárias da União, dos Estados, do Distrito Federal e dos Municípios. Esta inovação no âmbito constitucional é de fundamental

---

10. César G. Novoa em palestra sobre as fórmulas transacionais na resolução de conflitos tributários nas *XXI Jornadas do Instituto Latino-Americano de Direito Tributário – Seminário sobre Mecanismos Alternativos para a Solução de Controvérsias em Matéria Tributária*, Caserta (Itália), setembro/2002.

11. Eros Roberto Grau, *O Direito Posto e o Direito Pressuposto*, p. 22.

28 PROCESSO ADMINISTRATIVO TRIBUTÁRIO

importância no sentido de incentivar a instrumentalização funcional do mecanismo federativo de cobrança e fiscalização das obrigações tributárias. A articulação dos fiscos dos entes da Federação pode também ser considerada política de diminuição de custos da máquina administrativa – o que, em última instância, reflete no aumento da confiança do investidor no país.

É neste quadro atual que se destaca a importância da *praticabilidade da tributação*, criada pela doutrina alemã, que exige a eficiência da Administração, que funciona como justiça, e que não tem sido necessariamente desenvolvida pela doutrina nacional, bem como de medidas concretas para solução de conflitos. O direito tributário ganha quando se criam mecanismos alternativos para solução de conflitos, e o processo administrativo tributário é o mais importante desses mecanismos na relação fisco/contribuinte.

3. Direito substancial e direito processual

O *direito substancial* é formado pelo conjunto de normas de valoração das condutas sociais que objetivam proteger os interesses de estabilidade de determinada formação social. Essas normas destinam-se a regular os conflitos de interesses, de natureza individual ou coletiva, determinando o que deve prevalecer.

Já o *direito processual* é formado pelo conjunto de regras com a finalidade de garantir que a norma substancial seja operacionalizada.[12] A pretensão a um provimento jurisdicional tem natureza processual e conteúdo em outra pretensão, fundada no direito material. No dizer de José Roberto Bedaque[13] – citando Liebman[14] –, a razão

12. Na definição de Cintra/Grinover/Dinamarco (*Teoria Geral do Processo*, 23ª ed., p. 46): "O que distingue fundamentalmente direito material e direito processual é que este cuida das relações dos sujeitos processuais, da posição de cada um deles no processo, da forma de se proceder aos atos deste – sem nada dizer quanto ao bem da vida que é objeto do interesse primário das pessoas (o que entra na órbita do direito substancial)".

13. José Roberto dos S. Bedaque, *Direito e Processo – Influência do Direito Material sobre o Processo*, 4ª ed., p. 13.

14. Professor Titular de Direito Processual Civil na Itália, Enrico Tullio Liebman veio para o Brasil a partir de 1940. Nos seis anos em que aqui esteve, tendo sido admitido como Professor Visitante na Faculdade de Direito de São Paulo, imprimiu grande avanço científico à ciência processual brasileira. Foi aluno de

do direito processual "consiste no objetivo a ser alcançado, que é assegurar a integridade da ordem jurídica, possibilitando às pessoas meios adequados para a defesa de seus interesses".

A construção científica do direito processual fortaleceu-se em uma fase denominada de *autonomista*, que, valorizando exageradamente a técnica, foi concebendo o instrumento por si só, sem maiores preocupações com suas finalidades.

Cintra/Grinover/Dinamarco[15] evidenciam a visão da teoria *dualista* do ordenamento jurídico, no escólio de Chiovenda, segundo a qual a divisão entre direito material e processual é clara, definindo-se o campo do primeiro a partir das regras abstratas até o momento em que ocorre o fato enquadrado em suas previsões, automaticamente, sem participação do juiz. O processo objetiva a atuação da vontade do Direito.

Para outros, filiados à teoria *unitária* do ordenamento jurídico, essa divisão entre direito material e direito processual não é tão nítida. Consoante Carnelutti, o processo complementa os comandos da lei, que não consegue disciplinar sempre todos os conflitos de interesses, assim como um arco que representa o comando, mas a sentença o transforma em círculo. Para esta doutrina o processo, ao compor a lide, participa da criação de direitos subjetivos e obrigações que só se efetivam com a sentença.

O distanciamento entre processo e Direito gerou inúmeros problemas que agora a doutrina vem equacionando com uma visão instrumentalista, cuja conscientização é no sentido de que a importância do processo está em seus resultados.

No magistério de Cândido Dinamarco: "A publicização do direito processual é, pois, forte tendência metodológica da atualidade, alimentada pelo constitucionalismo que se implantou a fundo entre os processualistas contemporâneos; tanto quanto esse método, que em si constitui também uma tendência universal, ela remonta à firme tendência central no sentido de entender e tratar o processo como *instrumento* a serviço dos valores que são objeto das atenções da ordem jurídico-substancial".[16]

Chiovenda (o mais prestigioso processualista italiano de todos os tempos) e conhecia com profundidade a obra processualista germânica e dos italianos, notadamente de Carnelutti e de outros autores luso-brasileiros.

15. Cintra/Grinover/Dinamarco, *Teoria Geral do Processo*, 23ª ed., p. 45.
16. Cândido R. Dinamarco, *A Instrumentalidade do Processo*, 12ª ed., p. 67.

30 PROCESSO ADMINISTRATIVO TRIBUTÁRIO

Na busca de resultado útil, o estudo do processo deve-se dar a partir das situações de direito substancial que reclamam a atuação da tutela – o que leva José Roberto Bedaque a demonstrar a necessidade de relativizar o binômio Direito/processo, em razão da natureza instrumental da ciência processual, cujo objeto são as relações regradas pelo direito substancial. É sua lição: "Outro ponto a revelar a necessidade de adequação do processo ao direito material é exatamente a existência de regras especiais para determinados procedimentos, em função da relação jurídica substancial (...)".[17]

Só com plena e total aderência à realidade sócio-jurídica a que se destina o processo cumpre seu maior papel, que é o de servir de instrumento à efetiva realização de direitos.

Superadas as posições originárias das teorias dualista e unitária do ordenamento jurídico, a síntese das diversas posições mais modernas verte para as fórmulas da atuação da vontade concreta da lei e da justa composição da lide.

Nesse quadro, o processo é um instrumento a serviço da paz social, legitimado por três ordens de objetivos que o Estado persegue – quais sejam: *sociais, políticos* e *jurídicos*.

A perspectiva instrumentalista do processo conduz a um raciocínio teleológico, em que se fazem presentes seus propósitos norteadores, que revelam o grau de sua utilidade.

Por oportuno, é imperioso que se reconheça a unidade fundamental do sistema jurídico, que forma um todo incindível. Portanto, o estudo autônomo do direito processual justifica-se didaticamente, mas não se pode esquecer que se acha integrado na unidade fundamental de todo o Direito.

Com extrema lucidez, Geraldo Ataliba, prefaciando livro de Lourival Vilanova, ensina que "de nada vale o conhecimento de uma seara se se desconhece sua articulação com as demais. De pouco vale a familiaridade com certas informações se não se as coordena com o universo do Direito, se não se sabe filiá-las, explicá-las e concatená-las com os fundamentos em geral e com o todo sistemático onde inseridas. É inútil o conhecimento que se limita à superfície

---

17. José Roberto dos S. Bedaque, *Direito e Processo – Influência do Direito Material sobre o Processo*, 4ª ed., p. 46.

TEORIA GERAL DO PROCESSO ADMINISTRATIVO TRIBUTÁRIO 31

dos fenômenos jurídicos, sem buscar penetrar seus fundamentos explicativos e justificativos".[18]

Esse posicionamento é abalizado por Souto Maior Borges[19] ao afirmar que não só as normas processuais, mas também o Direito todo é teleologicamente um instrumento a serviço da justiça, cuja preocupação não é com um fim, mas, de modo plural, com a segurança jurídica, o ordenamento normativo a serviço da economia, o controle social, o processo social de adaptação, entre outros.

A moderna tendência do direito processual combate o sentido tecnicista e possibilita o correto direcionamento do sistema e a adequação do instrumental que o compõe, para melhor produzir os resultados que dele se esperam, atuando na vida em sociedade, coordenado com os objetivos políticos e sociais conhecidos e conscientemente delineados.

A norma processual tem como *prius* norma de outra natureza, da qual é *modo* e *meio* para a realização jurisdicional. Para a eficácia do direito processual torna-se necessário, portanto, que o plano processual não ignore as alterações operadas no plano do direito material. Tendo em vista a necessidade de coordenação dos dois, o direito processual deve flexibilizar-se em função do direito material, pelo reconhecimento de que as técnicas processuais servem a funções sociais.

Uma visão moderna dessa mesma linha de raciocínio deve considerar, ainda, fatores sociais, econômicos e políticos que vão além das fronteiras do país, cujas influências determinam a renovação das relações jurídicas, induzindo a doutrina processual a se adaptar à nova realidade, na busca de instrumentos adequados à eficaz solução dos modernos conflitos de conteúdos supranacionais.

4. Direito constitucional processual

O denominado *direito constitucional processual* nasceu da evolução do processo no moderno Estado de Direito e das modificações operadas pela legislação e pela doutrina no direito processual, que

18. Geraldo Ataliba, no "Prefácio" ao livro de Lourival Vilanova, *As Estruturas Lógicas e o Sistema do Direito Positivo*, p. XIII.

19. Souto Maior Borges, *O Contraditório no Processo Judicial (Uma Visão Dialética)*, p. 81.

32 PROCESSO ADMINISTRATIVO TRIBUTÁRIO

deixou de ser um mero instrumento para assumir função de proteção de direitos fundamentais, e por isso se aproximou da Constituição. Os instrumentos processuais possibilitam a realização da justiça, na medida em que condensam a metodologia e a sistemática dos princípios constitucionais.

Para o efetivo desenvolvimento dessa fase instrumentalista, essencialmente crítica, foi relevante o interesse pelo estudo das grandes matrizes constitucionais do sistema processual, que abriu caminho para a amplitude dos conceitos e estruturas da teoria geral do processo, superando-se as colocações puramente jurídicas e passando-se à crítica sócio-política do sistema.

É da Magna Carta outorgada em 1215 por João-Sem-Terra a origem das garantias da ação e do processo, que em seu art. 39 impôs julgamento legal.

A importância de preceitos constitucionais processuais é definida por José Ferreiro Lapatza,[20] que, invocando J. Pérez Royo, fala de direitos processuais inovados pela Constituição espanhola e que, como direitos instrumentais, têm uma função de garantia ou proteção dos demais direitos.

O estudo do direito constitucional processual é colocado pelo notável constitucionalista Canotilho nos seguintes termos: "O estudo das estruturas de procedimento e de processo constitucionais corresponde ao interesse destas estruturas como categorias jurídicas gerais (plano teorético-político) e como dimensões necessárias do princípio do Estado de Direito e do princípio democrático (plano jurídico-constitucional)".[21]

O direito processual tem seus nortes fundamentais traçados pelo direito constitucional. Pontificam Cintra/Grinover/Dinamarco que "é justamente a Constituição, como resultante do equilíbrio das forças políticas existentes na sociedade em dado momento histórico, que se constitui no instrumento jurídico de que deve utilizar-se o processualista para o completo entendimento do fenômeno *processo* e de seus princípios".[22]

---

20. José Juan Ferreiro Lapatza, "Poder tributario y tutela judicial efectiva", in *Estudos em Homenagem a Geraldo Ataliba-1: Direito Tributário*, p. 94.
21. J. J. Gomes Canotilho, *Direito Constitucional*, 6ª ed., p. 1.023.
22. Cintra/Grinover/Dinamarco, *Teoria Geral do Processo*, 23ª ed., p. 85.

TEORIA GERAL DO PROCESSO ADMINISTRATIVO TRIBUTÁRIO 33

Na dogmática processual não está pacificada a escolha entre as denominações "direito constitucional processual" ou "direito processual constitucional", uma vez que os fundamentos não estão totalmente definidos. De qualquer maneira, os que defendem a primeira terminologia o fazem entendendo-o como o conjunto de normas constitucionais que consagram princípios processuais, enquanto os autores que defendem a denominação "direito processual constitucional" o entendem como composto de normas de natureza processual.

Não querendo superestimar o nome do objeto em estudo, mas em uma tomada de posição em face da realidade, a opção é pela expressão "direito constitucional processual", que, enfatizando o caráter constitucional das normas, leva o jurista a interpretar as normas infraconstitucionais em função dos valores e princípios constitucionais.[23]

Em razão da importância da supremacia dos princípios estabelecidos pela Carta Política Federal para a ideal compreensão e aplicação desses princípios, reserva-se a expressão "direito processual constitucional" para designar as normas que regulam o processo constitucional ou os institutos de garantia de direitos constitucionais, como a ação de inconstitucionalidade e de constitucionalidade; o mandado de injunção e outras garantias dos direitos individuais e coletivos, denominados por José Afonso da Silva[24] de "remédios constitucionais".

É formado, então, o *direito constitucional processual* pelo conjunto de normas que se encontram na Constituição e que reúnem princípios que se consubstanciam na forma e instrumentos de garantia ou proteção dos demais direitos, traçando o perfil constitucional da jurisdição.

De acordo com a abalizada doutrina do professor Cândido Dinamarco: "A idéia-síntese que está à base dessa moderna visão metodológica consiste na preocupação pelos valores consagrados constitucionalmente, especialmente a liberdade e a igualdade, que afinal são manifestações de algo dotado de maior espectro e significação

---

23. No mesmo entendimento, entre outros, Nélson Nery Jr. (*Princípios do Processo Civil na Constituição Federal*, 7ª ed., p. 15) e José de Albuquerque Rocha (*Teoria Geral do Processo*, 6ª ed., pp. 57-60).

24. José Afonso da Silva, *Curso de Direito Constitucional Positivo*, 29ª ed., p. 442.

transcendente: o valor *justiça*. O conceito, significado e dimensões desses e de outros valores fundamentais são, em última análise, aqueles que resultam da ordem constitucional e da maneira como a sociedade contemporânea ao texto supremo interpreta as suas palavras – sendo natural, portanto, a intensa infiltração dessa carga axiológica no sistema do processo (o que, como foi dito, é justificado pela instrumentalidade)".[25]

Premissa básica do Estado de Direito é assegurar a supremacia da Constituição. Assim se expressa o eminente mestre José Afonso da Silva: "(...), todas as normas que integram a ordenação jurídica nacional só serão válidas se se conformarem com as normas da Constituição Federal".[26]

Como instrumento a serviço da ordem constitucional, o processo precisa refletir as bases do regime democrático nela proclamados. O controle da constitucionalidade das leis é o instrumento adotado para a efetiva supremacia constitucional, independentemente de ser feito por órgão específico, como nas Cortes Constitucionais européias, ou ser feito de modo difuso pelo Poder Judiciário, como no Brasil e no sistema norte-americano. Em qualquer caso, é feito por instituição diversa daquela responsável pela elaboração da norma.

O direito constitucional processual é composto, então, pelas garantias dadas pelos princípios ao processo, a fim de que ele possa bem cumprir sua função e conduzir a resultados jurídico-substanciais desejados pela própria Constituição e pela lei ordinária.

O processo está sempre irradiando preceitos e princípios constitucionais, garantidos pela legalidade, que, afastados do arbítrio, promovem a igualdade e garantem a liberdade. Ao lado da igualdade substancial entre as pessoas e as partes, outras garantias constitucionais – como a inafastabilidade do controle jurisdicional e o devido processo legal, a ampla defesa e o contraditório – efetivam o processo como instrumento a serviço da ordem constitucional e legal.

O conteúdo do direito constitucional processual brasileiro é formado, entre outros, pelos seguintes segmentos constitucionais: (a) acesso ao Judiciário – *art. 5ª, XXXV*; (b) isonomia – *art. 5ª, "caput" e inciso I*; (c) juiz natural – *art. 5ª, XXXVII*; (d) publicidade – *art. 5ª,*

---

25. Cândido Dinamarco, *A Instrumentalidade do Processo*, 12ª ed., p. 26.

26. José Afonso da Silva, *Curso de Direito Constitucional Positivo*, 29ª ed., p. 46.

TEORIA GERAL DO PROCESSO ADMINISTRATIVO TRIBUTÁRIO

LX; (e) contraditório e ampla defesa – *art. 5º, LV*; (f) devido processo legal – *art. 5º, LIV*; (g) proibição de prova ilícita – *art. 5º, LVI*; (h) motivação e fundamentação dos julgamentos – *art. 93, IX e X*; (i) duplo grau de jurisdição – *art. 5º, LV*; (j) participação popular na função jurisdicional – *art. 5º, XXXVIII, e art. 98* (em que se funda a organização de órgãos colegiados com a representação de contribuintes); (k) princípios específicos da administração pública – *art. 37*; (l) poderes-deveres dos juízes e direitos fundamentais das partes no processo – *art. 5º, XXXVI e LXVII*, entre outros; (m) competência legislativa concorrente sobre procedimentos em matéria processual entre os entes da Federação – *art. 24, XI*; (n) o *Capítulo IV do Título IV*, que trata do Ministério Público, da Advocacia Pública, da Advocacia e da Defensoria Pública.

A competência para legislar sobre o direito processual, unitariamente conceituado, foi atribuída à União (art. 22, I, da CF), e quanto a procedimentos em matéria processual atribuída, em competência concorrente, à União, aos Estados e ao Distrito Federal (art. 24, XI, da CF) e aos Municípios.

5. Princípios

Afigura-se oportuna a definição de *princípios* – dada em outro estudo[27] – como sendo preceitos fundamentais que "irradiam por toda a ordem jurídica, imprimindo-lhe unidade e informando a compreensão das normas". Os princípios são como vetores que trazem uma carga axiológica e são nortes a serem seguidos vigorosamente seja pelo legislador, seja pelo aplicador das normas jurídicas, e se fazem presentes em todos os planos da *pirâmide jurídica* idealizada por Kelsen. É necessária a observância de todos eles.

Celso Antônio Bandeira de Mello refere-se aos princípios como *matéria-prima* do jurista, vigas mestras do edifício jurídico ou diretrizes fundamentais de um sistema; Cirne Lima os chama de *alicerces*; para Kelsen são a *matriz jurídica*; para Paulo de Barros Carvalho são *linhas diretivas*; e Ferrara os chama de *pilastras* sobre as quais se levanta a construção jurídica.

Sobre a importância dos princípios, veja-se a manifestação do consagrado Roque Carrazza: "Nenhuma interpretação poderá ser

---

27. V. nosso *Direito Penal Tributário – Questões Relevantes*, 2ª ed., p. 42.

havida por boa (e, portanto, por jurídica) se, direta ou indiretamente, vier a afrontar um princípio jurídico-constitucional".[28-29] Os princípios condicionam a aplicação e a interpretação do Direito.

Esses preceitos fundamentais dão forma e caráter ao sistema processual, pois trazem conotações sociais, políticas e éticas que lhe servem de sustentáculo legitimador. É incindível a relação entre a *justiça* e os princípios aplicáveis. A realização da justiça concretiza-se sob a ótica dos princípios jurídicos de Direito que norteiam o sistema de matriz constitucional.

O conjunto de garantias constitucionais, em última análise, busca assegurar o correto exercício dos direitos públicos subjetivos, e sua efetividade só é alcançada por via do processo.

Na opinião de Eurico Marcos Diniz de Santi: "Princípios jurídicos não são normas jurídicas, são fragmentos normativos que integram o arcabouço destas, vale dizer, alteram, constituem (positiva e negativamente) e delineiam os elementos da estrutura de normas jurídicas, seja pelo antecedente normativo, seja pelo conseqüente normativo".[30]

Paulo de Barros Carvalho, em palestra sobre o princípio da segurança jurídica em matéria tributária, conclui que "princípios são normas jurídicas portadoras de intensa carga axiológica, de tal forma que a compreensão de outras unidades do sistema fica na dependência da boa aplicação daqueles vetores".[31]

A organização do processo é informada por princípios e normas que asseguram às partes, em uma relação de equilíbrio, condições

---

28. Roque Carrazza, *Curso de Direito Constitucional Tributário*, 23ª ed., p. 41.

29. Nesse mesmo sentido, Paulo de Barros Carvalho (*Curso de Direito Tributário*, 6ª ed., p. 90) define *princípios* como "linhas diretivas que informam e iluminam a compreensão de segmentos normativos, imprimindo-lhes um caráter de unidade relativa e servindo de fator de agregação num dado feixe de normas". Para Souto Maior Borges ("Competência tributária dos Estados e Municípios", *RDTributário* 47/135) "o princípio, portanto, é onde está o que há de mais grandioso no texto constitucional. Nas origens habita a grandeza, inclusive no texto normativo, e o princípio tem esta função; quem domina a sistemática dos princípios há que dominar, *ipso facto*, a sistemática constitucional toda".

30. Eurico Marcos Diniz de Santi, *Lançamento Tributário*, p. 104.

31. Paulo de Barros Carvalho, "Princípio da segurança jurídica tributária", palestra proferida no dia 20.10.2001 em Simpósio de Direito Tributário, Universidade Católica D. Bosco, Campo Grande/MS.

TEORIA GERAL DO PROCESSO ADMINISTRATIVO TRIBUTÁRIO 37

de se valerem de todas as possibilidades contempladas pelo ordenamento jurídico com a finalidade de proteção a seus direitos. Todas as disciplinas processuais embasam-se nos princípios constitucionais. Têm-se como princípios informativos do processo: o lógico, o jurídico, o político e o econômico.

Deve-se ressaltar, desde logo, a inafastabilidade do controle judicial, prevista no art. 5º, XXXV, da CF. Como decorrência desse pressuposto imperativo constitucional, é reservada ao Poder Judiciário a *jurisdição*, ou seja, o caráter definitivo é exclusivo da sentença judicial passada em julgado. As normas legais que disciplinam o acesso ao Judiciário não podem afetar o princípio de proteção judiciária, tido como *unidade de jurisdição*.

Há princípios aplicáveis a toda a atividade administrativa, como os enunciados no art. 37 da CF – legalidade, impessoalidade, moralidade, publicidade e eficiência –, e outros implícitos ou explícitos em preceitos constitucionais. Traduzem eles, essencialmente, o conteúdo da legalidade administrativa no Estado Democrático de Direito.

A *impessoalidade*[32] ganha dimensão especial no Estado que consagra o princípio republicano, na defesa feita pelo grande mestre Geraldo Ataliba. A Administração Pública é formada pelo conjunto de órgãos do Estado que, por meio de seus agentes, devem gerir suas ações com objetividade que lhes assegure independência, devendo ser leais ao Estado, e não aos transitórios e eventuais ocupantes dos cargos políticos.

O administrador público, no que diz respeito à *moralidade*, deve pautar-se pelo que é ético, justo, correto e conveniente, e não apenas pelo que é legal. Sempre que determinado comportamento da Administração, embora de acordo com a lei, ofender a moral, os bons costumes, a idéia comum de honestidade, a lealdade, a boa-fé, os princípios de justiça e eqüidade, estará ofendendo o princípio da

---

32. A *impessoalidade*, como princípio, tem a significação de valoração objetiva dos interesses públicos, independente de outro interesse de qualquer natureza. Vários autores acompanham este entendimento, como Odete Medauar (*A Processualidade no Direito Administrativo*, pp. 89 e 90) e Valdir Rocha (*A Consulta Fiscal*, pp. 75 e 76), que segue Lúcia Valle Figueiredo e cita Celso Antônio Bandeira de Mello, para quem a impessoalidade é equivalente à igualdade, para a atividade administrativa.

38 PROCESSO ADMINISTRATIVO TRIBUTÁRIO

moralidade e poderá levar à invalidade do ato, pela própria Administração ou pelo Judiciário, por meio de ação popular (art. 5º, LXXIII, da CF).

Pela *publicidade* a Administração dá conhecimento e permite o controle por parte da sociedade dos atos por ela praticados. Como instrumento de transparência, a publicidade não permite ocultamento aos administrados dos assuntos que interessam a todos e também em relação aos contribuintes individualmente afetados por alguma medida.

Embora antes presente implicitamente na ordem jurídica constitucional, a *eficiência* só foi introduzida explicitamente a partir da Emenda Constitucional 19/1998, e indica ao agente público uma dinâmica de interpretação das normas no sentido da utilização racional dos recursos e meios, com vistas à satisfação das necessidades da coletividade. O agir eficiente pressupõe a obtenção do melhor resultado com o menor custo possível. Trata-se da necessária proporção entre meios e fins para equilibrar a relação custo/benefício.

A necessidade de proteger o interesse público, definido em linhas gerais pelo texto constitucional e depois pela lei, dá força ao *princípio da indisponibilidade*. Os agentes públicos não podem dispor do interesse público. A indisponibilidade está fortemente presente na Constituição, que, além de definir seus pontos capitulares, ainda os protege pela ação pública.

A doutrina abriga uma série de classificações dos princípios, mas – sem razão de ordem prática – sua discussão escapa ao contexto deste estudo, pelo quê se opta pela divisão em *princípios gerais*, qualificados como proposições que desempenham funções de fundamentação, de guia de interpretação e fonte subsidiária de normas processuais e que, dada sua função genérica, atingem o processo administrativo tributário; e em *princípios específicos*, como sendo aqueles que se dirigem às especificidades do processo administrativo tributário. Esses princípios são provenientes do direito processual e do direito administrativo.

Assim, passa-se à concatenação dos princípios, cujas regras portadoras de núcleos significativos de grande valor influem no processo administrativo tributário e lhe dão unidade, classificando-os em *gerais*, qualificados no que têm de comum, seguidos dos princípios *específicos*, no que têm de particular.

5.1 Princípios gerais

Alguns princípios gerais têm aplicação idêntica nas várias áreas do direito processual, e outros têm aplicação diversa no campo específico. Mas isto não impede que se busque na elaboração da teoria geral do processo os nortes processuais que se embasam nos princípios constitucionais. Dado o caráter instrumental do processo administrativo tributário, é preciso atentar para a natureza do direito substancial a cuja atuação ele está a serviço.

5.1.1 Igualdade

O maior princípio do Direito é o da *igualdade*. Na Constituição, é o primeiro elencado nos arts. 1º e 5º, entre outros. Todos os campos de atuação do Direito têm de realizar a igualdade para confirmar a justiça e o Estado de Direito.

Invocando Sainz de Bujanda, já dissemos em outra oportunidade que "a idéia da igualdade é a expressão lógica do valor justiça e, por isso, o critério central em matéria de distribuição da carga tributária, dele se deduzindo os demais".[33] O processo administrativo tributário não tem como se desenvolver sem que a igualdade se faça presente.

Não sendo aritmética, a igualdade, desde Aristóteles, impõe tratamento desigual em situações desiguais. Para não ferir a isonomia, hão de ser conjugados três aspectos para a eleição de fatores diferenciais lógicos e coerentes para a realização das normas jurídicas, como demonstrado pelo professor Celso Antônio: "o primeiro diz com o elemento tomado como fator de desigualação, que há de estar residente nas coisas, pessoas ou situações, não podendo estar em fatores neutros, como o tempo e o espaço; o segundo reporta-se à correlação lógica abstrata existente entre o fator erigido em critério de discrímen e a disponibilidade estabelecida no tratamento jurídico diversificado; e o terceiro atina com a consonância desta correlação lógica com os interesses absorvidos no sistema constitucional e destarte juridicizados".[34]

---

33. V. nosso *Direito Penal Tributário – Questões Relevantes*, 2ª ed., p. 44.
34. V. nosso *Direito Penal Tributário – Questões Relevantes*, 2ª ed., p. 40.

40 PROCESSO ADMINISTRATIVO TRIBUTÁRIO

Alexandre de Moraes considera que o princípio da igualdade contém a chamada "tríplice finalidade limitadora": limitação em relação àquele que produz a norma, ao intérprete/autoridade pública e ao particular.[35]

A igualdade constitui ponto angular do Direito, e há de ser observada tanto pelo legislador quanto, frente a uma relação jurídica, nascida da lei, no tratamento das partes.

A realização do princípio da igualdade no direito processual tributário está disseminada por várias regras, só havendo devido processo legal quando a lei respeita a igualdade.

No processo administrativo tributário contribui para preservar a igualdade processual a oportuna e correta ciência ao contribuinte de todos os despachos e decisões pelos meios adequados, que servem à efetividade do contraditório.

Para o alcance da igualdade processual os órgãos julgadores hão de estar descomprometidos com as partes e dispensar a ambas tratamento igual, o que é exigência postulada pelo Estado de Direito.

5.1.2 Legalidade

Marcante é a definição da *legalidade* no magistério de Sainz de Bujanda,[36] acompanhando Pérez Royo, segundo a qual é instituto de caráter constitucional que se constitui no eixo entre o Poder Executivo e o Legislativo quanto à produção de normas, cujo objetivo é excluir a possibilidade de normatização de certas matérias por outra via que não seja a legislativa.

Tão geral na consciência jurídica universal, a legalidade é um dos maiores princípios do Direito moderno, e que assegura a igualdade. A legalidade é a morada da igualdade, e se espraia por todo o Direito. Pressuposto da certeza e da segurança do Estado de Direito, a legalidade assegura que somente a lei, como norma representativa da vontade popular, pode criar fatos jurígenos, deveres e sanções. A legalidade protege a esfera privada contra os arbítrios do poder.

---

35. Alexandre de Moraes, *Constituição do Brasil Interpretada e Legislação Constitucional*, p. 181.

36. Fernando Sainz de Bujanda, *Lecciones de Derecho Financiero*, 7ª ed., p. 98.

TEORIA GERAL DO PROCESSO ADMINISTRATIVO TRIBUTÁRIO

Paulo de Barros Carvalho assevera, sobre a legalidade: "Como o objetivo primordial do Direito é normar a conduta, e ele o faz criando direitos e deveres correlativos, a relevância desse cânone transcende qualquer argumentação que pretenda enaltecê-lo".[37]

A legalidade outorga à Administração a forma de atuar, definindo criteriosamente seus limites e outorgando-lhe poderes jurídicos que possibilitam sua ação. Sem a atribuição prévia a Administração não pode atuar. Toda ação é um poder atribuído previamente pela lei, que o desenha com limites definidos.

Da doutrina alemã de Fritz Fleiner pode-se extrair tal definição conclusiva: "A administração legal significa administração posta em movimento pela lei e exercida nos limites de suas disposições".[38]

5.1.3 Devido processo legal

O *devido processo legal* aplica-se à atividade da Administração Pública e significa direito a um processo regular e ordenado, revestindo-se de amplo sentido, em face do seu vínculo com o art. 5º, LV, da CF, que diz: "aos litigantes, em processo judicial ou administrativo, e aos acusados em geral são assegurados o contraditório e ampla defesa, com os meios e recursos a ela inerentes".

Impondo-se a realização do processo administrativo com as garantias do contraditório e da ampla defesa, onde houver litigância está o citado inciso exigindo a aplicação do inciso LIV do mesmo artigo: "ninguém será privado da liberdade ou de seus bens sem o devido processo legal".

O devido processo legal no âmbito administrativo não se restringe apenas às situações de privação de liberdade e de bens, mas também abrange hipóteses de controvérsia, conflito de interesses e situações de aplicação de sanções.

Na defesa do devido processo legal nos processos administrativos assim se manifestou a notável magistrada Lúcia Valle Figueiredo: "Se o Direito Brasileiro não conhecia, às expressas, às claras, o devido processo legal, se não conhecia com tal amplitude antes da Constituição de 1988, não parece razoável supor-se que o texto constitucional brasileiro, adiantadíssimo, em paralelo, em confronto com

---

37. Paulo de Barros Carvalho, *Curso de Direito Tributário*, 6ª ed., p. 149.
38. Fritz Fleiner, *Principes Généraux du Droit Administratif Allemand*, p. 87.

PROCESSO ADMINISTRATIVO TRIBUTÁRIO

as Constituições mais evoluídas do mundo, justamente na parte referente aos direitos e garantias individuais coletivas, não parece possível, enfatizo, supor-se que o Direito Brasileiro incorporasse a expressão 'devido processo legal' em outro sentido senão aquele, de acordo com a interpretação da Corte Suprema americana, depois da Emenda 14 (*equal protection of law*)".[39]

A interpretação da Corte americana a que se refere a eminente Magistrada passou a pensar o devido processo legal com *conteúdo material*, e não apenas *formal* – ou seja, atuando no que diz respeito ao direito material e, por outro lado, tutelando aqueles direitos por meio do processo, que, em última análise, busca o justo no caso concreto.

Nelson Nery Jr. diz que "o fato de a Administração dever agir somente no sentido positivo da lei, isto é, quando lhe é por ela permitido, indica a incidência da cláusula *due process* no direito administrativo. A doutrina norte-americana tem-se ocupado do tema, dizendo ser manifestação do princípio do devido processo legal o controle dos atos administrativos, pela própria Administração e pela via judicial".[40]

Quanto aos sujeitos, o devido processo legal consiste no conjunto de garantias de raiz constitucional que lhes são propiciadas para a tutela de posições jurídicas diante da Administração, e pelo lado do Poder Público na obrigatoriedade de atuar mediante processo em determinadas situações.

A cláusula do devido processo legal é destinada a tutelar direitos, ou seja, é o meio pelo qual devem ser reconhecidos, preservados ou cumpridos os direitos substantivos, que no processo administrativo tributário se confirmam se a participação do interessado se der no mesmo plano de posições jurídicas que a Administração quanto às faculdades, ônus e direitos. Assim, o devido processo legal visa a garantir o direito de ação, a igualdade das partes e o respeito ao direito de defesa e ao contraditório.

Para Agustín Gordillo[41] a garantia do devido processo legal compreende: (1) o direito de ser ouvido, que pressupõe: (a) a publicidade;

---

39. Lúcia Valle Figueiredo, "Devido processo legal e fundamentação das decisões", *RDTributário* 63/213.
40. Nelson Nery Jr., *Princípios do Processo Civil na Constituição Federal*, 7ª ed., p. 39.
41. Agustín Gordillo, "La garantía de defensa como principio de eficacia en el procedimiento administrativo", *RDP* 10/21-22.

(b) a dupla instância de julgamento; (c) a expressa consideração dos argumentos e questões oferecidas pelo administrado para a solução do caso; (d) o dever da Administração de decidir expressamente sobre os requerimentos; (e) o dever de fundamentação das decisões; e (f) o direito do administrado de se fazer representar por profissional habilitado; (2) o direito de oferecer e produzir provas, expressado pelos seguintes pressupostos: (a) o direito a que toda prova razoavelmente requerida seja produzida, ainda que pela Administração; (b) que a produção da prova seja efetuada antes da decisão sobre o mérito; e (c) o direito de controlar a produção da prova feita pela Administração.

Estes requisitos é que efetivamente dão conteúdo e materialidade ao devido processo legal, na medida em que viabilizam o direito de defesa, do qual são titulares os administrados, quando sentem seus direitos ofendidos pelo Poder Público.

Em conclusão sobre o tema, Nery considera que o devido processo legal "nada mais é que a possibilidade efetiva de a parte ter acesso à Justiça, deduzindo pretensão e defendendo-se do modo mais amplo possível, isto é, de ter *his day in Court*, na demominação genérica da Suprema Corte dos Estados Unidos".[42]

O devido processo legal desdobra-se nas garantias da *ampla defesa* e do *contraditório*.

5.1.3.1 Ampla defesa

Como decorrência do devido processo legal, com origem no *due process of law* do Direito Anglo-Norte-Americano,[43] e para conter os excessos da Administração, o princípio da *garantia de defesa* reveste-se, hoje, da natureza de um direito de audiência (oportunidade de ser ouvido) e está assegurado no art. 5º, LV, da CF.

Defesa é "a possibilidade de rebater, em favor de si próprio, condutas, fatos, argumentos, interpretações que possam acarretar

42. Nelson Nery Jr., *Princípios do Processo Civil na Constituição Federal*, 7ª ed., p. 42.

43. Regulamentado nos Estados Unidos pelo *Federal Administrative Procedure Act* de 1946, que rege todos os processos administrativos e a revisão desses processos pelos órgãos judiciais (cf. Hely Lopes Meirelles, *Direito Administrativo Brasileiro*, 33ª ed., pp. 689-690).

PROCESSO ADMINISTRATIVO TRIBUTÁRIO

prejuízos físicos, materiais ou morais. Tem sentido de busca da preservação de algo que será afetado por atos, medidas, condutas, decisões, declarações vindas de outrem."[44]

Além da observância do rito adequado, com a cientificação aos interessados e o acompanhamento de todos os atos do processo, pressupõe a defesa – que deve ser oportunizada – a impugnação e a utilização dos recursos cabíveis.

O direito de defesa deve ser entendido com critério amplo, e não restrito, preservando-se a ampla defesa, sob pena de nulidade do processo. É princípio universal dos Estados de Direito, que não admite restrições à sua aplicação e nem postergação, de sorte a permitir interpretação elástica, em nome dos direitos fundamentais do cidadão.

Quando a Administração tiver de impor uma sanção, fazer um lançamento tributário ou decidir a respeito de determinado interesse do particular, deve fazê-lo num processo legal, regular, em que se proporcione ao contribuinte ou responsável o direito de defesa.

É essencial à validade da cobrança do crédito tributário a garantia de defesa. Uma vez que os efeitos jurídicos só vinculam o sujeito passivo após ter sido o mesmo validamente notificado[45] do lançamento tributário, não ocorrendo a notificação, resta caracterizado o cerceamento ao direito de defesa.

Evidenciando a garantia de defesa, o notável jurista argentino Agustín Gordillo[46] afirma que sua prática, além de dizer com o princípio da justiça, é pressuposto da eficácia, porque assegura um me-

---

44. Odete Medauar, "As garantias do devido processo legal, do contraditório e da ampla defesa no processo administrativo tributário", *IOB – Repertório de Jurisprudência* 12/238.

45. A ciência de atos processuais é dada por meio de *citação*, de *intimação* e de *notificação*, não sendo uniforme o uso desses vocábulos na legislação brasileira. Para os Códigos Civil e Penal *citação* é o ato em que se dá ciência a alguém da instauração de um processo, por meio da qual é chamado a participar da relação processual. Mas o Código de Processo Civil (art. 234) também usa o termo "intimação" significando o ato pelo qual se dá ciência a alguém dos atos do processo, e às vezes com comando de fazer ou deixar de fazer alguma coisa. Já a lei trabalhista e a tributária, além da lei do mandado de segurança, usam *notificação* para designar ato de comunicação processual.

46. Agustín Gordillo, "La garantía de defensa como principio de eficacia en el procedimiento administrativo", *RDP* 10/19 e ss.

TEORIA GERAL DO PROCESSO ADMINISTRATIVO TRIBUTÁRIO   45

lhor conhecimento dos eixos e uma melhor administração do processo, para uma decisão mais justa. Para ele a garantia de defesa há de consistir em uma possibilidade de efetiva participação útil, e não apenas em uma ritualidade rotineira e extrema, ou aparência formal de defesa ou, ainda, mera formalidade da citação aos litigantes. É sua precisa síntese:

"Ademais, poderá observar-se que em cada um dos aspectos desta garantia, desde o ter acesso às atuações, apresentar suas alegações, produzir prova etc., se insiste em que eles devem ser respeitados desde *antes* de tomar-se a decisão que pode afetar os direitos do indivíduo. Esta tem significativa importância não só para uma defesa eficaz do interessado, senão também como um modo de dar maior ênfase aos controles *preventivos* que aos *repressivos*.

"A Administração Pública, mesmo exercendo seus poderes de autotutela, não tem o direito de impor aos administrados sanções e gravames que atinjam, direta ou indiretamente, seu patrimônio, sem lhes preservar o direito de defesa."

O princípio da ampla defesa é um ingrediente do contraditório, essencial ao direito processual, que só se realiza com ampla cognição formal e material. Não podendo, por isso, o julgador administrativo deixar de apreciar a lide em todas as suas vertentes, inclusive argumentos de ilegalidade ou de inconstitucionalidade.

5.1.3.2 Contraditório

Também derivado do devido processo legal. Enquanto o direito de defesa afirma a existência de um direito de audiência, o *contraditório* refere-se ao modo de seu exercício. O contraditório indica a atuação de uma garantia fundamental e é uma exigência da estrutura dialética[47] do processo, que parte do pressuposto de que a verdade só pode ser evidenciada pelas teses contrapostas das partes. Dois são os elementos que constituem o contraditório: a informação e a reação, que é contradizer a posição oposta.

Liebman manifesta-se da seguinte maneira sobre o tema: "O princípio imprime a todo o procedimento uma estrutura contraditória, já que o juiz atua em contato com todas as partes e estas devem poder

---

47. Somente pela soma da parcialidade das partes, em que uma representa a *tese* e a outra a *antítese*, o juiz pode corporificar a *síntese*, num método dialético.

46 PROCESSO ADMINISTRATIVO TRIBUTÁRIO

assistir ao seu desenvolvimento e defender e provar suas razões em condições de igualdade".[48]

Os litigantes têm no processo a faculdade de deduzir suas pretensões e defesas e realizar provas para demonstrar a existência de seu direito – isto é, direito de fazerem conhecer suas pretensões de modo paritário no processo, em todos os seus termos. As versões sobre fatos e teses jurídicas produzidas por uma das partes devem sujeitar-se à manifestação da outra parte. O contraditório exige que isso ocorra com rigoroso equilíbrio, opondo-se eqüitativa e uniformemente as razões de ambas as partes.

Consoante Horacio Díaz Sieiro e outros,[49] o princípio do contraditório implica a necessidade de que no processo administrativo se confrontem os critérios que sustentam a Administração e os administrados.

Segundo Odete Medauar: "O contraditório propicia ao sujeito a ciência de dados, fatos, argumentos, documentos. Por outro lado, à garantia do contraditório para si próprio corresponde o ônus do contraditório, pois o sujeito deve aceitar a atuação, no processo, de outros sujeitos interessados, com idênticos direitos".[50]

Segundo ela, são desdobramentos do contraditório: (a) *informação geral* – direito de conhecer os fatos em que se assenta a formação do processo, bem como os demais que vierem aos autos no curso do processo; (b) *ouvida dos sujeitos ou audiência das partes* – possibilidade de manifestar seu ponto de vista sobre os elementos apresentados no processo, pela Administração ou por terceiros; inclui-se aqui o direito paritário de propor provas e sua apreciação e o direito a prazo para o preparo de observações a serem propostas; (c) *motivação*[51] – a possibilidade de se verificar se a autoridade julgadora tomou conhecimento e sopesou as manifestações antes de decidir, o

48. Enrico Tullio Liebman, *Manual de Direito Processual Civil*, vol. 1, p. 28.
49. Horacio Díaz Sieiro e outros, *Procedimiento Tributario*, p. 43.
50. Odete Medauar, "As garantias do devido processo legal, do contraditório e da ampla defesa no processo administrativo tributário", *IOB – Repertório de Jurisprudência* 12/238.
51. A *motivação*, indicando as razões de fato e de direito que conduziram à lógica da decisão proferida, é tida como princípio norteador do processo administrativo tributário e é estudada em separado no "Capítulo IV – Fases do Processo Administrativo Tributário", item 6, "Requisitos das Decisões Administrativas Tributárias", subitem 6.1, "Motivação e Publicidade".

TEORIA GERAL DO PROCESSO ADMINISTRATIVO TRIBUTÁRIO   47

que só se verifica pelo externar das razões de fato e de direito que conduziram à decisão.

5.2 Princípios específicos

Os antecedentes lógicos que condicionam o processo administrativo de um modo geral, e assim também o administrativo tributário, são a *legalidade objetiva*, a *oficialidade*, a *informalidade*, a *verdade material*, o *princípio inquisitivo* e a *revisibilidade*.

5.2.1 Legalidade objetiva

Tanto para preservar a lei quanto com base nela, é exigência do processo administrativo tributário a *legalidade objetiva*, visando a realçar o caráter impessoal (objetivo) da atuação do agente, com adstrição à norma jurídica que disciplina e instrumentaliza, com a finalidade de aplicar a lei e o Direito.

No argumento expendido por Hely Lopes Meirelles, invocando Giannini, "o processo, como o recurso administrativo, ao mesmo tempo em que ampara o particular, serve também ao interesse público na defesa da norma jurídica objetiva, visando a manter o império da legalidade e da justiça no funcionamento da Administração".[52]

O ato decisório caracteriza-se pela melhor solução cabível ao caso, e a melhor escolha não pode ser feita por casualidade ou como produto resultante de opções subjetivas irracionais. Somente dispondo de todas as informações sobre a questão de fato, com conhecimento técnico-científico e com apoio da lógica, pode haver a melhor decisão.

5.2.2 Oficialidade

Compete à própria Administração, iniciado o processo, impulsioná-lo até sua conclusão, diligenciando para reunir o conhecimento dos atos necessários ao seu deslinde. A movimentação do processo cabe à Administração. Uma vez iniciado, compete a ela seu impulsionamento até a decisão final.

---

52. Hely Lopes Meirelles, *Direito Administrativo Brasileiro*, 33ª ed., p. 688.

48 PROCESSO ADMINISTRATIVO TRIBUTÁRIO

O impulso de ofício responde à exigência própria do interesse público e é contrário ao princípio dispositivo, que é incompatível com os direitos indisponíveis, segundo o qual o processo caminha por instigação da parte inicial.

Na lavra de Paulo de Barros Carvalho, "compete ao Poder Público zelar pelo curso regular do procedimento, evitando que seu progresso fique tolhido por manifestações de inércia do interessado, com o cumprimento dos objetivos finais que norteiam sua existência".[53]

O retardamento ou o desinteresse do processo por parte dos agentes públicos ferem o princípio, podendo ser responsabilizados aqueles que lhes derem causa.

Com a atuação de ofício, quando existe ilegalidade, compete à autoridade administrativa recolocar o ato ou o fato administrativo de acordo com a lei. A autoridade julgadora que tiver conhecimento de que determinado ato sob exame é ilegal deve, por *dever de ofício*, retificar ou anular o ato viciado e, mesmo que ausente algum requisito formal, impulsionar o processo para seu curso legal.

5.2.3 *Informalidade*

Bastam as formalidades essenciais à obtenção da certeza jurídica e à segurança processual, ficando, portanto, dispensadas formas rígidas para o processo administrativo tributário, segundo o *princípio da informalidade*.

Como parte das medidas de autocontrole da legalidade, o Estado deve certificar-se da validade jurídica do ato praticado por seu agente. Com este objetivo – e ressalvadas as situações em que a lei exija expressamente certa formalidade –, devem ser relevadas pequenas incorreções de forma, como, por exemplo, quando a petição for dirigida a autoridade diversa da competente para proferir despacho ou decisão, de modo a tornar simples o acesso e o encaminhamento do processo, desde que sem prejuízo da sistematização necessária à sua tramitação e à busca da verdade material.

As formalidades impostas, cujo objetivo é a obtenção da certeza jurídica e a segurança dos procedimentos, devem ser atendidas, sob

---

53. Paulo de Barros Carvalho, "Processo administrativo tributário", *RDTributário* 9-10/283.

TEORIA GERAL DO PROCESSO ADMINISTRATIVO TRIBUTÁRIO 49

pena de nulidade do procedimento, principalmente se dessa inobservância resultar prejuízo para as partes.

Nesse sentido, não há necessidade de representação do contribuinte por advogado no processo administrativo tributário.

Do mesmo modo, têm sido toleradas razões de defesa não alegadas na inicial, e até admitida a adição de provas mesmo depois de proferida a decisão singular, quando justificáveis os motivos.

5.2.4 *Verdade material*

Contrariamente ao que acontece no processo judicial, em que prevalece o princípio da verdade formal, no processo administrativo tributário, além de levar aos autos novas provas após a inicial, é dever da autoridade administrativa levar em conta todas as provas e fatos de que tenha conhecimento e até mesmo determinar a produção de provas, trazendo-as aos autos, quando elas forem capazes de influenciar na decisão.

Assim, a Administração pode valer-se de qualquer prova de que a autoridade julgadora ou processante tiver conhecimento, devendo trazê-la aos autos, com o objetivo de aproximar a materialidade do fato imponível e sua formalização por meio do lançamento tributário.

No esteio desse princípio é que, diante da existência de fatos imponíveis não declarados voluntariamente pelo contribuinte, cabe à Fazenda Pública diligenciar para descobri-los e provar sua existência real por todos os meios adequados, inclusive prova indiciária.[54]

A importância do princípio da verdade material é enfatizada por Luís Eduardo Schoueri, que afirma ser força e base de todo o Estado de Direito, concluindo que "o princípio da verdade material, conquanto decorrente do princípio da legalidade, é, também, exigência do princípio da igualdade".[55]

---

54. Entre outros, são fortes indícios de omissão de receita os depósitos bancários não-escriturados, o acréscimo patrimonial não compatível com os rendimentos declarados ou sinais exteriores de riqueza e a falta de prova do passivo real.

55. Luís Eduardo Schoueri e Gustavo Emílio Contrucci A. de Souza, "Verdade material no 'processo' administrativo tributário", in *Processo Administrativo Fiscal*, vol. 3º, pp. 154-155.

5.2.5 Princípio inquisitivo

Como decorrência da prevalência da verdade material surge o *princípio inquisitivo* ou *da investigação*, segundo o qual no processo administrativo tributário o julgador tem um leque de poderes de capacidade instrutória para demandar diligências adicionais de produção de provas a fim de determinar fatos fiscalmente relevantes.

Diferentemente, o processo civil é marcado pelos princípios dispositivo e da aquisição processual realizados pela atividade das partes, em que a possibilidade de averiguar fatos não vai além dos constantes do processo.

Esse poder de direção conferido ao julgador no processo administrativo tributário não constitui qualquer limitação aos direitos do contribuinte no processo para defesa de seus legítimos interesses; ao contrário, constitui forma de garanti-los, uma vez que evita que o caráter formal do processo resulte na impossibilidade de se atingir uma decisão que não esteja em sintonia com a verdade material.

Em relação ao conteúdo e às características, o princípio inquisitivo e o princípio dispositivo são faces antagônicas, estando ambos ligados às formas de iniciativa e desenvolvimento do processo.

Segundo o princípio dispositivo, as partes têm liberdade de limitar a atuação investigativa do julgador aos fatos que elas trazem para os autos.

A publicização do processo atenua o princípio dispositivo, de larga aplicação no processo civil. Da mesma forma não atua o processo administrativo fiscal, cuja indubitável e manifesta finalidade é a busca da verdade material.

Embora a disponibilidade esteja ligada ao nascimento do processo administrativo fiscal, pela faculdade que o contribuinte tem de impugnar o lançamento ou a imposição de penalidade, a inquisitoriedade e o impulso oficial estão presentes no desenvolvimento do processo e quanto à prova.

No processo administrativo tributário está consagrado o princípio inquisitivo, segundo o qual o julgador age também independentemente da vontade das partes no desenvolvimento do processo e produção da prova, pela busca da verdade material.

Modernamente, em vários sistemas jurídicos nem o princípio dispositivo nem o inquisitivo são consagrados de modo pleno nas legislações. Atualmente mesclam-se, tendo maior ênfase um ou outro, conforme presida a índole do sistema político organizacional. O tipo de relação processual que se estabelece também contribui para a adoção de um outro sistema.

5.2.6 Revisibilidade

Essa característica é peculiar ao processo administrativo e fruto das razões que fundamentam os outros princípios elencados anteriormente e para atender ao controle administrativo da legalidade.

Como medida de controle da legalidade, a Administração deve determinar o cancelamento de ofício de exigência infundada contra a qual o contribuinte se opôs ou, em casos específicos, seu refazimento. Além da impugnação, o recurso permite que a Administração reveja seus atos, buscando a legalidade.

O ato administrativo, diferentemente do ato jurisdicional, não tem força jurídica para, nas situações contenciosas, decidir com definitividade – daí a força da *coisa julgada* do ato jurisdicional.[56] A interpretação feita pela Administração quando expede seus atos é sempre provisória, sendo passível de revisão por ela própria ou pelo Poder Judiciário.

Assim, a revisibilidade é a *faculdade* que a Administração tem de rever seus próprios atos, para examinar a conformidade deles com a lei objetiva, visando a preservar o lançamento tributário, nos termos, momentos, forma e autoridade que a legislação determinar, em respeito ao princípio da estrita legalidade.

Além desses fundamentos elencados, não se pode deixar de lembrar que são princípios básicos da Administração, além da legalidade,

---

56. *Coisa julgada* é a característica de decisão proferida por autoridade que tem a competência legal de *dirimir terminativamente* um conflito de interesses. A idéia de *coisa julgada* refere-se à eficácia obrigatória de uma decisão judicial, cuja competência é privativa do Poder Judiciário e contra a qual não cabe recurso. A sentença confere aos fatos ou direitos verificados no processo força de verdade legal. Só no Poder Judiciário a sentença faz *coisa julgada*, que extingue: (a) o direito de ação para rever o julgado; (b) o direito de contradição; e (c) o direito de jurisdição. Só com decisão terminativa a relação jurídica material não pode mais ser objeto de novo julgado, ficando declarada certa ou a salvo de controvérsia, estabilizando a relação substantiva e conferindo-lhe a certeza do direito subjetivo e de que a obrigação é exeqüível.

PROCESSO ADMINISTRATIVO TRIBUTÁRIO

moralidade, eficiência e impessoalidade, a *publicidade* – que tem grande repercussão no processo administrativo tributário e será analisada com maior aprofundamento no Capítulo IV, como requisito das decisões administrativas tributárias –, ao lado da *motivação*.

Para conhecimento público, das partes e de terceiros, é feita divulgação para produzirem efeitos os atos administrativos. Sua validade está condicionada à informação dada ao público, como instrumento seguro de fiscalização popular popular, respeitados os limites estabelecidos pelo sigilo fiscal.

Embora a publicação em órgão oficial seja exigida apenas para atos conclusivos do processo, deve ser propiciada aos interessados vista de todos os atos praticados no processo, que podem ser examinados na própria repartição, podendo deles ser obtida certidão ou fotocópia.

Sem a devida publicação não fluem prazos, seja para impugnação ou oferecimento de recursos, seja a decadência para impetração de mandado de segurança ou os prazos de prescrição de ação cabível.

A importância da publicidade dos atos processuais foi reconhecida pelo constituinte de 1988, que erigiu este princípio, até então assegurado em nível de lei ordinária, ao altiplano constitucional (art. 5º, LX, c/c o art. 37, e art. 93, IX).

6. Natureza jurídica

Como preleciona José Cretella Jr.: "A fixação da *natureza jurídica de um instituto* é fundamental, pois, da colocação adotada a respeito, decorrem implicações decisivas quanto a todos os problemas suscitados na matéria".[57] É preciso, então, determinar o regime jurídico do processo administrativo tributário.

A indagação pela natureza do processo está ligada à identificação da *essência* do mesmo, para que se possa melhor classificá-lo; isto é, para o Direito, o que significa esse processo?

Várias teorias defrontam-se nessa identificação. Entre elas, as teorias do *contrato* e do *quase-contrato* defendem a tese de que a

---

57. José Cretella Júnior, *Controle Jurisdicional do Ato Administrativo*, 3ª ed., p. 357.

TEORIA GERAL DO PROCESSO ADMINISTRATIVO TRIBUTÁRIO 53

vontade do indivíduo é o fundamento da atividade processual. À época de sua elaboração, tudo no Direito se explicava a partir da vontade do indivíduo. Apenas divergindo quanto aos fundamentos, a teoria da *relação processual* também defende a idéia do processo como relação jurídica. Para as teorias anteriores essa relação fundamenta-se na lei. Para a teoria da *situação jurídica* também existe uma relação jurídica, mas seu conteúdo não é de direitos e deveres entre as partes e o juiz, e sim possibilidades de praticar atos, objetivando o êxito da ação. Apesar de uma visão dinâmica, a teoria da situação jurídica não se afasta, na essência, das anteriores. Já as teorias da *instituição* e do *procedimento* vêem o processo a partir de diferentes aspectos na organização estável das condutas dos sujeitos processuais disciplinadas por normas e das normas que estabelecem o relacionamento entre os atos necessários ao efeito jurídico final, respectivamente. Na verdade, as duas se completam e se integram, uma vez que não se pode organizar sem as normas disciplinadoras e também não existem *normas* se não houver condutas a *organizar*.

Modernamente, parte da doutrina tem sustentado que a distinção entre determinadas categorias de direitos deve ser feita em razão do tipo de tutela pleiteada – o que é rebatido, com propriedade, por Bedaque, afirmando não ser "a tutela jurisdicional pleiteada o elemento a determinar a natureza do interesse deduzido em juízo. Ao contrário, é o tipo de direito que determina a espécie de tutela". E, adiante, conclui: "O interesse ou direito é difuso, coletivo ou individual homogêneo, independentemente da existência de um processo".[58] Essa é mais uma razão a justificar a necessidade de o direito processual se harmonizar com as transformações ocorridas no direito material.

Essas teorias não se repelem, mas se aproximam, na medida em que enfatizam dimensões particulares da mesma realidade unitária – o processo –, que encerra uma relação entre as partes e que é jurídica e institucional, porque é regulada e organizada por normas jurídicas.

Em uma perspectiva processual importa estabelecer não apenas os princípios que norteiam o instituto do processo administrativo tributário, conforme a seção anterior, mas também os limites de ação

---

58. José Roberto dos Santos Bedaque, *Direito e Processo – Influência do Direito Material sobre o Processo*, 4ª ed., p. 40.

54 PROCESSO ADMINISTRATIVO TRIBUTÁRIO

atribuídos aos partícipes dessa relação jurídica especial, em que a participação da Administração Pública se dá de maneira dupla: como parte e como juiz.

Assim é que no decorrer deste estudo são definidas as premissas básicas e as conceituações indispensáveis à fixação e compreensão dos contornos do processo administrativo tributário, que não se restringe ao terreno do direito tributário, mas se relaciona com outros institutos jurídicos, principalmente do direito administrativo e do processual, em torno do núcleo que se instaura em contraditório por ato do contribuinte, mediante impugnação ao lançamento de tributo ou de ato de imposição de penalidade tributária.

As normas do processo integram o direito público e incidem sobre a atividade do Estado, pela qual se desenvolve a função judicante. Estabelece-se no processo uma relação não de coordenação, mas de poder e sujeição, em que o interesse público na resolução dos conflitos prevalece sobre os interesses divergentes dos litigantes. O caráter técnico da norma processual constitui-se em meio idôneo para pacificar e fazer justiça, mas sua adequação dobra-se a essa finalidade.

7. Processo e procedimento

O estabelecimento da compreensão terminológica de *processo* e *procedimento* não está ligado à beleza de estilo, e sim à necessária compreensão que encerra cada termo, de modo a conhecer suas definições, para lhes dar a aplicação devida e identificar suas influências como núcleos do processo administrativo tributário.

Nesse aspecto, por exemplo, a importância da diferença entre o campo de atuação do processo e o do procedimento será determinante para a competência de legislar sobre o tema, uma vez que a Constituição Federal outorgou à União o poder de legislar sobre processo, e concorrentemente à União, aos Estados e ao Distrito Federal o poder de legislar sobre procedimentos.

Por *procedimento* concebe-se o sistema de atos interligados em uma relação de dependência sucessiva e unidos pelo fim comum que possibilita e legitima o ato final de consumação do exercício do poder. Quando o contraditório se fizer presente, então, haverá *processo*. Processo é procedimento animado pela relação processual, regida

TEORIA GERAL DO PROCESSO ADMINISTRATIVO TRIBUTÁRIO 55

pelo *contraditório*. A distinção entre estas figuras consiste na regência deste princípio.[59] Nesse sentido, nem todo procedimento é processo; por exemplo, o inquérito policial é mero procedimento, e não processo, ainda que haja colaboração das partes na sua consecução.

Nas palavras de James Marins: "No instante em que o percurso destinado à emissão do ato de lançamento se torna litigioso, altera-se a natureza jurídica da relação dinâmica que se transmuda de *procedimento* para *processo*".[60] A resistência formal oferecida pelo contribuinte é que imprime a dimensão processual.

Dinamarco defende essa posição, assim se expressando: "(...) processo é todo *procedimento realizado em contraditório* e isso tem o mérito de permitir que se rompa com o preconceituoso vício metodológico consistente em confiná-lo nos quadrantes do *instrumento da jurisdição*; a abertura do conceito de processo para os campos da jurisdição voluntária e da própria administração ou mesmo para fora da área estatal constitui fator de enriquecimento da ciência ao permitir a visão teleológica dos seus institutos além dos horizontes acanhados que as tradicionais posturas introspectivas impunham".[61]

Assim também se posiciona Alberto Xavier: "(...) *processo administrativo tributário*, de natureza materialmente administrativa, através do qual a Administração, sendo caso disso, reaprecia, sob impugnação do contribuinte, um lançamento já praticado, através de um procedimento regido pelo princípio do contraditório".[62]

Para a definição de *processo*, além da associação do procedimento ao contraditório, alguns autores ainda lhe inserem o conceito de *relação jurídica processual*. Embora em uma perspectiva diferente, não se excluem, pois são maneiras diferentes de se ver a mesma realidade.

Assim definem Cintra/Grinover/Dinamarco: "O processo, então, pode ser encarado pelo aspecto dos *atos* que lhe dão corpo e das

---

59. É comum a confusão terminológica no emprego de *processo, procedimento* e *autos*. Sendo *procedimento* um aspecto formal do *processo*, os *autos* são a materialidade dos documentos que se configuram nos atos do procedimento. Assim, por exemplo, as fases são do procedimento e a consulta se faz dos autos.

60. James Marins, *Princípios Fundamentais do Direito Processual Tributário*, p. 25.

61. Cândido R. Dinamarco, *A Instrumentalidade do Processo*, 12ª ed., p. 160.

62. Alberto Xavier, *Do Lançamento: Teoria Geral do Ato, do Procedimento e do Processo Tributário*, 2ª ed., p. 118.

56 PROCESSO ADMINISTRATIVO TRIBUTÁRIO

relações entre eles e igualmente pelo aspecto das relações entre os seus *sujeitos*".[63]

Durante muito tempo a doutrina manifestou-se tentando demonstrar que o processo seria algo distinto do procedimento e fora dele, sob o aspecto conceitual e funcional. Nesse sentido, o processo era visto como movimento na direção do provimento jurisdicional, e por isso privativo do Poder Judiciário, enquanto o procedimento seria exclusivamente o modo desse movimento. Assim, no âmbito administrativo só se poderia falar em *procedimento*.[64]

Mas em tempos mais recentes vem-se presenciando nos processualistas a tomada de posição quanto ao valor do procedimento e sua concepção no próprio conceito de processo e se contrapondo ao confinamento da doutrina anterior. É defesa de Cintra/Grinover/Dinamarco: "*Processo* é conceito que transcende ao direito processual. Sendo instrumento para o legítimo exercício do poder, ele está presente em todas as atividades estatais (processo administrativo, legislativo) e mesmo não-estatais (...)".[65-66]

---

63. Cintra/Grinover/Dinamarco, *Teoria Geral do Processo*, 23ª ed., p. 295.

64. Cf. Arruda Alvim (*Processo Tributário*, p. 10), acompanhando Dejalma de Campos; Canotilho (*Direito Constitucional*, 6ª ed., p. 1.027); Cotrim Neto ("Código de Processo Administrativo – Sua necessidade, no Brasil", *RDP* 80/39); Juan Peluffo (*Procedimiento Administrativo*, p. 113); Geraldo Ataliba ("Princípios constitucionais do processo e procedimento tributário", *RDTributário* 46/119); Rubens Gomes de Sousa ("Procedimento tributário", *RDTributário* 2/137); Paulo de Barros Carvalho e Agustín A. Gordillo ("Processo administrativo tributário", *RDTributário* 9-10/277). Muitos desses doutrinadores apóiam-se em Carnelutti, mas este mesmo autor admite que é *tênue* a distinção entre *processo* e *procedimento*.

65. Cintra/Grinover/Dinamarco, *Teoria Geral do Processo*, 23ª ed., p. 296.

66. Cf. também José de A. Rocha (*Teoria Geral do Processo*, 6ª ed., p. 221): "Não há, pois, razões para o monopólio do processo pela jurisdição"; Armando M. M. Guedes ("O processo burocrático", *Cadernos de Ciência e Técnica Fiscal* 78/20); Lúcia Valle Figueiredo ("Devido processo legal e fundamentação das decisões", *RDTributário* 63/212); Paulo Celso Bonilha (*Da Prova no Processo Adminstrativo Tributário*, p. 74); Dino Jarach (in *Curso Superior de Derecho Tributario*, pp. 435 e ss.); James Marins (*Princípios Fundamentais do Direito Processual Tributário*, p. 138): "O processo, ao penetrar e fincar raízes no sítio da atividade administrativa, (...) torna jurídico e por isso mais seguro o relacionamento conflituoso entre Estado e contribuinte, e sujeita ao Direito, de forma mais próxima, clara e eficaz, a discrição, de forma a enfrentar o arbítrio que com freqüência contamina as regiões vizinhas ao poder político".

TEORIA GERAL DO PROCESSO ADMINISTRATIVO TRIBUTÁRIO

Defendendo o processo no âmbito administrativo como circunstância evolutiva, pelo aperfeiçoamento das instituições jurídicas do Estado de Direito, James Marins preleciona: "Há processo sem jurisdição e em matéria tributária é inútil combater-se esta realidade, não apenas como decorrência da cristalização histórica de instituições administrativas com funções especiais de julgamento, como em virtude da consagração jurídica da noção de processo no seio da Administração, muitas vezes com gênese constitucional, como é o caso do Brasil".[67]

A lei define o modelo dos atos do processo visando a oferecer a garantia do devido processo legal, que, mais que uma garantia, é um conjunto de garantias constitucionais que asseguram o exercício das faculdades das partes e o correto exercício judicante.

Os modernos procedimentos não estão mais presos às amarras da idéia ritualística mais primitiva. Também o legislador não pode passar para o juiz a responsabilidade de conformar os atos com os princípios e garantias constitucionais. A dimensão da liberdade das formas há de estar na lei, por parâmetros razoavelmente definidos, para que não seja aberto o campo ao arbítrio.

Assim, no processo administrativo tributário, o julgador, visando à verdade material, pode buscar e trazer aos autos elementos capazes de formar seu convencimento, assim como as notificações não devem estar engessadas pelas rigorosas exigências formais, mas em cada caso deve o julgador apreciar se houve cumprimento das finalidades de comunicação processual, cujo objetivo é a prevalência do contraditório.[68] O importante é a preservação das garantias constitucionais do processo. Essa elasticidade serve como atenuador e racionalizador dos rigores das exigências formais.

---

67. James Marins, *Princípios Fundamentais do Direito Processual Tributário*, pp. 160-161.

68. Citando Liebman, Dinamarco (*A Instrumentalidade do Processo*, 12ª ed., p. 157, nota 192) expõe que "a invalidade de um ato processual subordina-se 'à relação, apreciada caso por caso, entre o vício e o escopo do ato'". Invocando Calmon de Passos: "o ato imperfeito que alcança o fim a que se destinava cumpriu sua missão, produziu os efeitos próprios, foi eficaz. Seria inconseqüência declará-lo inválido, contra a evidência". A nulidade nesse sentido só ocorre se houver prejuízo objetivo à integridade do contraditório; se for maculado o procedimento mas ilesa restar a garantia da participação não haverá que se falar em cerceamento de defesa da parte.

8. Objeto

Objeto do processo é a matéria ao redor da qual giram seu início, desenvolvimento e extinção.

Não existindo uma definição corrente e sistemática de *objeto do processo administrativo tributário*, impõe-se a procura da construção de um conceito não por uma manifestação inequívoca da legislação, mas pela qualificação do sistema por ela implicitamente adotado.

A pretensão do contribuinte que leva à controvérsia do lançamento de tributo ou aplicação de penalidade, pela apresentação da impugnação, constitui o objeto do processo administrativo tributário. Este se encontra debruçado sobre a validade ou invalidade de determinado lançamento ou aplicação de penalidade administrativa tributária.

Saldanha Sanches respalda-se em autores alemães para alcançar o *objeto do processo* como consistente "na pretensão à modificação ou revogação de um determinado acto administrativo até um determinado limite, pertencendo ao objecto do processo o próprio ato que é impugnado".[69]

Algumas das concepções dominantes do processo civil podem ser transportadas para cá, uma vez que se admite a existência de um pedido e de uma causa de pedir, mas não têm no processo administrativo fiscal o mesmo papel de individualização da lide ou de criação de limites ao caso sob julgamento que têm no processo civil, em face da prevalência do princípio inquisitório no processo administrativo fiscal.

A impugnação tem como fundamento a violação de um direito subjetivo do contribuinte, produzida pela desconformidade entre o ato do lançamento ou a previsão da sanção, abstratamente previstos pela lei, e sua aplicação ao caso concreto. Poderá a impugnação ser fundamentada em fatos, de modo semelhante àquela que irá determinar a causa de pedir em uma ação civil, ou se limitar a afirmar que se verificou uma errada interpretação da lei.

---

69. J. L. Saldanha Sanches, "O ónus da prova no processo fiscal", *Cadernos de Ciência e Técnica Fiscal* 151/87.

TEORIA GERAL DO PROCESSO ADMINISTRATIVO TRIBUTÁRIO 59

Alberto Xavier decompõe o objeto do processo: *"pedido* é o que se pede (a anulação); a causa de pedir o *por quê* se pede (o fundamento da ilegalidade)".[70]

Os fatos alegados pelo contribuinte que ele considera necessário trazer ao conhecimento dos órgãos de julgamento e que não foram considerados pelo agente do fisco servem apenas para fundamentar a pretensão. Mas não só os fatos alegados, como também os da contestação oferecida pelo agente e outros elementos relevantes para a discussão, sejam do conhecimento dos agentes processantes, sejam do conhecimento dos julgadores, constituem o objeto do processo administrativo tributário.

O julgador administrativo tributário, em busca da verdade material, pode e deve proceder à revisão do ato que se revelar como sofrendo de qualquer desconformidade em relação à legalidade, não estando limitado ao escrutínio da ilegalidade do ato apenas de acordo com os fundamentos indicados pelo contribuinte.

É alvo de escrutínio dos julgadores não só o ato tributário, mas também sua legalidade. A indagação dessas duas realidades constitui a finalidade do processo administrativo tributário, teleologicamente orientado para se obter uma decisão sobre a legalidade de determinada obrigação tributária.

Quanto à concepção do *objeto do processo tributário*, conclui-se no sentido de ser constituído pela afirmação do contribuinte de que dado comportamento da Administração Tributária causou lesão aos seus direitos legalmente protegidos, e então se inicia a indagação (contraditório) sobre a legalidade desse comportamento da Administração.

9. Relação jurídica

Qualquer relação jurídica decorre da lei. Na noção mais ampla de *relação jurídica*, Lourival Vilanova cita Carnelutti para defini-la como "relação entre dois sujeitos, constituída pelo Direito, concernente a um objeto".[71] Na definição de Ferreiro Lapatza, "relação jurídica é um vínculo jurídico entre sujeitos em que ao menos um deles

---

70. Alberto Xavier, *Do Lançamento: Teoria Geral do Ato, do Procedimento e do Processo Tributário*, 2ª ed., p. 330.

71. Lourival Vilanova, *Causalidade e Relação no Direito*, 2ª ed., p. 166.

60 PROCESSO ADMINISTRATIVO TRIBUTÁRIO

é titular de um direito subjetivo, correspondendo, portanto, ao outro o caráter de obrigado".[72]

As normas têm uma estrutura lógica formada por uma hipótese e uma conseqüência[73] e têm a natureza de critério de decisão dos casos concretos. Para qualquer prestação jurídica criada o legislador enlaça, concomitantemente, uma providência sancionatória para o não-cumprimento desse dever.

Tanto as normas primárias, em que se definem as relações deônticas – direitos e deveres –, como as normas secundárias – em que são preceituadas as conseqüências sancionadoras – estão relacionadas por conectivo com função lógica.

A hipótese é a parte da norma que descreve possível ocorrência no mundo (condutas humanas) e é também chamada de antecedente, pressuposto ou prótase, que funciona como descritor: "Se ocorrer o fato F (...)". Na lição de Lourival Vilanova, "a hipótese, que é proposição descritiva de situação possível, é construção valorativa tecida, com dados-de-fato, incidente na realidade e não coincidente com a realidade".[74]

A hipótese implica a tese ou conseqüente. A relação de implicação é lógico-formal, obedecendo, portanto, à lei lógica – ocorrendo a hipótese, segue-se a conseqüência. Pelas idéias kelsenianas a tese é prescritiva, articulada com o relacionamento deôntico, ligando-se à hipótese por uma implicação de dever-ser.

No dizer sempre autorizado de Becker: "A incidência da regra jurídica não apenas juridiciza a relação social, como também lhe confere um *determinado e específico conteúdo jurídico* que não corresponde ao conteúdo social daquela preexistente relação social".[75]

Realizando-se o fato concreto descrito na hipótese, sobre ele incide a regra jurídica. Com a incidência da regra jurídica a hipótese juridiciza-se e irradia eficácia jurídica: a *relação jurídica* com um pólo ativo e outro passivo e com seu conteúdo jurídico. Nesse sentido, só existe *direito subjetivo* após existir *relação jurídica*,

---

72. José Juan Ferreiro Lapatza, "Relación jurídico-tributaria – La obligación tributaria", *RDTributário* 41/41.

73. Na literatura portuguesa a terminologia utilizada é "previsão" e "estatuição".

74. Lourival Vilanova, *As Estruturas Lógicas e o Sistema do Direito Positivo*, p. 47.

75. Alfredo A. Becker, *Teoria Geral do Direito Tributário*, 2ª ed., p. 310.

TEORIA GERAL DO PROCESSO ADMINISTRATIVO TRIBUTÁRIO 61

que, por sua vez, só existe após ocorrer a incidência da regra jurídica sobre o fato.

A relação jurídica em estudo ocorre entre a verificação do fato tributário e a satisfação do crédito tributário, ou entre a desobediência a determinada norma tributária e a sanção aplicável.

O fato jurídico no ato administrativo tributário é unilateral por sua composição de vontade, cuja causa é a finalidade pública – o interesse social, o interesse público –, o que dispensa a consensualidade na formação. Com essa relação fática de poder/dever servindo de base de incidência da norma, o efeito desse fato é uma relação jurídica de direito público.

O fato tributário ou o seu não-cumprimento dão origem ao nascimento da relação jurídica, que resulta na obrigação tributária. Essa obrigação tributária nasce com a verificação do fato tributário previsto em lei, conforme preceitua o art. 113, § 1º, do CTN: "A obrigação principal surge com a ocorrência do fato gerador, tem por objeto o pagamento de tributo ou penalidade pecuniária e extingue-se juntamente com o crédito dela decorrente".

Além das relações entre procedimento administrativo (que visam ao lançamento) e obrigação tributária, coexistem as relações entre obrigação de tributo e processo administrativo tributário, no qual se trata de garantir a conformidade entre a obrigação abstrata e a obrigação subjacente.

Na teoria defendida por Alberto Xavier a relação jurídica declarada pelo lançamento é uma relação abstrata, segundo a lei do tributo, independente do seu conteúdo real e verdadeiro, uma vez que "desde logo existente e operante para uma vasta gama de efeitos".[76]

Nas palavras de Ferreiro Lapatza: "A obrigação tributária real ou possível dá sentido unitário ao conjunto de vínculos jurídicos que formam parte da relação jurídico-tributária. Tal conjunto existe, podendo ser limitado em função da obrigação tributária que protege e assegura. A obrigação tributária forma assim o núcleo e a essência de tal relação".[77]

---

76. Alberto Xavier, *Do Lançamento: Teoria Geral do Ato, do Procedimento e do Processo Tributário*, 2ª ed., pp. 566 e ss.

77. José Juan Ferreiro Lapatza, "Relación jurídico-tributaria – La obligación tributaria", *RDTributário* 41/11.

Segundo esse mesmo autor: "Na sistemática do Código, a *obrigação tributária* é a relação jurídica que nasce com a ocorrência do fato gerador, e que é regida pelo Título II desse mesmo Código (arts. 123 e ss.); o *crédito tributário* é a situação jurídica que, decorrente da obrigação tributária, é constituída pelo lançamento, sendo objeto de disciplina do Título III (arts. 139 e ss.)". Nessa sua visão a obrigação tributária é a situação jurídica subjacente, e o crédito tributário a situação jurídica abstrata.

Enquanto no lançamento se busca garantir antecipadamente a conformidade da obrigação abstrata à obrigação subjacente, no processo administrativo tributário trata-se de impedir que a verdade formal, representada pela abstração, prevaleça sobre a verdade material expressa na situação subjacente. Na primeira relação tem-se em vista *preparar* lançamento legal, e na segunda busca-se *destruir* lançamento ilegal.

O processo administrativo tributário é o instrumento que a lei utiliza para garantir, de maneira ampla, a conformação da obrigação abstrata oriunda do lançamento com a obrigação subjacente, do modo como nasce: do fato tributário e da lei. A relação processual é instrumentalmente conexa com a relação material.

Com excelente lastro doutrinário, Alberto Xavier conclui sua teoria: "Situações jurídicas materiais e processuais coordenam-se assim estreitamente, reagindo umas sobre outras, num sistema de inegável coerência interna e que se dirige a um mesmo fim: assegurar que a prestação tributária efetivamente realizada pelos particulares seja precisamente a que foi definida por lei".[78]

Esse conjunto de situações jurídicas não é passível de um conceito unitário – relação de poder ou relação administrativa –, por divergirem na estrutura; mas é passível de unificação funcional.

Seguindo doutrina defendida por Nuno Sá Gomes,[79] a relação proveniente do processo administrativo tributário é uma *relação complexa*, cujos vínculos estão subordinados ao escopo da obrigação nuclear e são dela acessórios. Essa relação complexa supõe a *subordinação de regime* das situações que a integram ao escopo comum,

78. Alberto Xavier, *Do Lançamento: Teoria Geral do Ato, do Procedimento e do Processo Tributário*, 2ª ed., p. 587.
79. Nuno Sá Gomes, "As situações jurídicas tributárias-I", *Cadernos de Ciência e Técnica Fiscal* 77/82.

TEORIA GERAL DO PROCESSO ADMINISTRATIVO TRIBUTÁRIO

não implicando, no entanto, uma perfeita *identidade* de tratamento. A constituição, modificação e extinção de cada situação que integra a relação jurídica de imposto colocam-se em momentos diferentes e podem resolver-se em situações com estrutura e natureza diferentes, cujos regimes não são perfeitamente coincidentes.

No processo judicial tributário a relação torna-se triádica, na medida em que o sujeito passivo da relação jurídico-material (diádica) procura o Estado (na posição de) sujeito de direito público, com o dever de prestar a tutela. Tendo como objeto do pedido a prestação jurisdicional, acrescenta-se à relação material existente uma relação triangular com as duas relações lineares existentes, que se reúnem, então, em um ponto de confluência – o órgão jurisdicional –, perfazendo a chamada angularidade da relação jurídico-processual.[80]

Essa triangulação não existe no processo administrativo tributário, em que o julgador, embora em situação imparcial e fora dessa relação entre sujeito ativo e sujeito passivo, não faz parte do poder jurisdicional – o que resulta em não se caracterizar essa triádica relação processual, continuando-se a manter uma relação horizontal.

10. Eficácia

Como toda norma jurídica, a norma processual tem eficácia limitada em duas dimensões: no tempo e no espaço – isto é, por um certo período de tempo aplica-se dentro de um dado território.

No que diz respeito à eficácia espacial vigora o princípio da territorialidade. O limite espacial apresenta como balizas as do *território* dentro do qual o poder legiferante exerce sua soberania.

Assim, as normas que regulam o processo são de caráter nacional, e as que regulam os procedimentos são editadas pelos entes federados e se aplicam ao espaço geográfico de seu território. Também o limite temporal das normas processuais segue a regra das normas jurídicas em geral, qual seja, aquela constante da Lei de Introdução ao Código Civil: salvo disposição em contrário, a lei processual começa a vigorar 45 dias depois de publicada.

Ao buscar a segurança e a justiça, o Direito elege o princípio da irretroatividade. Consubstanciado na Constituição, dirige-se não só

---

80. Cf. Lourival Vilanova, *As Estruturas Lógicas e o Sistema do Direito Positivo*, p. 125.

64 PROCESSO ADMINISTRATIVO TRIBUTÁRIO

ao intérprete, como ao aplicador do Direito e também ao legislador. Paulo de Barros Carvalho entende esta bidirecionalidade passado/futuro como preponderante no estruturamento da segurança nas relações jurídicas.[81] Para Pontes de Miranda a irretroatividade defende o povo, enquanto a retroatividade o expõe à prepotência.

Não sendo de vigência temporária, a lei terá vigor até que outra a modifique ou a revogue. A lei processual em vigor tem efeito imediato e geral, respeitados o ato jurídico perfeito, o direito adquirido e a coisa julgada, segundo assegura a Constituição Federal (art. 5º, XXXVI).

A questão que se coloca é com relação aos processos em curso quando do início de vigência da nova lei. Apesar da unidade processual, a maioria dos autores entende que a lei nova não atinge os atos processuais já praticados, aplicando-se a atos processuais a praticar. Esse sistema é também o consagrado no Código de Processo Penal.

Embora *validade* e *existência* possam se confundir, o mesmo não acontece em relação à *eficácia*, já que esta importa geração de efeitos jurídicos, efetiva ou potencialmente.

Para Kelsen[82] a *eficácia* é condição de validade da norma jurídica. Como a norma, enquanto não ab-rogada por outra, continua pertencente ao sistema e, como tal, reveste-se de validade, resulta evidente que, em um sentido específico, não há que se confundir no sistema brasileiro o campo de validade com a eficácia. Confirma essa assertiva o disposto no art. 52, X, da CF: cabe ao Senado suspender a execução de lei declarada inconstitucional por decisão definitiva do STF. Isto quer dizer que, apesar de declarada inconstitucional pelo Supremo, a norma continua válida no sistema até que o Senado, por resolução, a expulse. A se negar esse raciocínio, haveria que se entender que tal providência legislativa que o constituinte atribuiu ao Senado ficaria completamente sem sentido.

Há que se levar em conta que, sendo objeto do processo administrativo tributário o controle da legalidade do lançamento e da imposição de penalidades, há dois tipos de correlação lógica e sistemática: entre a eficácia do lançamento e o exercício dos poderes processuais que levam ao controle da legalidade e entre a natureza do processo e a situação subjetiva de direito material. Como eviden-

81. Paulo de Barros Carvalho, *Curso de Direito Tributário*, 6ª ed., p. 147.
82. Hans Kelsen, *Teoria Pura do Direito*, 3ª ed., p. 230.

ciado anteriormente, é de se reconhecer que o direito material e o processual se encontram de tal forma interligados, mantendo entre si estreitas relações, que só com a visão unitária de um mesmo fenômeno se poderá entender a eficácia das normas, para lhes dar a interpretação sistemática desejada.

11. Interpretação

As leis atinentes ao processo administrativo tributário são regras jurídicas com *estrutura lógica* e *atuação dinâmica*,[83] idênticas a qualquer outra regra jurídica; e, portanto, interpretam-se como qualquer lei, seguindo os mesmos métodos e princípios hermenêuticos.

Interpretar a lei é uma operação mental que acompanha o processo da aplicação do Direito, cujo objeto é conhecer seu significado e determinar seu alcance. Como colocado por Souto Maior Borges,[84] pode haver interpretação sem aplicação do Direito, mas não haverá aplicação sem interpretação.

Na definição de Paulo de Barros Carvalho, *interpretação* é "a atividade intelectual que se desenvolve à luz de princípios hermenêuticos, com a finalidade de declarar o conteúdo, o sentido e o alcance das regras jurídicas".[85]

Para Carlos Maximiliano[86] existe um momento – *crítica* – que antecede o esforço de interpretação, mas está nela inserido. Com a crítica é feita a análise da autenticidade e da constitucionalidade do dispositivo que se pretende interpretar; é um trabalho preliminar de análise, pressuposto da aplicação geral do Direito.

A hermenêutica – teoria que se propõe a pesquisar os meios de interpretação – mostra, desde o sistema tradicional primitivo, em que denominada *escolástica* ou também chamada de *dogmática*, uma série de métodos, prevalecendo hoje a linha *sistemática*.

---

83. Alfredo A. Becker (*Teoria Geral do Direito Tributário*, 2ª ed., pp. 265 e ss.) respalda-se em Pontes de Miranda para defender a síntese da estrutura lógica e atuação dinâmica da regra jurídica como sendo o grande trabalho da ciência jurídica.

84. Souto Maior Borges, *O Contraditório no Processo Judicial (Uma Visão Dialética)*, p. 90.

85. Paulo de Barros Carvalho, *Curso de Direito Tributário*, 6ª ed., p. 72.

86. Carlos Maximiliano, *Hermenêutica e Aplicação do Direito*, 10ª ed., p. 42.

A doutrina convencional vem mostrando que a interpretação se faz pela interveniência dos vários métodos, com aplicações sucessivas. São eles: (a) o *literal ou gramatical* – a preocupação do intérprete é apenas com a construção gramatical em que se exprime o comando jurídico do texto; (b) o *histórico-evolutivo* – requer conhecimento da evolução da vontade que o legislador depositou na lei; (c) o *lógico* – pretende desvendar as expressões pelas regras da lógica formal, sem a intervenção de qualquer elemento exterior; (d) o *teleológico* – procura identificar o conteúdo finalístico da norma; e (e) o *sistemático* – analisa a regra em cotejo com a multiplicidade dos comandos normativos que dão sentido de existência ao direito positivo.

Na defesa do *método sistemático*, por excelência prevalecente sobre os demais, o professor Paulo de Barros Carvalho[87] demonstra ser o único método que atinge os três planos fundamentais da linguagem – sintaxe, semântica e pragmática –, e por isso capaz da plenitude e unicidade exigidos pela ciência do Direito.

Carlos Maximiliano assim se refere ao processo sistemático: "A verdade inteira resulta do contexto, e não de uma parte truncada, quiçá defeituosa, mal-redigida; examine-se a norma na íntegra, e mais ainda: o Direito todo, referente ao assunto. Além de comparar o dispositivo com outros afins, que formam o mesmo instituto jurídico, e com os referentes a institutos análogos, força é, também, afinal, pôr tudo em relação com os princípios gerais, o conjunto do sistema em vigor".[88] Afirma ele que para ser um bom hermeneuta se tem que conhecer bem o sistema jurídico vigente, por ser este um todo orgânico.

Francesco Ferrara[89] fala em trabalho de *sistematização* como um *método jurídico* formado por um conjunto de *meios e processos*, visando à melhor interpretação e aplicação do Direito, definindo como operações fundamentais dessa elaboração científica a *análise jurídica*, a *concentração lógica* e a *construção jurídica*. Para ele só o jurista tem *arte jurídica*, que reúne qualidades para a *educação jurídica*, que exige capacidade de *concepção* e de *abstração*, conjugada com a percepção nítida dos princípios de Direito a aplicar. Adverte o autor que o método é apenas um instrumento para a pesquisa da verdade, sendo todos bons quando guiam ao saber.

---

87. Paulo de Barros Carvalho, *Curso de Direito Tributário*, 6ª ed., pp. 74 e ss.

88. Carlos Maximiliano, *Hermenêutica e Aplicação do Direito*, 10ª ed., pp. 129 e ss.

89. Francesco Ferrara, *Interpretação e Aplicação das Leis*, 4ª ed., pp. 174 e ss.

Não cabe, nos dias de hoje, falar em interpretação *autêntica* e *doutrinal*, quanto à origem. A primeira refere-se àquela emanada do próprio poder que produziu o ato cujo sentido e alcance ela declara. No caso de lei a exegese obrigatória seria a das Assembléias ou Câmaras; do Executivo para os regulamentos em geral. Só a doutrinal merece ser interpretação, por ser um ato livre do intelecto humano, essencialmente dinâmico, não ficando, portanto, ossificado o Direito.

Também estão fora da realidade do exegeta as palavras "extensiva" e "restritiva", por não mais indicarem o critério fundamental, mas exprimirem somente o alcance do preceito; no primeiro caso adita-se, e no segundo restringe-se. O que se espera da exegese é a descoberta do sentido *exato*, e não a expressão de idéias cujos vocábulos impróprios levem a concepções erradas.

Carlos Maximiliano[90] fala nos postulados que enfeixam princípios superiores como sendo idéias *diretivas* do hermeneuta e pressupostos científicos da ordem jurídica em que se materializa o conjunto harmônico das regras positivas que formam um sistema orgânico.

Além dos princípios gerais, fundamentais a todas as normas, o exegeta há de ser orientado por princípios especiais exigidos pela natureza das regras jurídicas, pelo sistema político a que se encontrarem ligadas e pelas categorias de relações que disciplinam.

Exemplificadora a manifestação de Kelsen: "A norma do escalão superior não pode vincular em todas as direções (sob todos os aspectos) o ato através do qual é aplicada. Tem sempre de ficar uma margem, ora maior, ora menor, de livre apreciação, de tal forma que a norma do escalão superior tem sempre, em relação ao ato de produção normativa ou de execução que a aplica, o caráter de um quadro ou moldura a preencher por este ato".[91]

O ordenamento jurídico não apresenta lacunas, embora à lei possa escapar alguma situação. Norberto Bobbio[92] fala da completude do ordenamento jurídico como sendo, mais que uma exigência, uma condição necessária para o funcionamento do sistema, defendendo não haver lugar para a lacuna do Direito. Resulta então a prevalência da interpretação sistemática da lei processual, levando-se em considera-

---

90. Carlos Maximiliano, *Hermenêutica e Aplicação do Direito*, 10ª ed., pp. 295 e ss.

91. Hans Kelsen, *Teoria Pura do Direito*, 3ª ed., p. 364.

92. Norberto Bobbio, *Teoria do Ordenamento Jurídico*, 5ª ed., pp. 118 e ss.

ção as finalidades do processo e a sua característica sistemática. A revelação do Direito dá-se com a presença, em toda e qualquer norma processual, dos princípios do processo, e à luz dessa sistemática todas as disposições processuais devem ser interpretadas.

No caso do processo administrativo tributário pressupõe-se, então, um entendimento interpretativo de acordo com as especificidades do direito tributário, para que o aplicador não lhes restrinja nem dilate o sentido, porque se trata de normas rigorosamente *taxativas*, que encerram prescrições de ordem pública, imperativas ou proibitivas, que afetam a esfera patrimonial dos cidadãos, e por isso não passíveis de interpretações analógicas, extensivas, mas de sentido absolutamente estrito. Esse rigor faz-se presente em particular nas disposições de caráter excepcional, como por exemplo as isenções e outros benefícios ou regimes especiais. Hipótese não contemplada em norma obrigacional tributária está, só por isso, livre do tributo.

Capítulo II
ATOS ADMINISTRATIVOS TRIBUTÁRIOS

1. Atos administrativos: 1.1 Conceito – 1.2 Requisitos – 1.3 Discricionariedade administrativa – 1.4 Espécies. 2. Ato e procedimento. 3. Vícios e conseqüências. 4. Revisão dos atos. 5. Extinção dos atos.

1. Atos administrativos

1.1 Conceito

Interessa estudar, aqui, especificamente, os *atos administrativos*, distintos de outros atos ou atividades da Administração, cuja origem e desenvolvimento de sua concepção estão nos países ligados ao sistema europeu continental, especialmente França, Itália e Alemanha.

Embora não haja definição legal, pode-se conceituar o *ato administrativo* como *uma declaração unilateral do Estado, no exercício da função administrativa legal, que produz efeitos jurídicos individuais e imediatos*. Assim individualizado, o ato administrativo assume uma categoria própria, na qual estão abrangidos todos os atos da Administração com as mesmas características, em que se incluem os atos administrativos fiscais, e que se sujeitam ao mesmo regime jurídico administrativo, informado por dois princípios fundamentais: o da *supremacia do interesse público sobre o privado* e o da *indisponibilidade dos interesses públicos*. Como espécie do ato jurídico, o ato administrativo tem atributos distintos dos atos de direito privado e se submete ao *regime de direito público*.

José Cretella Jr. conceitua *ato administrativo* – partindo da definição de *ato jurídico* do Código Civil, acrescentando o agente e a matéria administrativa – como sendo "a manifestação da vontade do

70   PROCESSO ADMINISTRATIVO TRIBUTÁRIO

Estado, por seus representantes, no exercício regular de suas funções, ou por qualquer pessoa que detenha, nas mãos, fração de poder reconhecido pelo Estado, que tem por finalidade imediata criar, reconhecer, modificar, resguardar ou extinguir situações jurídicas subjetivas, em matéria administrativa".[1]

Além de distinguir o ato administrativo do ato jurídico, Celso Antônio Bandeira de Mello também o diferencia dos atos legislativo e jurisdicional, definindo-o como *"declaração do Estado (ou de quem lhe faça as vezes – como, por exemplo, um concessionário de serviço público), no exercício de prerrogativas públicas, manifestada mediante providências jurídicas complementares da lei a título de lhe dar cumprimento, e sujeitas a controle de legitimidade por órgão jurisdicional"*[2] (grifos do original).

O ato administrativo, em razão de emanar de autoridade pública, deve ser destacado de modo a atender à finalidade pública. Kioshi Harada assevera que "o ato administrativo é regido pelo direito público, de modo que somente pode ser assim considerado quando praticado pela Administração Pública nessa qualidade. Fora daí, a Administração se equipara aos particulares, praticando atos de direito privado".[3]

1.2 Requisitos

A doutrina consolidou como atributos dos atos administrativos:

(a) A *presunção de legitimidade* – Até prova em contrário, presumem-se *legítimos* os atos administrativos. Há presunção de que eles são regulares, ou seja, estão de acordo com as normas que regulam a atividade administrativa. Essa presunção decorre do princípio da legalidade da Administração e autoriza a imediata operatividade dos atos administrativos. Como conseqüência deste atributo tem-se a transferência do ônus da prova de invalidade do ato administrativo para quem a invoca.

(b) A *executoriedade* – É a característica que tem o ato administrativo de habilitar o Poder Público a compelir à obediência se-

---

1. José Cretella Jr., *Controle Jurisdicional do Ato Administrativo*, 3ª ed., pp. 123-124.

2. Celso Antônio Bandeira de Mello, *Curso de Direito Administrativo*, 24ª ed., p. 374.

3. Kioshi Harada, *Dicionário de Direito Público*, 2ª ed., p. 71.

ATOS ADMINISTRATIVOS TRIBUTÁRIOS

gundo seu conteúdo. A CF, reconhecendo esse atributo, tornou-o restrito em face do art. 5º, LV, que assegura o contraditório e a ampla defesa nos processos administrativos. Por meio dela a Administração pode impor suas decisões sem que precise se socorrer do Poder Judiciário. Representa um *plus* em relação à exigibilidade; ou seja, pela exigibilidade a Administração pode *induzir* à obediência, pela executoriedade pode *compelir*. Esse atributo evidencia a predominância do interesse público sobre o privado.

(c) A *imperatividade* – Segundo a imperatividade, os atos administrativos submetem terceiros, independentemente de sua concordância. O Poder Público, por seus atos, ingressa na esfera jurídica de terceiros, impondo-lhes determinadas obrigações. Esse atributo só existe para os atos administrativos que impõem obrigações.

(d) A *exigibilidade* – Por meio dela o administrado é forçado a atender ao conteúdo do ato administrativo. Enquanto a imperatividade constitui uma situação, pela exigibilidade o Poder Público pode exigir obediência ao ato.

Observe-se que está na exigibilidade e na executoriedade uma forte característica diferenciadora do ato administrativo em relação ao ato do particular. Enquanto este precisa de sentença judicial para tornar exigível sua pretensão perante outro sujeito, o ato administrativo já dispõe dos atributos de exigibilidade e de executoriedade para tornar efetiva a pretensão estatal, como é o caso da certidão de dívida ativa.

Enquanto qualificativos, os atributos podem acompanhar os atos administrativos isolada ou conjuntamente. O lançamento tributário, por exemplo, goza das prerrogativas de presunção de legitimidade e de exigibilidade, mas não desfruta da imperatividade e nem da executoriedade.

A vontade fixada no ato é sempre objetiva, tal qual a previsão legal, ainda que explicitada pelo agente público.

Importa, aqui, salientar que os atos relativos aos julgamentos administrativos fiscais podem ser *singulares*, no caso de decisão de primeira instância, ou *plurais*, no caso de decisões de órgãos colegiados, em que o resultado das vontades plúrimas é que interessa como solução final dada, não *importando* cada pronunciamento isoladamente promovido pelo voto emitido por cada julgador. O ato que valerá é aquele fruto da conclusão a que chegou o órgão colegiado.

72 PROCESSO ADMINISTRATIVO TRIBUTÁRIO

Quando a doutrina estuda o ato administrativo, busca formular conceitos sobre os *elementos* do ato, mas não é pacífica a respeito dessa matéria, quanto à terminologia utilizada. Independentemente da terminologia variada, segundo o professor Celso Antônio Bandeira de Mello[4] para decompor o ato administrativo em sua essência não existem elementos, tidos como partes de um todo. Para ele, é melhor falar em *conteúdo* e *forma*. *Conteúdo* é aquilo que o ato dispõe, ou seja, o ato em si; *forma* é a exteriorização do ato. Nesse sentido, além desses pressupostos de natureza formal, o ato administrativo tem pressupostos *subjetivos* (sujeito), *objetivos* (motivo e requisitos procedimentais), *teleológicos* (finalidade), *lógicos* (causa) e *formalísticos* (formalização). Maria Sylvia Zanella Di Pietro[5] identifica como elementos dos atos administrativos: sujeito, objeto, forma, motivo e finalidade. Eurico Marcos Diniz de Santi[6] identifica como elementos constitutivos do ato administrativo: descrição do motivo do ato, sujeito ativo, sujeito passivo, a variável relacional e a conduta prescrita, modalizada pelo relacional.

O ato administrativo é tido como *perfeito* quando completa seu ciclo de formação, e é *válido* quando contém todos os requisitos legais, isto é, quando praticado conforme o ordenamento jurídico. É, ainda, *eficaz* quando está apto a produzir seus efeitos, isto é, produzir modificações na realidade jurídica a ele preexistente.

A validade do ato administrativo exige que ele não seja viciado. É válido o ato quando finalizado o ciclo de sua formação e se revela segundo as disposições normativas. Dá-se como *válido o ato emanado por sujeito competente, segundo formalidade prevista em lei, incidente sobre objeto possível, tendo motivos adequados ao conteúdo e dirigindo-se à finalidade legal prevista.*

As condições ou requisitos de validade relacionam-se com os elementos dos atos administrativos: (a) sujeito; (b) conteúdo; (c) finalidade; (d) formalidade; (e) motivo; e (f) causa. A falta dessas condições macula o ato – e, por isso, o torna nulo.

(a) O *sujeito* refere-se a alguém a quem a norma atribui competência para a prática do ato, que deve ter capacidade específica para

4. Celso Antônio Bandeira de Mello, *Curso de Direito Administrativo*, 24ª ed., pp. 378 e ss.
5. Maria Sylvia Z. Di Pietro, *Direito Administrativo*, 9ª ed., p. 168.
6. Eurico Marcos Diniz de Santi, *Lançamento Tributário*, pp. 86-88.

ATOS ADMINISTRATIVOS TRIBUTÁRIOS

sua realização. Quando alguém incompetente pratica um ato administrativo, embora o mesmo possa produzir efeitos, pode ser anulado, por vício de incompetência. A lei atribui competência para a prática do ato às pessoas públicas políticas, União, Estados e Municípios e Distrito Federal. As funções desses entes estão distribuídas entre órgãos administrativos e, dentro deles, entre seus agentes, em uma detalhada partilha de atribuições, segundo a competência fixada pelo direito positivo. Além de competente, o agente deve ser capaz.

(b) O *conteúdo* ou *objeto* é a prescrição contida no ato. Por meio dele a Administração manifesta seu poder e sua vontade ou atesta situações preexistentes. O objeto deve ser lícito, possível, certo e moral.

(c) A *finalidade*, chamada por alguns de *vontade normativa*, é o resultado que a Administração quer alcançar com a prática do ato, que, em seu mais amplo entendimento, é o interesse público. Especificamente, a finalidade é o conjunto de atribuições, encampadas pela lei, a que se destina a Administração. A finalidade refere-se ao fim mediato, diferente de fim em si, que é sempre imediato.

(d) A *formalidade* é o revestimento exteriorizador do ato, previsto no ordenamento, e deve ser integrada pela motivação, isto é, a exteriorização das razões de fato e de direito que levam à edição do ato. O respeito à formalidade possibilita o controle do ato administrativo pelos seus destinatários, pela própria Administração e pelos demais Poderes do Estado.

(e) O *motivo* refere-se ao pressuposto de fato, às circunstâncias que autorizam a prática do ato. Assim, o motivo está no mundo fático. Para que ocorra a incidência normativa, o fato ocorrido no mundo empírico subsume-se à hipótese normativa. Tanto o motivo como a finalidade contribuem para a formação da vontade da Administração.

(f) A *causa*, embora identificada com o motivo, é tida como a adequação entre o pressuposto de fato (motivo) e o conteúdo (prescrição do ato). A relação entre o motivo e o conteúdo para atender à finalidade do ato. No âmbito da causa está a *razoabilidade*, extremamente importante para a validade do ato.

O que está fora dos limites da lei é arbítrio (desvinculação a qualquer norma jurídica, ou seja, conduta antijurídica), o que não se admite na Administração. A ação administrativa tem seus contornos delimitados pela lei, e da mesma forma os atos administrativos devem ser produzidos se compatíveis e conformes com a legislação.

74 PROCESSO ADMINISTRATIVO TRIBUTÁRIO

1.3 Discricionariedade administrativa

Quando a lei prevê requisitos e condições para uma única atuação possível ao agente, tem-se o *ato vinculado*. Já o *ato discricionário* é aquele em que a lei fixa os lindes sobre os quais se limita o administrador. Enquanto no ato vinculado a lei estabelece a conduta específica do agente, no ato discricionário remanesce à Administração o exercício da atividade discricionária segundo os moldes eleitos pela lei. Quando, por exemplo, a autoridade escolhe entre os nomes constantes de lista, não viciada, aqueles que vão compor o órgão administrativo de julgamento colegiado, está praticando ato discricionário.

Na definição de Régis Fernandes de Oliveira, *discricionariedade* é a "integração da vontade legal feita pelo administrador, que escolhe um comportamento previamente validado pela norma, dentro dos limites de liberdade resultantes da imprecisão da lei, para atingir a finalidade pública".[7] Para José Cretella Jr. *ato administrativo discricionário* é "a manifestação concreta e unilateral da Administração que, fundamentada em regra objetiva de Direito que a legitima e lhe assinala o fim, se concretiza livremente, desvinculada de qualquer lei que lhe dite previamente a oportunidade e a conveniência da conduta, sendo, pois, neste campo, insuscetível de revisão judiciária".[8]

A existência desse poder discricionário[9] está ligada à impossibilidade lógica e material do legislador de prever as infinitas circunstâncias que se apresentam no mundo fático. No exercício do poder discricionário, a Administração adota uma ou outra solução segundo critérios de oportunidade, conveniência, justiça, eqüidade, próprios da autoridade. Embora o poder de ação administrativa seja discricionário, nunca é total; só existe nos espaços deixados pela lei, e por ela legitimado.

---

7. Régis Fernandes de Oliveira, *Ato Administrativo*, 3ª ed., p. 83.

8. José Cretella Jr., *Controle Jurisdicional do Ato Administrativo*, 3ª ed., p. 150.

9. Melhor falar em *poder discricionário* da Administração que em *ato discricionário*, como afirma Hely Lopes Meirelles (*Direito Administrativo Brasileiro*, 33ª ed., p. 169), seguindo Nunes Leal, uma vez que a discricionariedade não se manifesta no ato em si, mas no poder que a Administração tem de praticá-lo segundo a conveniência e oportunidade, no interesse público. Mas, apesar dessa ressalva conceitual e de sua inadequação, a expressão "ato discricionário" está consagrada na doutrina e na jurisprudência, e por isso continua sendo utilizada.

ATOS ADMINISTRATIVOS TRIBUTÁRIOS

Hugo de Brito Machado entende que a atividade administrativa de cobrança de tributo é plenamente vinculada, em assonância com o art. 3º do CTN. Porém, em razão da impossibilidade de uma vinculação completa dos atos concretos da Administração, "utiliza-se a técnica da atividade administrativa normativa. Através dos regulamentos e das denominadas normas complementares da legislação tributária, mencionadas no art. 100 do CTN, opera-se a redução da vaguidade dos conceitos usados na lei, de sorte que o ato de concreção, vale dizer, o ato administrativo de execução, é praticado com o mínimo de discricionarismo".[10]

Nos ensinamentos precisos de Seabra Fagundes: "A competência discricionária não se exerce acima ou além da lei, senão, como toda e qualquer atividade executória, com sujeição a ela. O que a distingue da competência vinculada é a maior mobilidade que a lei enseja ao executor no exercício, e não na liberação da lei. Enquanto ao praticar o ato administrativo vinculado a autoridade está presa à lei em todos os seus elementos (competência, motivo, objeto, finalidade e forma), no praticar o ato discricionário é livre (dentro de opções que a própria lei prevê) quanto à escolha dos motivos (oportunidade e conveniência) e do objeto (conteúdo). Entre praticar o ato ou dele se abster, entre praticá-lo com este ou aquele conteúdo (por exemplo: advertir apenas, ou proibir), ela é discricionária. Porém, no que concerne à competência, à finalidade e à forma, o ato discricionário está tão sujeito aos textos legais como qualquer outro".[11]

Celso Antônio Bandeira de Mello destoa da majoritária doutrina que considera a vinculação de todo ato administrativo em relação à sua finalidade. Em sua doutrina pode-se encontrar o seguinte argumento: "Embora seja indiscutível que o fim do ato administrativo deva ser sempre e necessariamente um interesse público, sobre pena de invalidade, na maior parte das vezes a apreciação do que é o interesse público depende, em *certa medida*, de uma apreciação *subjetiva*, isto é, de uma investigação insuscetível de se reduzir a uma *objetividade absoluta*. Preferimos dizer que o fim é *sempre vinculante* (como, aliás, todos os elementos da norma), de tal modo que só pode

10. Hugo de Brito Machado, *O Conceito de Tributo no Direito Brasileiro*, p. 86.
11. Citação de acórdão do TJRN feita por Hely Lopes Meirelles (*Direito Administrativo Brasileiro*, 33ª ed., p. 171).

PROCESSO ADMINISTRATIVO TRIBUTÁRIO

ser perseguido o interesse público; porém, a qualificação do interesse público comporta *certa margem*, delimitada, é certo, de juízo discricionário".[12]

Em defesa da tese de Seabra Fagundes, Eros Roberto Grau[13] apresenta crítica à posição que admite a possibilidade de juízo discricionário sobre o fim da norma administrativa, em razão de sua indeterminação. Em sua lavra, contesta a alegação que o juízo discricionário do ato administrativo decorre da indeterminação de conceitos jurídicos, sustentando que estes são oriundos da absoluta e vinculada determinação legal.

Considera, ainda, impossível no âmbito da Administração Pública, regida pela estrita legalidade, a realização, por parte da autoridade administrativa, de juízos discricionários, como apreciação subjetiva de conceitos – atividade que considera como interpretativa de direito e, conseqüentemente, juízo de legalidade, não admitido dentre o conjunto de competências do aplicador da norma no âmbito da Administração. Em sua defesa, a possibilidade da discricionariedade administrativa em relação a conceitos normativos consiste na capacidade de avaliar se está presente o conceito no caso concreto, ou se não está presente.

Na posição da doutrina prevalecente o ato é sempre vinculado, com relação ao sujeito. A finalidade também é sempre vinculada, enquanto os fins podem ser discricionários. A formalidade é sempre vinculante, enquanto a forma pode ser discricionária. O objeto e o motivo podem ser discricionários, pois pode haver escolha dos pressupostos. A causa serve de limite para se apurar o poder discricionário, na relação de adequação entre os pressupostos do ato e seu conteúdo.

Como certos elementos do ato administrativo são sempre vinculados, não existe ato administrativo totalmente discricionário. Quando o ato é vinculado, todos os elementos estão definidos na lei; quando é discricionário, alguns elementos vêm definidos na lei e outros são deixados para decisão da Administração, com maior ou menor liberdade quanto à oportunidade e conveniência, segundo o interesse público a atingir. O *fim* é o limite da discricionariedade.

12. Celso Antônio Bandeira de Mello, *Curso de Direito Administrativo*, 24ª ed., pp. 418-419.
13. Eros Roberto Grau, *O Direito Posto e o Direito Pressuposto*, 6ª ed., pp. 191 e ss.

Um aspecto a se observar, concernente à discricionariedade quanto ao momento da prática do ato, é que só se pode dar quando o legislador não fixou prazo para a Administração adotar determinadas decisões. Pode dizer respeito também a uma escolha entre o agir ou o não agir.

Tratando-se de ato discricionário, deve-se falar em *desvio de poder*. No exercício da atividade discricionária a Administração escolhe entre as opções impostas como balizas pela lei. Caso o agente se utilize de sua competência para atingir finalidade diversa daquela que lhe foi outorgada pela ordem jurídica, tem-se *desvio de poder*. Há desvio de poder quando há desvio do fim ou da finalidade. Diferentemente, se o agente não tem competência para o ato, ou o pratica de modo viciado, ocorre o vício de *ilegalidade* do ato administrativo.

O fundamento mediato resulta que, em um Estado de Direito, toda emanação de qualquer poder tem seus limites definidos na própria ordem jurídica. A competência só pode ser exercida segundo limites traçados na Constituição.

Para suspender a eficácia do ato administrativo o interessado pode ir a juízo ou fazer uso de recursos administrativos que tenham efeito suspensivo. Os excessos levados à apreciação do Judiciário podem obstar aos atos ou desfazê-los.

Para assegurar direito líquido e certo o remédio processual é o mandado de segurança; a ação popular serve para resguardar o patrimônio público, no caso da prática de ato lesivo.

Quanto ao controle que o Judiciário exerce sobre os atos administrativos, é importante a distinção entre vinculados e discricionários, uma vez que em relação aos vinculados o exame atinge a conformidade do ato com a lei, em todos os seus aspectos. Já em relação aos atos discricionários o controle tem de respeitar a discricionariedade administrativa nos limites da lei. Nesses casos, o Judiciário aprecia os aspectos da legalidade e verifica se a Administração não ultrapassou os limites da discricionariedade.

Em qualquer dos casos, tanto em relação aos atos discricionários quanto em relação aos vinculados, não é dado ao Poder Judiciário dizer da conveniência, oportunidade ou justiça da atividade administrativa, mas da legalidade na aferição dos padrões jurídicos em que está embasado o ato questionado. Maior aprofundamento da questão é feito no "Capítulo VII – Controle Jurisdicional da Admi-

PROCESSO ADMINISTRATIVO TRIBUTÁRIO

nistração Tributária", item 1, "Controle Judicial", bem como no último item deste capítulo.

Há na doutrina uma tendência a limitar a discricionariedade administrativa e ampliar o alcance da apreciação do Judiciário, de modo a impedir arbitrariedades que se pratiquem sob o pretexto de agir discricionariamente.

1.4 Espécies

Não é uniforme a classificação dos atos administrativos entre os publicistas, em função da diversidade de critérios adotados para tal. Essas categorias são úteis quando metodizam o estudo e facilitam a compreensão.

Celso Antônio Bandeira de Mello adota classificação dos atos administrativos quanto aos critérios: *natureza da atividade* (atos de administração ativa, consultiva, controladora, verificadora, contenciosa); *estrutura do ato* (atos concretos e abstratos); *destinatários do ato* (atos individuais e gerais); *grau de liberdade da Administração em sua prática* (atos discricionários e vinculados); *função da vontade administrativa* (atos negociais e puros); *efeitos* (atos constitutivos e declaratórios); *resultados sobre a esfera jurídica dos administrados* (atos ampliativos e restritivos); *situação de terceiros* (atos internos e externos); *composição da vontade produtora do ato* (atos simples e complexos); *formação do ato* (atos unilaterais e bilaterais); *natureza das situações jurídicas que criam* (atos-regra, atos subjetivos e atos-condição); *quanto à posição jurídica da Administração* (atos de império e de gestão).[14]

Para Hely Lopes Meirelles a classificação dos atos administrativos dá-se, principalmente, "quanto aos seus destinatários, em *atos gerais e individuais*; quanto ao seu alcance, em *atos internos* e *externos*; quanto ao seu objeto, em *atos de império, de gestão* e *de expediente*; quanto ao seu regramento, em *atos vinculados* e *discricionários*".[15] O autor ainda adota outras classificações: atos *simples, complexos e compostos*; *atos constitutivos, extintivos, declaratórios, alienativos, modificativos ou abdicativos*. Quanto ao fim imediato e ao objeto, agrupa os atos

---

14. Celso Antônio Bandeira de Mello, *Curso de Direito Administrativo*, 24ª ed., pp. 410 e ss.

15. Hely Lopes Meirelles, *Direito Administrativo Brasileiro*, 33ª ed., p. 164.

ATOS ADMINISTRATIVOS TRIBUTÁRIOS

administrativos em cinco espécies: *normativos, ordinatórios, negociais, enunciativos* e *punitivos*.

A classificação apresentada por José Cretella Jr. divide o ato administrativo em *formal e material*.[16] No primeiro grupo estão a lei, o regulamento, o aviso, a circular, a instrução, a portaria, o ofício, o despacho e o decreto; no segundo grupo estão os atos de império e de gestão, que se subdividem: quanto à vontade, em relação ao número (atos unilaterais e bilaterais) e natureza (pessoal: atos simples e coletivos; e orgânica: atos simples e complexos); quanto à vinculação (atos arbitrários, vinculados e discricionários); quanto ao raio de ação (atos internos, externos e mistos); quanto ao objeto (atos criadores, conservadores, modificadores e extintores); quanto à pessoa jurídica (atos federais, estaduais e municipais, nos Estados federados, e atos gerais, provinciais e municipais, nos Estados unitários); e quanto à intercomunicação (atos preparatórios, complementares e de execução).

Analisando os atos administrativos em espécie, Maria Sylvia Di Pietro divide-os em "duas categorias: quanto ao conteúdo e quanto à forma de que se revestem".[17] No primeiro grupo estão a *autorização*, a *admissão*, a *permissão*, a *aprovação* e a *homologação*. No segundo, o *decreto*, a *portaria*, a *resolução*, a *circular*, o *despacho* e o *alvará*.

Nessa classificação, no que tange ao processo administrativo tributário, os atos, em sua maioria, configuram-se como despachos que contêm decisões das autoridades administrativas sobre assunto submetido à sua apreciação ou como atos de administração contenciosa, na classificação de Celso Antônio Bandeira de Mello. Esses atos podem ser *atos propulsivos* – de iniciativa; *atos instrutórios* – instrumentam e preparam informações, documentos, perícias, pareceres e outros, prévios à decisão; *atos decisórios* – os que decidem a seqüência; *atos controladores* – que confirmam ou legitimam atos anteriores; e *atos de comunicação* – os que dão conhecimento dos fatos que devem ser noticiados.

2. *Ato e procedimento*

De se diferenciar *ato* de *procedimento*, uma vez que no procedimento há um conjunto de operações que o formam. O procedi-

---

16. José Cretella Jr., *Controle Jurisdicional do Ato Administrativo*, 3ª ed., p. 132.
17. Maria Sylvia Z. Di Pietro, *Direito Administrativo*, 9ª ed., pp. 187 e ss.

PROCESSO ADMINISTRATIVO TRIBUTÁRIO

mento completa-se com várias operações que são preparatórias ou acessórias do ato principal e que são exigidas para a perfeição do ato e para que produza efeitos jurídicos.

Na lição de Hely Lopes Meirelles, *procedimento* "é o *iter* legal a ser percorrido pelos agentes públicos para a obtenção dos efeitos regulares de um ato administrativo principal".[18] Na definição de Eurico Marcos Diniz de Santi, *procedimento* "é a seqüência de fatos, o processo fático, a via pela qual se procura garantir uma correta formação e expressão da vontade funcional, previsto juridicamente, para formação do suporte fático do fato jurídico administrativo suficiente".[19] Kioshi Harada afirma que o *procedimento administrativo* "é o rito processual, ou a forma pela qual se desenvolve o processo, nos termos da lei, o que exclui a discricionariedade".[20] Como salienta Celso Antônio Bandeira de Mello, "os resultados pretendidos são alcançados por via de um conjunto de atos encadeados em sucessão itinerária até desembocarem no ato final"[21] – como, por exemplo, o concurso, a licitação e o lançamento tributário.

No procedimento administrativo os atos preparatórios, embora autônomos, são intermediários, interligados, e se conjugam para dar conteúdo e forma ao ato principal e final. Essas operações intermediárias, conforme vão sendo realizadas sem oposição dos interessados, tornam-se definitivas para a Administração e para os administrados, pela ocorrência da *preclusão*.

Dada a seqüência das fases, no procedimento administrativo essas operações previstas como anteriores são condições indispensáveis à produção das subseqüentes. Se houver vício jurídico em uma dessas operações anteriores, fica contaminada a operação posterior, quando entre elas houver relacionamento lógico incindível.

Tratando-se de operações essenciais à validade do ato principal, os atos preparatórios realizados em desconformidade com a norma podem acarretar a nulidade do ato final.

Não se confunde o procedimento administrativo com o ato administrativo complexo, já que este resulta da intervenção de dois ou

18. Hely Lopes Meirelles, *Direito Administrativo Brasileiro*, 33ª ed., p. 157.
19. Eurico Marcos Diniz de Santi, *Lançamento Tributário*, p. 92.
20. Kioshi Harada, *Dicionário de Direito Público*, 2ª ed., p. 308.
21. Celso Antônio Bandeira de Mello, *Curso de Direito Administrativo*, 24ª ed., p. 429.

ATOS ADMINISTRATIVOS TRIBUTÁRIOS

mais órgãos administrativos para o alcance do ato final único. No ato complexo as vontades de vários órgãos integram-se para se concretizarem em um mesmo ato, e só a partir dele aperfeiçoa-se a vontade final da Administração, evidenciando unidade na função das declarações jurídicas que a compõem, e depois desse momento torna-se atacável, pela via administrativa ou judicial. No procedimento, embora o ato final só se aperfeiçoe com a prática da última operação, cada uma das fases é passível de impugnação.

Também não se confunde o procedimento administrativo com o ato composto, uma vez que este é formado por um ato principal e outro ato complementar que o ratifica ou aprova.

Essas distinções fazem-se necessárias para que se identifique o momento de formação do ato e, assim, se precise quando o ato se torna operante e impugnável.

Na identificação de critério de individualização do ato jurídico, Alberto Xavier preleciona que, "no caso de uma atividade continuativa, o único critério que permite afirmar a entidade ou autonomia dos atos que a integram não pode deixar de ser o da produção de efeitos jurídicos autônomos, efeitos, esses, que delimitam e automatizam o fato que lhes deu origem dentro das situações fáticas mais amplas em que eles se englobam".[22]

Com o procedimento é percorrido um *iter* que autoriza à Administração a decisão tomada. Assim, tem-se a vontade administrativa do Estado sob maior controle, na medida em que se pode zelar pelo correto encaminhamento. Nas palavras de Celso Antônio Bandeira de Mello: "No procedimento ou processo se estrutura, se compõe, se canaliza e a final se estampa a 'vontade' administrativa".[23] O procedimento administrativo é conquista do regime administrativo moderno, consagrado no Estado de Direito.

3. Vícios e conseqüências

A questão dos *vícios* dos atos administrativos está ligada ao fato de a doutrina debater sobre a possibilidade de se aplicar a teoria das nulidades do direito civil.

---

22. Alberto Xavier, *Do Lançamento: Teoria Geral do Ato, do Procedimento e do Processo Tributário*, 2ª ed., p. 49.

23. Celso Antônio Bandeira de Mello, *Curso de Direito Administrativo*, 24ª ed., p. 473.

PROCESSO ADMINISTRATIVO TRIBUTÁRIO

Como colocado no início do capítulo, o ato administrativo é espécie do ato jurídico – o que possibilita a aplicação de princípios do Código Civil; mas, como ele tem peculiaridades, devem estas ser levadas em conta. Na lição de José Cretella Jr., da categoria se desce ao instituto jurídico: "A *teoria dos vícios do ato jurídico*, no direito administrativo, guarda, é claro, relações estreitas com a *teoria das nulidades do direito civil*, mas dela difere bastante, tanto no que diz respeito às soluções como à amplitude".[24]

Enquanto no direito privado o *ato jurídico* está orientado pela *vontade*, no *ato administrativo* o agente público manifesta-se não pela vontade individual, mas pelo *fim* (interesse público). O agente público, no exercício da função que desempenha, exerce a decisão do Estado. No primeiro prevalece uma *relação de propriedade*; e no segundo, uma *relação de administração*.

Os vícios no direito civil, nos termos do Código Civil, estão ligados às nulidades absolutas e relativas e se referem aos elementos do ato jurídico – sujeito, objeto e forma. No direito administrativo os vícios podem atingir qualquer um dos elementos do ato administrativo:

(a) *Sujeito* – Pode o vício ser de incompetência ou de incapacidade. A incompetência caracteriza-se quando o ato não está no rol das atribuições legais do agente que o praticou. Essa incompetência pode se dar por: usurpação de função (a pessoa que pratica o ato se apossa do exercício de atribuições de agente público, sem ter essa qualidade); abuso de poder por excesso (quando o agente exorbita de suas atribuições) ou desvio (prática de ato com finalidade diversa daquela explicitada na lei); função de fato (ato praticado irregularmente, mas com aparência de legalidade). Além dos vícios de incompetência existem os vícios de incapacidade – resultantes de erro, dolo, coação, simulação ou fraude e os produzidos por incapazes, nos termos descritos nos arts. 5º e 6º do CC.

(b) *Objeto* – É viciado o ato quando o objeto for proibido em lei; imoral; impossível – porque os efeitos pretendidos são irrealizáveis, de fato ou de direito; diverso do previsto na lei para o caso sobre o qual incide; incerto em relação aos destinatários, às coisas, ao tempo e ao lugar.

24. José Cretella Jr., *Controle Jurisdicional do Ato Administrativo*, 3ª ed., p. 251.

ATOS ADMINISTRATIVOS TRIBUTÁRIOS

(c) *Forma* – Quando a lei exige uma forma determinada diversa daquela praticada no ato.

(d) *Motivo* – Ocorre vício na hipótese de inexistência ou falsidade do motivo. O motivo sobre o qual se apóia o ato administrativo tem de ser legal, alicerçado no interesse público. É viciado o ato que se alicerça em motivo viciado ou motivo imperfeito.

e) *finalidade* – Nos casos de desvio de ou abuso de poder o agente afasta-se da finalidade legal para atingir resultado diverso, não amparado pela lei. Este desvio de finalidade é vício que invalida o ato. A finalidade, como objetivo a ser alcançado pela norma jurídica, está indicada pela lei, expressa ou implicitamente.

Enquanto no direito privado os vícios da vontade do declarante (dolo, erro, fraude, coação, simulação) ficam sanados pelo decurso de prazo caso não sejam alegados, no direito público são geralmente insanáveis.

José Cretella Jr.[25] discorre sobre essa possibilidade de validação ou convalescimento dos atos via tratamentos instrumentais depurativos, para salvar os efeitos do ato administrativo editado – quais sejam: a *ratificação*, a *reforma* e a *conversão*.

Na *ratificação* é apontado o vício anterior, que é suprido, passando a ser considerado perfeito o ato desde a origem. Na *reforma*, a parte incólume, que não afetou a legalidade, é aproveitada, rejeitando-se a parte inútil do ato. E na *conversão* são reaproveitados os elementos deficitários para, depois de tratados, comporem um novo ato, perfeito e válido, não podendo, portanto, ser declarada a nulidade para que a terapêutica da conversão seja utilizada.

Divergem as correntes doutrinárias quanto às conseqüências dos vícios dos atos administrativos. Ruy Cirne Lima[26] classifica os atos administrativos inválidos em: *inexistentes, nulos, anulados, revogados* e *suspensos*. Para ele não há identificação entre o conceito de invalidade do ato administrativo e a noção comum de nulidade do ato jurídico: "A nulidade e a anulabilidade caracterizam-se, dentre as formas de invalidade do ato administrativo, pelo interesse mais geral que as informa, transcendente à esfera exclusiva da Administração e manifestamente ligado à própria conservação da ordem jurídica".

25. José Cretella Jr., "Da autotutela administrativa", *RDA* 108/51.
26. Ruy Cirne Lima, *Princípios de Direito Administrativo*, 5ª ed., pp. 92-93.

84 PROCESSO ADMINISTRATIVO TRIBUTÁRIO

Para Celso Antônio Bandeira de Mello[27] o critério diferenciador dos tipos de invalidade do ato administrativo está na possibilidade ou impossibilidade de o vício ser convalidado. Para ele, *atos nulos* são os que não podem ser convalidados: os atos que a lei assim os declare e os atos cujos vícios referem-se ao objeto, à finalidade, ao motivo e à causa; *atos anuláveis* são os atos que a lei assim os declare e os que podem ser repraticados sem vício (praticados por sujeito incompetente, com defeito de formalidade e com vício de vontade). O autor identifica, ainda, uma classe de *atos inexistentes*, como sendo aqueles relativos a condutas criminosas, radicalmente vedadas pelo Direito.

Para Cretella Jr.[28] os atos são *nulos* ou *inexistentes* (os que não podem ser convalidados), *anuláveis* (os que podem ser convalidados) e *irregulares* (aqueles que contêm pequenos vícios, geralmente defeitos de forma, mantendo-se o conteúdo do ato, sem qualquer prejuízo à coletividade).

Para a maioria dos autores não se deve dar importância aos atos inexistentes, pois se equiparam aos atos nulos, já que não chegam a se aperfeiçoar como atos administrativos.

Hely Lopes Meirelles[29] nega a existência de atos anuláveis, por ser impossível convalidar um ato tido como anulável, já que não passa de ato nulo.

Tratando da nulidade e da anulabilidade, Kelsen anuncia que a "anulabilidade prevista pela ordem jurídica pode ter diferentes graus" e que "a nulidade é apenas o grau mais alto da anulabilidade".[30]

Nesse mesmo sentido ensina Alfredo Augusto Becker: "No mundo jurídico há maior (nulidade) ou menor (anulabilidade) intolerância ou repugnância por atos jurídicos defeituosos (inválidos: nulos ou anuláveis)".[31] Assim também Sainz de Bujanda: "A nulidade abso-

---

27. Celso Antônio Bandeira de Mello, *Curso de Direito Administrativo*, 24ª ed., pp. 446 e ss.

28. José Cretella Jr., *Controle Jurisdicional do Ato Administrativo*, 3ª ed., pp. 250 e ss.

29. Hely Lopes Meirelles, *Direito Administrativo Brasileiro*, 33ª ed., pp. 174-175.

30. Hans Kelsen, *Teoria Pura do Direito*, 3ª ed., pp. 292-294.

31. Alfredo Augusto Becker, *Teoria Geral do Direito Tributário*, 2ª ed., p. 420.

ATOS ADMINISTRATIVOS TRIBUTÁRIOS 85

luta ou de pleno direito constitui o grau máximo de invalidade de um ato jurídico".[32]

De certa forma, esses juristas enunciam graus distintos de vícios que inutilizam ou paralisam a vida do ato administrativo, segundo a intensidade da repulsa.

Diz-se *nulo* o ato administrativo que não produz o efeito correspondente, por vício essencial. A nulidade é imediata, considerando-se como não realizado o ato nulo, que não produz qualquer efeito e é insanável – ou seja, não pode ser corrigido, conformado ou sanado. Se praticado regularmente de novo, seus efeitos decorrem da nova realização, e não do ato nulo.

Quando o vício é sanável ou convalidável trata-se de hipótese de nulidade relativa; quando não, é caso de nulidade absoluta. Quando a convalidação é feita pela mesma autoridade que emanou o ato, denomina-se *ratificação*; e quando procede de outra autoridade diz-se *confirmação*.

No processo administrativo tributário, por exemplo, o lançamento é *nulo* se efetuado por pessoa incompetente, mas *anulável* se eivado de vício formal. Considera-se formal o vício quando na formação ou na declaração da vontade traduzida no ato foi preterida alguma formalidade.

A convalidação, informada pelo princípio da economia dos valores jurídicos, é ato discricionário da Administração e nem sempre é possível, dependendo do tipo de vício que atinge o ato, e se dá quando o ato administrativo supre o vício existente em ato precedente e gera efeitos retroativos à data em que foi praticado. Só são convalidáveis atos que podem ser legitimamente produzidos. Admite-se, por exemplo, a convalidação de ato praticado com vício de incompetência (quanto ao sujeito), por meio de ratificação, desde que não se trate de competência exclusiva. Não se admite ratificação de competência em razão da matéria, do motivo, da finalidade, do objeto ou do conteúdo. Quanto à forma, a convalidação só é possível se não for essencial à validade do ato.

A possibilidade de convalidação para certas situações está fundada na estabilidade das relações constituídas, e sua importância

---

32. Sainz de Bujanda, *Lecciones de Derecho Financiero*, 7ª ed., p. 318.

está no fato de se constituir em critério para distinguir os dois grupos de atos viciados – os *anuláveis*, de um lado, e, de outro, os *nulos* e os *inexistentes*.

Ato viciado que tiver sido impugnado administrativa ou judicialmente não pode ser convalidado pela Administração. Tem-se como exemplo a impossibilidade da revisão de ofício do lançamento tributário eivado de nulidade se já instaurada a fase contenciosa administrativa e perfeita a relação processual, o que se dá mediante impugnação tempestiva do contribuinte.[33]

A nulidade de qualquer ato no processo administrativo tributário é declarada pela autoridade competente para praticar o ato ou julgar sua legitimidade, e só prejudica os posteriores quando dele diretamente dependam ou dele sejam conseqüência.

4. Revisão dos atos

A Administração está sujeita a vários tipos de controle, iniciando por seu próprio, ou auto-revisão, em que os atos administrativos são submetidos a severa apreciação, fundada na autotutela administrativa.

O regime jurídico da *autotutela*[34] é definido por José Cretella Jr. como "o conjunto de normas de direito público que rege a ação administrativa ligada à vigilância dos próprios atos e dos bens

---

33. Neste sentido acórdãos do Conselho dos Contribuintes: "*Ementa:* Processo administrativo fiscal – Prescrição intercorrente. Lavrado o auto de infração e apresentada impugnação ao mesmo, instaura-se a lide administrativa, interrompendo-se a contagem de prazos decadencial ou prescricional" (Brasil, Conselho dos Contribuintes da União, 2ª Câmara, Rec. 121.657, rel. Gustavo Kelly Alencar, 17.2.2004, disponível em *http://161.148.1.141/domino/Conselhos/SinconWeb.nsf/Ementa/2B2B425AB88FFF5503256E3F000C8D8C?OpenDocument&posicao=DADOSC6E72*, acesso em 25.8.2007); "IRPJ – Vícios de nulidades. Após formalizado o lançamento e instaurada a fase litigiosa com a impugnação tempestivamente apresentada, é defeso à autoridade lançadora rever de ofício o lançamento" (Brasil, Conselho dos Contribuintes da União, 1ª Câmara, Rec. 150.460, rel. Valmir Sandri, 24.5.2007, disponível em *http://161.148.1.141/domino/Conselhos/SinconWeb.nsf/Ementa/48B2415812785A01032572EC001E11A3?OpenDocument&posicao=DADOS852236*, acesso em 25.7.2007).

34. Enquanto a *autotutela* é atributo ou prerrogativa da Administração, a *auto-executoriedade* é atributo do ato administrativo.

ATOS ADMINISTRATIVOS TRIBUTÁRIOS

públicos".[35] O autor afirma, ainda, que "dela não pode a Administração prescindir. A guarda dos direitos e dos interesses legítimos é função típica e exclusiva do Estado. (...). A *autotutela* é o *poder de polícia* da Administração sobre os próprios atos (...). Com a *autotutela* a Administração age no momento exato, destituladamente, sem recorrer a providências oriundas do Poder Judiciário".

Pontifica Seabra Fagundes: "O que caracteriza a revogação é a possibilidade jurídica (e não de fato) da própria Administração denunciar o ato, tornando-o inoperante, desde logo, sem prévio pronunciamento jurisdicional".[36] Cita Bielsa, para afirmar que os *atos discricionários* são sempre revogáveis e os *atos vinculados* são revogáveis quando unilaterais e com revogação mais limitada quando bilaterais. E arremata que o anulamento "visa a repor" ordem na execução do direito, fazendo-a fiel ao texto legal.

O caráter de definitividade não tem aplicação nos atos administrativos fiscais, dados o autocontrole da Administração bem como a suscetibilidade a impugnações. O Direito Brasileiro estabelece dois critérios limitativos para os poderes de revisão: *limites temporais*, relativos ao prazo dentro do qual a revisão pode ser efetuada (prazo decadencial para o exercício do poder de lançar), e *limites objetivos*, relativos aos fundamentos que justificam a revisão.

A Administração age na qualidade de titular dos interesses do Estado que a lei quer que sejam realizados, vinculada sempre à legalidade. Quando a atuação da autoridade administrativa está errada, nada impede sua revisão. Ao contrário, a revisão representa um autocontrole da Administração, e está a serviço da obtenção de uma tributação segundo a lei.

A revisão espontânea é de iniciativa da própria Administração, podendo, *a posteriori*, permitir o desfazimento de pronunciamentos prejudiciais ao Estado ou aos administrados. Neste último caso a revisão concretiza-se em uma anulação total ou parcial, e no primeiro em um lançamento adicional.

Essa revisão *ex officio* pode decorrer da *hierarquia*, mas também a autoridade prolatora do ato pode tomar a iniciativa de reexaminar a própria decisão, confirmando-a ou modificando-a.

---

35. José Cretella Jr., "Da autotutela administrativa", *RDA* 108/48 e ss.
36. Seabra Fagundes, "Revogação e anulamento do ato administrativo", *RDA* 3/3 e ss.

PROCESSO ADMINISTRATIVO TRIBUTÁRIO

A revisão provocada é de iniciativa da parte interessada e verifica-se *a posteriori*, após formulado o pedido de reexame do ato, com exposição das pretensões e razões que dão motivo ao recurso.

O processo administrativo tributário, constituindo-se em uma série de atos para que a Administração possa rever a validade e a eficácia do lançamento tributário ou a imposição de multas, é forma revisional composta de uma seqüência de atos administrativos ordenados pela lei, com a participação do sujeito passivo da obrigação tributária.

É característica do processo administrativo tributário servir como instrumento de controle da regularidade da atividade administrativa tributária. Aliás, cada vez mais se constata a crescente adoção de procedimentos para as atividades públicas de modo geral.

A alterabilidade dos atos administrativos relativos ao processo administrativo tributário reduz-se às hipóteses de invalidação decorrentes de vícios nos seus elementos. Não cabe no processo administrativo tributário a figura da revogação, que só opera nos espaços dos atos discricionários. O lançamento tributário, ato vinculado, é passível apenas de anulação.

Para a invalidação do lançamento tributário é necessária a existência de impugnação por parte do contribuinte, de recurso de ofício ou iniciativa de ofício, que, nos termos de preceitos do Código Tributário Nacional, exigem como pressupostos fáticos: a comprovação de falsidade, erro ou omissão quanto a qualquer elemento de declaração obrigatória; omissão ou inexatidão no exercício de atividade sujeita ao lançamento por homologação; que o sujeito passivo, ou alguém em seu benefício, tenha agido com dolo, fraude ou simulação; necessidade de apreciação de fato não conhecido ou não comprovado por ocasião do lançamento inicial; ocorrência de fraude ou falta funcional de autoridade que efetue o lançamento anterior, ou omissão de ato ou formalidade essencial; não ter sido prestada declaração ou atendido prazo para tal ou, ainda, haver recusa em pedido de esclarecimento formulado pela autoridade administrativa; ação ou omissão que resulte em aplicação de penalidade pecuniária.

Somente é lícito ao contribuinte recorrer ao processo administrativo tributário para revisão de atos de cuja natureza maculada se

ATOS ADMINISTRATIVOS TRIBUTÁRIOS

originem danos, não sendo passível a alegação de nulidade de atos dos quais não decorram diretamente prejuízos.[37]

O ato de revisão deve ser fundamentado, ou seja, indicar as razões de fato e de direito, demonstrando a ocorrência dos pressupostos legais.

Na revisão do lançamento tributário Eurico Marcos Diniz de Santi[38] defende que os erros de fato e de direito[39] constituem-se em

37. Neste sentido acórdãos do Conselho dos Contribuintes: "Nulidade do lançamento – Vícios no mandado de procedimento fiscal – Mandado de procedimento fiscal (MPF) – Inocorrência. O mandado de procedimento fiscal é instrumento interno de planejamento e controle das atividades de fiscalização. Eventuais falhas nesses procedimentos, por si sós, não contaminam o lançamento decorrente da ação fiscal" (Brasil, Conselho dos Contribuintes da União, 4ª Câmara, Rec. 149.027, rel. Pedro Paulo Pereira Barbosa, 25.4.2007, disponível em *http://161. 148.1.141/domino/Conselhos/SinconWeb.nsf/Ementa/166B774AE7563AAB03257 2CB001E23C7?OpenDocument&posicao=DADOS817436*, acesso em 22.7.2007); "PIS – Mandado de procedimento fiscal (MPF). Os vícios formais no MPF não têm o condão de anular lançamento, vez que não há no Decreto n. 70.235/1972 tal previsão a ensejar sua anulação" (Brasil, Conselho dos Contribuintes da União, 4ª Câmara, Rec. 135.912, rel. Jorge Freire, 6.12.2006, disponível em *http://161. 148.1.141/domino/Conselhos/SinconWeb.nsf/Ementa/4851338BE79373CA03257 242000F2004?OpenDocument&posicao=DADOS758A36*, acesso em 22.7.2007).

38. Eurico Marcos Diniz de Santi, *Lançamento Tributário*, pp. 219 e ss.

39. O autor define *erro de fato* como "a circunstância jurídica delineada pela inadequação do 'conceito do fato' ao estado de coisas (fato concreto) a que se dirige, verificado por meio de prova juridicamente válida para configuração desses efeitos"; e *erro de direito* como "inadequação entre o conceito da norma aplicada pela autoridade e a própria norma veiculada empiricamente no texto da lei". Enquanto o *erro de fato* se situa no conhecimento dos fatos materialmente inexistentes ou erroneamente apreciados, o *erro de direito* está no conhecimento da norma. José Arias Velasco e Susana S. Albalat (*Procedimientos Tributarios*, 6ª ed., p. 552) dão como definição da doutrina espanhola: "O critério diferencial entre o erro de fato e o de direito consiste em que aquele só pode referir-se a tudo aquilo que tem uma realidade independente de toda opinião, como é o caráter material, numérico, aritmético e acidental, enquanto que o erro de direito versa sobre questões de fundo ou de conceito, tais como a apreciação de fatos indubitados, valoração legal da prova, interpretação de disposições legais ou qualificação jurídico-fiscal que se pronuncie". Para Paulo de Barros Carvalho (*Direito Tributário: Fundamentos Jurídicos da Incidência*, p. 237): "A linha divisória entre *erro de fato* e *erro de direito* fica bem nítida: se o desajuste de linguagem verificar-se no interesse de uma única norma, seja no antecedente, seja no conseqüente, teremos *erro de fato*. (...). Quando os desacertos de linguagem envolve-

PROCESSO ADMINISTRATIVO TRIBUTÁRIO

vício no *motivo* e na *motivação* do ato, respectivamente, o que permite sua revisão pela mesma autoridade competente, segundo previsão do Código Tributário Nacional (arts 145, 146 e 149) e com a necessária publicidade.

Na tensão entre o princípio da legalidade, que tende a uma revisibilidade ilimitada dos atos ilegais, e o princípio da segurança jurídica, do qual decorre a estabilidade dos atos declarativos de situações jurídicas individuais, satisfeitos os requisitos – limites objetivos –, o ato de revisão privilegia o princípio da legalidade (alteração do ato de lançamento que apresente vício em seus pressupostos ou elementos).

A revisão tem origem no princípio da legalidade, pelo qual a obrigação tributária nasce da situação descrita na lei como necessária e suficiente à sua ocorrência. Enquanto a retificação de declaração feita pelo contribuinte é uma faculdade deste, "a retificação de ofício é dever funcional do fisco sempre que constate um erro – e isto seja ele favorável ou desfavorável ao contribuinte, pois a função da retificação é a de uma aplicação objetiva da lei" – nas palavras de Alberto Xavier.[40]

O poder geral que a Administração tem de rever seus próprios atos, quando eivados de vícios e ilegalidade, está pacificado na jurisprudência, independentemente de se tratar de erro de fato ou de direito,[41] pois ao se considerar a questão de direito não se pode prescindir da influência da questão de fato, já que ambas são indivisíveis.[42] Entendimento contrário afronta não só a legalidade, mas também a indisponibilidade da coisa pública.

Não se confunde *erro de direito* – que ocorre quando não é aplicada a lei ou é dada a ela má aplicação, notória e indiscutivel-

---

rem duas ou mais normas, sendo uma delas, obrigatoriamente, regra individual e concreta ou individual e abstrata, e outra, também necessariamente, geral e abstrata, teremos *erro de direito*" (grifos ausentes no original).

40. Alberto Xavier, *Do Lançamento: Teoria Geral do Ato, do Procedimento e do Processo Tributário*, 2ª ed., p. 188.

41. Rubens Gomes de Sousa e Gilberto de Ulhôa Canto desenvolveram sólida argumentação no sentido de que o erro de direito não enseja a revisão do lançamento, mas essa posição tem sido superada pela doutrina.

42. Souto Maior Borges considera a distinção entre *erro de fato* e *erro de direito* uma "questão falha"; e Alberto Xavier fala em distinção revestida de "ambigüidade", imanente aos referidos conceitos (*Do Lançamento: Teoria Geral do Ato, do Procedimento e do Processo Tributário*, 2ª ed., p. 256).

ATOS ADMINISTRATIVOS TRIBUTÁRIOS 91

mente – com *mudança de critério jurídico* – que consiste na substituição de uma interpretação por outra ou na substituição de um critério por outro, que a lei faculta ao fisco – como no caso, por exemplo, do arbitramento. Com fundamento na mudança de critério jurídico não pode ser feita a revisão do lançamento.

Sendo do agente público competente o poder legal de autuar, também pode ser dele o dever-poder de anular, corrigir ou modificar o auto de infração, à vista da consagrada autotutela administrativa, segundo a qual se reconhece ao agente administrativo o direito e o dever de corrigir seus próprios erros, adequando seus atos às exigências legais. Esse anulamento, tido como declaração de invalidade de ato administrativo *ilegítimo* ou *ilegal*, não é uma faculdade, mas um dever da própria Administração que o praticou, podendo esta agir de ofício ou mediante provocação do interessado.

A iniciativa de ofício da autoridade administrativa evita a imprescindibilidade de litígio administrativo e de processo para a prática desse ato. O auto retificativo não gera novo ato; emenda o ato originário, alterando-o (modificando-lhe o conteúdo) e mantendo a unidade substancial da manifestação de vontade em que ele se traduz.

Seguindo esse entendimento, defendido por Cléber Giardino e Souto Maior Borges, Alberto Xavier afirma: "Ao invés de o destruir e substituir, o novo ato 'adiciona-se' ao primeiro como ato 'integrativo', concorrendo ambos para a definição da prestação legalmente devida".[43]

Também Eduardo Domingos Bottallo, com base no Código Tributário Nacional (art. 146), defende que "deve ser ressalvada a possibilidade da ocorrência de erro de fato nas decisões, em que pese, muitas vezes, à dificuldade de caracterizar-se concretamente tal tipo de erro. Nestas hipóteses, a revisão é também de ser admitida".[44]

Os limites para revisão – reexame ou reapreciação – do lançamento tributário têm natureza de *preclusões processuais* e podem se referir aos poderes de apreciação do ato no procedimento praticado para o lançamento, como também aos poderes de apreciação do ato no processo administrativo tributário ou judicial.

---

43. Alberto Xavier, *Do Lançamento: Teoria Geral do Ato, do Procedimento e do Processo Tributário*, 2ª ed., p. 246.

44. Eduardo Domingos Bottallo, "Princípios gerais do processo administrativo tributário", *RDTributário* 1/54.

5. Extinção dos atos

A desqualificação jurídica de ato administrativo pode ser chamada de *extinção* como gênero, do qual são espécies a *revogação* e a *invalidação*.

Para Celso Antônio Bandeira de Mello[45] o ato administrativo pode ser extinto por cumprimento de seus efeitos, desaparecimento do sujeito ou do objeto, pela renúncia ou por sua retirada. A retirada abrange: (a) a *revogação* – por razões de oportunidade e conveniência; (b) a *invalidação* ou *anulação* – por ilegalidade (em desconformidade com a ordem jurídica); (c) a *cassação* – que se dá quando o destinatário não cumpre condições a que deveria atender para desfrutar da situação jurídica; (d) a *caducidade* – quando sobrevém norma jurídica que não admite mais a situação outorgada por ato precedente; (e) a *contraposição* – com a emissão de ato oriundo de competência diversa da do ato anterior, mas com efeitos contrapostos.

Tais situações ocorrem quando os atos administrativos não são perfeitos, ou seja, neles não estão caracterizados todos os seus requisitos ou condições. A perfeição do ato confunde-se com sua própria existência. Para o processo administrativo tributário interessa a espécie *invalidação*.

Discute-se se a extinção do ato opera com relação a ele próprio ou com relação a seus efeitos. Seguindo Gordillo, Régis Fernandes de Oliveira[46] defende que o que desaparece são os efeitos do ato, e não ele próprio. O ato continua existindo, mas o "que se lhe nega é a qualificação ou a qualidade de continuar sendo gerador de efeitos".

A doutrina identifica três critérios no estudo da extinção dos efeitos do ato administrativo, quais sejam: (a) *subjetivo* – quando a eliminação do ato é feita por autoridade diversa daquela que o emanou fala-se em *anulamento*; e, ao contrário, quando a eliminação é feita pela própria autoridade prolatora do ato, trata-se de *revogação*; (b) *objetivo* – revoga-se ato administrativo, segundo este critério, por motivo de mérito (viciado de ilegitimidade), qualquer que seja o órgão que o anule; (c) *misto* – segundo este critério, quando o ato viciado por ilegitimidade é retirado por autoridade diversa trata-se de

---

45. Celso Antônio Bandeira de Mello, *Curso de Direito Administrativo*, 24ª ed., pp. 432 e ss.

46. Régis Fernandes de Oliveira, *Ato Administrativo*, 3ª ed., pp. 101-102.

ATOS ADMINISTRATIVOS TRIBUTÁRIOS

anulação; e quando a retirada é feita pela autoridade que emanou o ato é caso de *revogação*.

A melhor orientação doutrinária verte para o critério objetivo, por não importar o órgão que retira o ato do mundo jurídico, mas sim o vício de que padece o ato administrativo. Assim, se o vício é de mérito, trata-se de *revogação* (retirada de atos válidos); se de ilegalidade, fala-se em *invalidade*. Neste caso, se o ato não é passível de convalidação dá-se o nome de *nulidade*; mas, se convalidável o ato, fala-se em *anulabilidade*.

A invalidação ou a anulação, como desfazimento do ato administrativo por ser ilegal, atingem a origem do ato e, por isso, produzem efeito retroativo à data em que foi emitido (efeito *ex tunc*). Ato nulo não gera direitos ou obrigações para as partes, mas pode produzir efeitos válidos em relação a terceiros de boa-fé. Essa anulação tanto pode ser feita pela Administração, pelo poder de autotutela sobre seus próprios atos, ou por provocação do interessado, como também pode ser feita pelo Poder Judiciário, mediante provocação de interessado, via ações ordinárias e especiais, previstas na legislação processual, ou por meio dos chamados *remédios constitucionais*.

Daí a importância, para a distinção entre *revogação* e *anulação*, dos motivos de invalidação dos atos administrativos. Enquanto a *revogação* é o desfazimento de um ato por motivo de conveniência ou oportunidade da Administração, a *anulação* é a invalidação do ato administrativo por motivo de ilegalidade. Por isso a Administração *revoga* ou *anula* seu ato, enquanto o Judiciário somente *anula* o ato administrativo.

Pela *revogação* a Administração usa seu *poder discricionário*, por ser o ato administrativo *inoportuno* ou *inconveniente*; e pela *anulação* a autoridade administrativa usa seu *dever-poder* para desfazer o *ato administrativo ilegal*.

O STF (Súmula 473) resumiu o assunto: "A Administração pode anular seus próprios atos quando eivados de vícios que os tornam ilegais, porque deles não se originam direitos; ou revogá-los, por motivo de conveniência ou oportunidade, respeitados os direitos adquiridos, e ressalvada, em todos os casos, a apreciação judicial".

Tem-se a *revogação*, com fundamento na *autotutela*, diante de inconveniência ou inoportunidade de ato praticado em obediência às normas jurídicas e emitido segundo os ditames que regem a espécie. Assim, o ato de revogação, incidindo sobre os fatos do anterior, des-

94 PROCESSO ADMINISTRATIVO TRIBUTÁRIO

qualifica-o, juridicamente. A revogação opera da data em diante (*ex nunc*). Os efeitos já produzidos permanecem íntegros, uma vez que realizados sob o âmbito da validade.

A Administração revoga o ato administrativo quando verifica desajuste ou incompatibilidade entre a medida editada e o interesse público, que se transforma, de tal modo que, quando a mudança ocorre, o ato originário não serve mais, porque se produziu mutação no estado material das coisas e conseqüente mutação na valoração concreta do interesse público. A discricionariedade tem como elemento vinculante, neste caso, o interesse público do ato. A revogação há de se referir expressamente ao ato anterior e ser motivada.

São aspectos tipificadores da *revogação*: a *irrenunciabilidade* – só pode ser exercida por aquele a quem a norma atribui determinada competência; a *intransmissibilidade* – não pode o Poder Público ceder o poder ao exercício de terceiros; e a *imprescritibilidade* – o poder não está sujeito a qualquer prazo extintivo.

A doutrina vem sustentando que não existe prazo para anulação do ato administrativo, mas a jurisprudência vem atenuando essa orientação, visando à segurança e à estabilidade jurídica na atuação da Administração e para manter atos ilegítimos praticados e operantes há muito tempo e que já produziram efeitos perante terceiros de boa-fé.

Hely Lopes Meirelles defende prazo para *prescrição* administrativa e judicial diante dos atos nulos "porque o interesse da estabilidade das relações jurídicas entre o administrado e a Administração ou entre esta e seus servidores é também *interesse público*, tão relevante quanto os demais. Diante disso, impõe-se a estabilização dos atos que superem os prazos administrativos para sua impugnação, qualquer que seja o vício que se lhes atribua".[47]

Como os atos administrativos gozam de exigibilidade, que se assenta na presunção de legitimidade, a Administração tem como poder correlato a autotutela de sua própria atividade, e por isso pode e deve rever seus atos, para apurar sua ilegitimidade ou sua inoportunidade ou inconveniência. Diante de ato ilegal praticado, não há como propugnar por sua continuidade. Assim, também, se o ato não vem atendendo ao interesse público, deve ser retirado do campo jurídico.

Não há princípio da revogabilidade ou da irrevogabilidade nos atos administrativos. Em princípio, a estabilidade do ato administra-

---

47. Hely Lopes Meirelles, *Direito Administrativo Brasileiro*, 33ª ed., p. 207.

ATOS ADMINISTRATIVOS TRIBUTÁRIOS

tivo é fenômeno natural que preside sua produção; mas permanece o poder sobranceiro da Administração, diante da continuidade da competência de poder revogá-lo.

A revogação pode ser *explícita* – quando a autoridade declarar revogado o ato precedente – ou *implícita* – quando, dispondo sobre determinada situação, é emitido ato incompatível com o anterior. Pode, ainda, ser *parcial* ou *total*, segundo a amplitude em que afeta a situação anterior. Sendo ato discricionário, a revogação só pode ser feita nos limites em que a lei a permite.

Passíveis de revogação são apenas os atos discricionários. Quanto aos atos vinculados, ao serem praticados esgota-se a competência do agente, não se podendo falar em revogação, assim como não podem ser revogados os que já exauriram seus efeitos, os que integram um procedimento e os que geram direitos adquiridos.

Não se deve confundir a revogação com a interpretação que dá novo entendimento ao ato anterior, ou com a retificação, que corrige eventual incorreção ou erro do ato praticado. Também não se confunde a revogação com a suspensão de eficácia de ato praticado por autoridade hierarquicamente inferior.

A invalidação é conceituada por Celso Antônio Bandeira de Mello como "a supressão de um ato administrativo ou da relação jurídica dele nascida, por haverem sido produzidos em desconformidade com a ordem jurídica".[48]

O estudo da invalidade dos atos administrativos na distinção entre atos nulos e anuláveis tem sido tratado por civilistas, mas a ilegitimidade dos atos jurídicos e sua sistematização são objeto da teoria geral do Direito, plenamente aplicável ao direito público e, especificamente, ao direito administrativo. Assim, a translação de alguns conceitos é apropriada e conciliável com os princípios informadores do ato administrativo fiscal.

Quando o ato expedido está em desacordo com a hipótese abstratamente prevista, é inválido. Ato nulo é aquele que não pode produzir os efeitos que estava preordenado a produzir. O ato em total desconformidade com a norma diz-se nulo; quando a desconformidade é parcial, diz-se anulável. Tratando-se de um ou outro, a supressão do ato inválido do mundo jurídico produz os mesmos efei-

---

48. Celso Antônio Bandeira de Mello, *Curso de Direito Administrativo*, 24ª ed., p. 447.

96 PROCESSO ADMINISTRATIVO TRIBUTÁRIO

tos, pois sua invalidade decorre do contraste do ato com as normas abstratas.

O ato saneador posterior retroage e valida efeitos da ação anterior, mas não valida o próprio ato; e isso só ocorre se a Administração continua com a disponibilidade da relação jurídica originada da emanação viciada. Se a Administração não possuía, ao tempo da formação do ato anterior, a disponibilidade do interesse na elaboração da relação jurídica, não há como refazer o ato. É o caso de agente do fisco federal que emite auto de infração em virtude do descumprimento de obrigação relativa ao fisco municipal. Como a competência municipal não pode ser invadida por agentes de outro ente político, resulta indisponível a relação tributária por parte do agente autuante.

Na lição de Régis Fernandes de Oliveira,[49] para decretação dA nulidade de seus atos importa ao Poder Público indagar sobre a relação instituída por lei e quais os efeitos a que ela se destinava.

---

49. Régis Fernandes de Oliveira, *Ato Administrativo*, 3ª ed., p. 138.

Capítulo III
CONSULTAS TRIBUTÁRIAS

1. Direito à consulta tributária. 2. Agentes. 3. Objeto e forma. 4. Efeitos.

1. Direito à consulta tributária

A harmonização fisco/contribuinte é um aspecto particular da política que vem reestruturando as relações entre o Estado e a sociedade. Para aprimorar esse relacionamento é indispensável que a Fazenda Pública preste ao contribuinte os esclarecimentos necessários para evitar que o desconhecimento das questões tributárias resulte em evasão fiscal e aplicação de pesadas multas. É um dever de assistência que o Estado tem para com os cidadãos, derivado, em matéria fiscal, das especiais relações de confiança jurídico-pública existentes na relação jurídico-tributária.

Ainda mais porque a realidade da legislação fiscal brasileira – dadas sua complexidade e sua multiplicidade, associadas ao grau de instrução e cultura geral dos cidadãos – não facilita o cumprimento das obrigações tributárias. Ao contrário, essa profusão gera, muitas vezes, interpretações distintas pelo fisco e pelo contribuinte, que necessitam ser aclaradas e definidas.

Roxana Delgado Alvarez entende que a *consulta* deve ser utilizada como instrumento para formação de uma consciência tributária, educando os contribuintes e o público em geral, por meio do fornecimento de informação séria, veraz e correta.[1]

---

1. Roxana Delgado Alvarez, *Consulta Tributária – Marco Teórico*, disponível em *http://www.munisurquillo.gob.pe/website/libros/Derecho/Congreso/Derecho/artic_23.pdf*, acesso em 20.8.2007.

A *consulta fiscal* é um instituto orientador, de natureza preventiva, que se baseia no reconhecimento, pela Administração Pública, da possibilidade de sanar dúvidas do contribuinte sobre a interpretação e aplicação da legislação tributária a determinado fato, bem como sobre o modo mais cômodo e seguro de lhe dar cumprimento. O Poder Público não pode se distanciar dos princípios da certeza do Direito, cuja falta constitui potencial inobservância do mesmo.

A decisão proferida na consulta reforça a garantia da segurança jurídica, pois facilita aos obrigados tributários o conhecimento e a compreensão das normas que os afetam, ao lhes ser antecipada a interpretação que a Administração considera aplicável, ou seja, o tratamento jurídico-tributário aplicável aos fatos consultados.

Embora não seja uniforme a terminologia utilizada pela doutrina, alguns autores limitam-se à denominação *consulta*, enquanto outros a adjetivam, seja como *fiscal* ou *tributária*. Ao adotar o instituto em estudo como *consulta fiscal* se está dando a amplitude de qualquer consulta dirigida ao fisco, podendo se referir a tributos ou outras exações não-tributárias.

Situando a consulta como canal de diálogo institucional entre o indivíduo e o Estado, assim defende Wagner Balera: "Seria preciso que cada cidadão se transformasse num exegeta para que pudesse compreender todo o conjunto de disposições legais que, em matéria tributária, lhe cumpre observar. Como isso não é possível, é necessário que sejam abertos canais institucionais de diálogo entre o indivíduo e o Estado nos quais aquele recebe deste a assistência e as informações necessárias à exata compreensão de sua situação jurídica".[2]

Na definição de Valdir Rocha: "A consulta fiscal é modalidade de processo administrativo em que um interessado apresenta dúvida sobre situação de fato ao fisco-Administração, para obter decisão vinculante a respeito".[3] Esse autor lembra a posição de Geraldo Ataliba, para quem a consulta é um meio administrativo "para que se possa saber qual a inteligência oficial a respeito da interpretação de disposições legais concernentes à matéria tributária".

A valorização do instituto da consulta pelo Poder Público permite melhor relacionamento entre o fisco e os contribuintes devido,

2. Wagner Balera, "Consulta em matéria tributária", *RDTributário* 45/218.
3. Valdir Rocha, *A Consulta Fiscal*, pp. 27 e 59.

principalmente, à redução dos fatores de incerteza derivados da complexidade e da heterogeneidade dessas relações jurídicas.

Não raras vezes, diante de situações de dúvida, de incerteza a respeito de como proceder, os obrigados à observância da legislação tributária recorrem à consulta, criada pelo legislador com o escopo de esclarecer situações duvidosas em face de possíveis obrigações fiscais.

Nesse sentido, o próprio Código Tributário Nacional atribui relevância à consulta, como importante instituto no relacionamento entre o fisco e o contribuinte (art. 161, § 2º).

A importância da consulta é evidenciada por Cléber Giardino: "A faculdade de 'consulta' tem a peculiaridade de dar ao contribuinte – no contexto de séria preocupação com a garantia dos direitos e a estabilidade das relações jurídicas – segurança jurídica repousante na confiança da atuação leal do Estado, criatura da Constituição".[4]

Gabriel Herman Facal Villareal e Luis Rodolfo Cruz e Creuz relacionam o instrumento da consulta como garantia de segurança jurídica aplicada ao planejamento empresarial: "Ao permitir que o agente econômico peça socorro e um parecer da Administração Fiscal (fisco) sobre determinada situação verificada na prática, e juntamente outorgando determinadas garantias ao mesmo, o legislador houve por bem maximizar o conceito e a aplicação da segurança jurídica empresarial no mercado".[5]

Sempre que houver dúvida quanto ao procedimento a adotar, é aconselhável que o contribuinte formule petição à autoridade fazendária ligada ao seu domicílio descrevendo, minuciosamente, a situação e requerendo os esclarecimentos que julgar necessários ao modo de agir.

O direito de petição aos Poderes Públicos, como prerrogativa de direitos, tem caráter democrático e é assegurado a todos, conforme o art. 5º, XXXIV, "a", da CF, a ser exercido perante os Poderes Executivo, Legislativo e Judiciário (em questões de natureza administrativa). Já o direito de ação é exclusivamente exercido perante o Poder Judiciário.

---

4. Cléber Giardino, "Instituto da consulta em matéria tributária. Declaração de ineficácia", *RDTributário* 39/223.

5. Gabriel Hernan Facal Villareal e Luis Rodolfo Cruz e Creuz, "A consulta fiscal. A norma antielisiva e a segurança empresarial", *Revista de Estudos Tributários* 47.

PROCESSO ADMINISTRATIVO TRIBUTÁRIO

Ao defender a natureza jurídica da consulta fiscal como espécie do gênero "consulta" originada do direito de petição, Valdir Rocha assim se expressa: "A consulta, que consubstancia petição de orientação, que é decisão da Administração, anterior a qualquer atitude desta em relação ao administrado – peticionário –, é direito, garantia ou faculdade constitucionalmente assegurada. A decisão se impõe, como obrigação da Administração".[6]

Para Cléber Giardino[7] a consulta é desdobramento ou implicação do direito de petição; e para Wagner Balera[8] o direito de petição é seu fundamento.

Ao responder à consulta, a Administração Fiscal declara o entendimento oficial da questão proposta, elucidando a dúvida e dando a certeza do Direito aplicável à situação específica. Nesse contexto, o fisco não pode permitir arbítrio da autoridade fiscal e nem cuidar dos temas postos sob consulta como se se tratasse de direitos de segunda importância; ao contrário, princípios constitucionais – como o direito de petição, por exemplo –, devem ser respeitados, por garantia à segurança de direitos.

Cumpre ao Poder Público responder à consulta formulada, a fim de conferir ao interessado as desejadas certeza e segurança jurídicas.

Afirma Tércio Sampaio Ferraz Jr.[9] que a certeza é exigência da segurança. Roque Carrazza[10] assegura que a certeza do Direito é manifestação da segurança jurídica, como o é também a proibição do arbítrio. Assim, o direito à consulta fiscal objetiva assegurar a certeza da Administração quanto ao seu entendimento sobre a situação em questão, o que confere segurança jurídica ao administrado.

A negação de resposta à consulta constitui em afastamento do direito de petição, pois mais importante do que pedir é ter a garantia de um pronunciamento. Se assim não fosse a Administração Fiscal receberia os pedidos sem obrigação de responder a eles, reduzindo esse direito constitucional, que, ao garantir o direito de pedir, assegura o corolário do mesmo: a resposta.

6. Valdir Rocha, *A Consulta Fiscal*, p. 14.
7. Cléber Giardino, "Instituto da consulta em matéria tributária. Declaração de ineficácia", *RDTributário* 39/225.
8. Wagner Balera, "Consulta em matéria tributária", *RDTributário* 45/224.
9. Tércio Sampaio Ferraz Jr., "Segurança jurídica e normas gerais tributárias", *RDTributário* 17-18/54.
10. Roque Carrazza, *ICMS*, 12ª ed., p. 49, rodapé 22.

CONSULTAS TRIBUTÁRIAS 101

Sendo a petição um direito, significando faculdade ou poder atribuído a quem possa exercer essa garantia, surge em contrapartida o dever de resposta do órgão a quem foi dirigida. É precisa nesse sentido a lição de Norberto Bobbio: "Poder e dever são dois conceitos correlatos: um não pode ficar sem o outro. Chama-se poder, numa de suas mais importantes acepções, a capacidade que o ordenamento jurídico atribui a esta ou àquela pessoa de colocar em prática obrigações em relação a outras pessoas; chama-se obrigação a atitude a que é submetido aquele que está sujeito ao poder. Não há obrigação em um sujeito sem que haja um poder em outro sujeito".[11]

Valdir Rocha[12] cita Adílson Abreu Dallari para afirmar que ao direito de petição corresponde o dever de produzir uma resposta conclusiva.

Horacio Díaz Sieiro e outros[13] asseguram que o direito de peticionar ante a Administração Pública garante a obtenção de uma oportuna resposta por parte da autoridade administrativa. Quando a legislação estabelece prazo para resposta à consulta, a omissão da Administração que resultar em dano jurídico ao administrado pode ensejar responsabilidade patrimonial do Estado, assim como do próprio servidor, em caso de dolo ou culpa (art. 37, § 6º, da CF). Não havendo prazo estabelecido legalmente, há de ser razoável o tempo para ser dada a resposta. Celso Antônio Bandeira de Mello propõe: "Na União, conforme o art. 49 da citada Lei de Processo Administrativo Federal, o prazo para a Administração se pronunciar, uma vez concluída a instrução do processo administrativo, é de 30 dias, prorrogáveis, motivadamente, por mais 30. (...) Modificando o ponto de vista expressado até a 16ª edição, entendemos que, em princípio, onde faltar lei disciplinando a matéria haver-se-á de entender como prazo razoável, por analogia ao disposto na lei federal de processo, o mesmo prazo nela estabelecido."[14]

11. Norberto Bobbio, *Teoria do Ordenamento Jurídico*, 5ª ed., pp. 51-52.
12. Valdir Rocha, *A Consulta Fiscal*, p. 10.
13. Horacio D. D. Sieiro e outros, *Procedimiento Tributario*, p. 42.
14. Celso Antônio Bandeira de Mello, *Curso de Direito Administrativo*, 24ª ed., p. 404. Até a 15ª edição, o autor assim se expressava: "Entendemos que, em princípio, haver-se-á de entender como prazo razoável – salvo hipóteses de urgência, em que o interesse pereceria se não houvesse definição em prazo menor – o tempo não excedente de 120 dias a partir do pedido, pois é este o prazo previsto para impetração de mandado de segurança, o qual pode ser adotado por analogia".

102 PROCESSO ADMINISTRATIVO TRIBUTÁRIO

Para responder às consultas, necessário se faz que a legislação estabeleça prazo para que a Administração aprecie e externe a solução das mesmas. Tal não vem ocorrendo, talvez porque o Poder Executivo tenha consciência da precariedade da estrutura dos órgãos competentes responsáveis.

Defendendo a necessária celeridade na resposta às consultas, Juan Zornoza Perez afirma que: "deve desenvolver-se com certa celeridade, dando satisfação à exigência de solução tempestiva da consulta, que resulta essencial para o cumprimento de sua finalidade de facilitar aos obrigados tributários o fiel cumprimento das normas fiscais, eliminando as incertezas que podem frear o normal andamento de suas atividades".[15]

A decisão proveniente de consulta tributária – como todo ato proveniente da Administração – deve guardar o mínimo de discricionariedade. Neste sentido, Hugo de Brito Machado manifesta que "a finalidade da consulta é assegurar o máximo de certeza possível na relação fisco/contribuinte. Evitar, quanto possível, o discricionarismo. Não em um relação jurídica específica e determinada, mas *no relacionamento*, que é duradouro e composto de múltiplas relações jurídicas".[16]

A Emenda 42, de 19.12.2003, trouxe alteração ao art. 37, XXII, da CF, no sentido de promover a atuação integrada das Administrações Tributárias. Esta alteração tem seus reflexos na consulta, na medida em que a integração das entidades julgadoras dos questionamentos dos contribuintes colabora para a produção de uma interpretação mais uniforme das normas tributárias.

No âmbito da União a consulta estava disciplinada no Decreto 70.235/1972,[17] e atualmente na Lei 9.430/1996, que tem exercido grande influência nas legislações estaduais e municipais.

---

15. Juan Zornoza Perez, "Consulta y Administración Tributaria en España", *RDTributario* 29-30/69.

16. Hugo de Brito Machado, "Mandado de segurança e consulta fiscal", *RDTributário* 61/109.

17. A circunstância de se tratar de decreto sugeriu, inicialmente, algumas dúvidas após a entrada em vigor da Emenda Constitucional 1/1969, já que a matéria não mais poderia ser regulada por decreto. Mas está pacificado o entendimento no sentido de que o texto tem *força de lei*. Nesse sentido Cléber Giardino ("Instituto da consulta em matéria tributária. Declaração de ineficácia", *RDTributário* 39/224) e Valdir Rocha (*A Consulta Fiscal*, p. 31).

2. Agentes

Pode dar início ao procedimento da consulta todo aquele que necessitar compreender os efeitos fiscais de determinada situação que o atinja. É necessário haver interesse legítimo para validar a consulta. Como acentua Valdir Rocha: "O consulente – aquele que tem dúvida e a expõe à Administração – é o autor, o sujeito ativo ou legitimado ativo da consulta fiscal, ou, simplesmente, o interessado".[18]

Esse agente pode ou não vir a ser contribuinte, uma vez que essa pode ser a dúvida objeto da consulta. É necessário que o indivíduo tenha interesse pessoal relacionado com determinada situação de fato que pode gerar obrigação tributária.

O consulente é parte, ou seja, sujeito de direito que defende direito próprio ou alheio em relação a determinada questão de fato.

Também têm legitimação para postular o responsável – descrito no inciso II do parágrafo único do art. 121 do CTN – e todos aqueles que devem cumprir os deveres instrumentais.

A consulta pode, ainda, ser formulada por órgãos da Administração Pública e por entidades representativas de categorias econômicas ou profissionais. A legitimação dos sindicatos tem respaldo na Constituição, que comina ao sindicato a defesa dos direitos e interesses coletivos ou individuais e admite, quando expressamente autorizadas, legitimidade às entidades associativas, inclusive em questões administrativas.

Essa legitimação conferida pela ordem constitucional confirma a ocupação crescente dos espaços de pressão por grupos que vão adquirindo personalidade nas atividades sociais em busca dos interesses coletivos.

A legislação espanhola exclui do regime geral de consulta aquelas formuladas por órgãos de natureza coletiva, por lhes faltar o interesse pessoal, entendendo que a situação subjetiva afetada não é coletiva, mas de cada um de seus integrantes. Para essas entidades representativas as respostas às consultas são disposições gerais interpretativas que não se referem a uma realidade típica.

Em contrapartida, a legislação peruana – conforme observa Roxana Delgado Alvarez – prevê que a consulta realizada em caráter individual serve somente de orientação, não assentando precedente

---

18. Valdir Rocha, *A Consulta Fiscal*, p. 42.

104 PROCESSO ADMINISTRATIVO TRIBUTÁRIO

algum, em razão de ser feita de forma verbal; já a consulta promovida de forma associativa pode ser realizada por escrito e seu resultado se reveste de caráter probatório.[19]

É necessária uma vinculação entre o titular da faculdade de consultar e o âmbito das situações subjetivas sobre as quais incide o objeto da consulta, que supõe a existência de um interesse pessoal e direto. A legitimação para iniciar o procedimento pressupõe que a decisão pretendida incida sobre a situação jurídico-fiscal do consulente, por se referir a matéria que o afete no caso concreto.

Consultas puramente acadêmicas, não decorrentes de dúvidas concretas, ou consultas em tese genéricas também não merecem consideração. Na apresentação da dúvida o consulente deve agir com boa-fé, requisito da consulta. Não demonstra boa-fé – não podendo, portanto, se beneficiar da consulta –, por exemplo, o contribuinte que formula consulta sobre matéria pacífica ou clara diante da lei e da jurisprudência.

O destinatário da consulta, competente para conhecer do pedido, é aquele que tem a gestão do tributo a que se refere o fato em questão.

Ao se manifestar, a Administração orienta e decide em nome do Estado. Nas palavras de Lourival Vilanova: "Um povo ou nação é Estado através de seus órgãos. (...). A vontade nacional, como vontade legislativa, administrativa ou jurisdicional, forma-se por intermédio de órgãos".[20] Na expressão de Celso Antônio Bandeira de Mello, citado por Valdir Rocha,[21] *órgãos* são "unidades abstratas que sintetizam os vários círculos de atribuições do Estado. Estes devem ser expressados pelos agentes investidos dos correspondentes poderes funcionais, a fim de exprimir, na qualidade de titulares deles, a vontade estatal".

O órgão a quem compete a aplicação da legislação exacional é quem se deve manifestar pela vontade do Estado, e a resposta à consulta é dada por decisão elaborada pelos agentes do fisco, que, ao fazê-lo, estão exercendo atividade judicante.

---

19. Roxana Delgado Alvarez, *Consulta Tributária – Marco Teórico*, disponível em *http://www.munisurquillo.gob.pe/website/libros/Derecho/Congreso/Derecho/artic_23.pdf*, acesso em 20.8.2007.

20. Lourival Vilanova, *Causalidade e Relação no Direito*, 2ª ed., p. 180.

21. Valdir Rocha, *A Consulta Fiscal*, p. 70.

A atividade de *dizer o Direito* não se identifica com a atividade típica do Poder Executivo, mas se diferencia da função ativa, consistente em arrecadar. Não achando correta a qualificação dessa função como jurisdicional, Eduardo Domingos Bottallo[22] identifica distinção entre a atividade ou função judicante e a ativa. Importante salientar que os órgãos do fisco, embora submetendo-se ao princípio administrativo da hierarquia, que diz da "subordinação existente entre os vários órgãos e agentes do Executivo, com a distribuição de funções e a gradação da autoridade de cada um" – na definição de Hely Lopes Meirelles[23] –, a ele não estão submetidos para a competência de responder às consultas.

Pode-se dizer – com as palavras de Maria Sylvia Zanella Di Pietro – que os órgãos consultivos, "ainda que possam estar hierarquicamente subordinados a órgãos superiores para determinados fins, por exemplo, para fins disciplinares, naquilo que diz respeito especificamente à sua atribuição, que é responder a consultas, esses órgãos não têm qualquer subordinação aos seus superiores. Não recebem ordens, não recebem instruções; quem emite um parecer, emite com absoluta possibilidade de liberdade de apreciar a lei, de dar a sua interpretação. Uma autoridade superior não pode obrigar um determinado funcionário encarregado de função consultiva a dar um parecer neste ou naquele sentido".[24] As funções de consulta são incompatíveis com a dependência hierárquica.

A decisão proferida por autoridade competente para responder à consulta deve estar motivada, de modo a evidenciar a legalidade, a impessoalidade e a moralidade administrativa. Ela traz a justificativa para a resposta dada. No dizer de Hely Lopes Meirelles, respaldado em Bielsa, Bilac Pinto e Jèze: "Pela motivação o administrador público justifica sua ação administrativa, indicando os fatos (pressupostos de fato) que ensejam o ato e os preceitos jurídicos (pressupostos de direito) que autorizam sua prática".[25]

---

22. Eduardo Domingos Bottallo, *Procedimento Administrativo Tributário*, p. 40.

23. Hely Lopes Meirelles, *Direito Administrativo Brasileiro*, 33ª ed., p. 121.

24. Maria Sylvia Z. Di Pietro, "Processo administrativo – Garantia do administrado", *RDTributário* 58/115.

25. Hely Lopes Meirelles, *Direito Administrativo Brasileiro*, 33ª ed., p. 101.

106 PROCESSO ADMINISTRATIVO TRIBUTÁRIO

Celso Antônio Bandeira de Mello, ao tratar a motivação do ato administrativo como fundamento constitucional e para atender aos princípios da legalidade, da finalidade, da razoabilidade e da proporcionalidade, assim se posiciona: "É que o princípio da motivação é reclamado quer como afirmação do direito político dos cidadãos ao esclarecimento do 'porquê' das ações de quem gere negócios que lhes dizem respeito por serem titulares últimos do poder, quer como direito individual a não se assujeitarem a decisões arbitrárias, pois só têm que se conformar às que forem ajustadas às leis".[26]

Também no Direito Comparado posiciona-se firmemente a doutrina defendendo que devem ser motivadas as decisões proferidas sobre as consultas, com destaque para a doutrina alemã, secundada pela espanhola.

A consulta, em apanhado final, é procedimento que carece de interesse do sujeito-consulente em relação ao seu objeto para que seja válida. O sujeito ativo desta relação é aquele que será tangido pelos efeitos da decisão, que consiste no pronunciamento da vontade do Estado em relação à situação apresentada; decisão, esta, que deve ser motivada.

3. Objeto e forma

Como assinalado anteriormente, a consulta surge diante de dúvidas do administrado; e dúvidas consubstanciam controvérsias, conflito de interesses, no dizer de Odete Medauar.[27]

As controvérsias podem ser solucionadas no âmbito administrativo ou judicial, e sempre via *processo*, pois este é o instrumento que corrige a situação objeto do conflito de interesses ou da dúvida apresentada. Na definição de Hely Lopes Meirelles: "*Processo* é o conjunto de atos coordenados para a obtenção de decisão sobre uma controvérsia no âmbito judicial ou administrativo".[28] Adiante, o autor classifica o *processo administrativo* em *gênero*, do qual é *espécie* o *processo administrativo tributário ou fiscal*, recaindo na *modalidade de controle* o *processo administrativo fiscal de consulta*.[29] No mes-

---

26. Celso Antônio Bandeira de Mello, *Curso de Direito Administrativo*, 24ª ed., p. 109.
27. Odete Medauar, *A Processualidade no Direito Administrativo*, p. 132.
28. Hely Lopes Meirelles, *Direito Administrativo Brasileiro*, 33ª ed., p. 685.
29. Idem, p. 694.

CONSULTAS TRIBUTÁRIAS 107

mo sentido Valdir Rocha: "Como modalidade do processo administrativo fiscal, à consulta está assegurado o contraditório e a ampla defesa, garantidos constitucionalmente pelo art. 5o, LV, da CF".[30]

Objeto da consulta pode ser qualquer situação de fato ou de direito que afete o relacionamento do sujeito envolvido com o fisco e sobre a qual existam dúvidas que possam surgir da falta de clareza ou precisão na linguagem do Direito. Se não houver dúvida, não haverá interesse jurídico para o exercício da consulta. É preciso que haja interesse legítimo, presente ou futuro.

Em uma visão mais moderna do relacionamento entre o fisco e os contribuintes, a doutrina vem defendendo a possibilidade de consulta em face de situações hipotéticas, que configuram *consulta em tese* – e, portanto, a solução é inaplicável à situação real do consulente se esta não coincidir com a hipótese descrita. Nesse caso, a resposta vale como simples orientação, ou seja, manifestação antecipada da Administração conferindo simples opinião, sem efeito vinculante para o consulente. Diferentemente, resposta a consulta sobre fato descrito concretamente pelo contribuinte, instruída com documentos ou quaisquer outras provas correspondentes ao fato real de seu interesse, tem efeito vinculante para o contribuinte – ressalvado, é claro, o recurso ao Judiciário. Neste caso a resposta não é um critério genérico, mas de aplicação obrigatória para a Administração.

Na legislação brasileira não se impede a consulta a qualquer tempo, embora na Suécia ela deve referir-se a fatos futuros, admitindo-se excepcionalmente para operações já concluídas. Na França esse rigor vem sendo superado pela doutrina. Para o Código Tributário do Uruguai as consultas devem referir-se a situações reais e atuais, isto é, operações em curso. Já a doutrina alemã tem reconhecido que a consulta pode dizer respeito a todo tipo de matérias que afetem o consulente.

Para demonstrar o interesse jurídico o consulente deve apresentar, por escrito, uma situação de fato, descrevendo-a de forma completa e apresentando os elementos necessários ao entendimento da questão, sem os quais fica prejudicada a apreciação da consulta. O importante é a completa descrição do fato, não se exigindo que a peça inicial seja de notável lavor jurídico. Dada sua natureza, a descrição da situação de fato do contribuinte deve ser exata e concreta,

---

30. Valdir Rocha, *A Consulta Fiscal*, p. 24.

PROCESSO ADMINISTRATIVO TRIBUTÁRIO

afastando-se dela especulações teóricas ou hipóteses abstratas, de forma que os efeitos vinculantes da consulta podem ser invocados, se for o caso.

A dúvida fundada revela a boa-fé do consulente, que, na petição inicial, poderá juntar não só documentos como amostras, pedir análises, diligências – enfim, tudo que entender necessário ao esclarecimento do fato submetido à apreciação.

O apego ao formalismo não deve prejudicar o instituto e servir à instauração de litígios. Ao contrário, imperando no processo administrativo o princípio do informalismo,[31] que dispensa ritos sacramentais e formas rígidas, e, ainda, competindo ao Poder Público dar assistência ao consulente na busca da solução do problema proposto, o juízo de admissibilidade deve comportar o saneamento de eventuais lacunas, omissões ou contradições que o pedido apresente. Assim a doutrina francesa tem-se manifestado. Impõe-se, todavia, maior rigor quanto a aspectos relativos ao fato objeto da consulta, cuja inobservância deve levar à declaração de ineficácia do pedido.

A imperfeição técnica de alguns instrumentos introdutórios de normas e a falta de clareza sugerem muitas consultas, e estas constituem ótimo instrumento de uniformização do entendimento da autoridade administrativa em matéria tributária e servem, também, a alertar o fisco para a necessidade de melhor disciplinar o assunto, aperfeiçoando-se a legislação.

Defendendo o caráter preventivo da consulta fiscal, Valdir Rocha[32] acompanha Rubens Gomes de Sousa e Gilberto de Ulhôa Canto e se vale das palavras de Ruy Barbosa Nogueira, para quem "a consulta é uma prevenção contra os atos ilegítimos e evita litígios que podem afetar tanto o fisco como o contribuinte".

---

31. *Princípio do informalismo*, assim definido por Hely Lopes Meirelles (*Direito Administrativo Brasileiro*, 33ª ed., p. 689) e Paulo de Barros Carvalho ("Processo administrativo tributário", *RDTributário* 9-10/285). Odete Medauar (*A Processualidade no Direito Administrativo*, pp. 121-122) utiliza a terminologia "princípio do formalismo moderado", para mostrar que, embora não-rígidos, há ritos e formas simples e flexíveis no processo administrativo, que, não se constituindo em um fim em si mesmos, propiciam um grau de certeza, segurança e respeito aos direitos do contraditório e da ampla defesa.

32. Valdir Rocha, *A Consulta Fiscal*, p. 21.

CONSULTAS TRIBUTÁRIAS

A resposta à consulta deve ser feita também por escrito,[33] com cientificação ao interessado.

No âmbito da legislação da União, o art. 48 da Lei 9.430/1996 prevê que os processos administrativos de consulta estão sujeitos a instância única, vedando a possibilidade de recurso em decisão proferida na consulta tributária dirigida à Secretaria da Receita Federal. Algumas legislações estaduais ainda admitem recurso em relação à consulta tributária; a legislação do Estado de Mato Grosso do Sul, por exemplo, admite recurso, porém o condiciona à comprovação de existência de divergência entre soluções dadas em consulta sobre a mesma matéria.

A matéria já decidida anteriormente de que tenha participado o consulente não pode ser reapreciada, a não ser por recurso, nas legislações estaduais que ainda possibilitam esta hipótese, assim como também não cabe a consulta quando iniciado procedimento de fiscalização.

Para afastar pretensão de resposta e orientação específicas não é suficiente a Administração alegar a existência de parecer anterior que abordou o assunto de modo genérico. A identidade entre as hipóteses há de ser plena para que se justifique a afirmação de que a dúvida está solucionada, como fundamento do não-conhecimento de consultas.

É afirmação de Cléber Giardino, nesse sentido: "Só a evidência de resposta anterior à mesma específica dúvida ora levantada – o que supõe ato normativo anterior, preciso e objetivo, sobre a matéria consultada – justificaria a sua rejeição liminar".[34]

O pronunciamento da Administração, também chamado de *decisão*, é ato administrativo declaratório de direito, no qual é evidenciado o Direito aplicável ao fato, situação de fato ou conjunto de circunstâncias de fato que foram descritos na consulta. É a interpretação que a Administração Tributária dá ao fato que define o regime jurídico-tributário aplicável.

---

33. Associando a forma escrita da decisão ao caráter vinculante da consulta e para atender ao princípio da publicidade, Valdir Rocha (*A Consulta Fiscal*, p. 50) defende que "há de ser a resposta dada por escrito, para que se tenha exata noção dos termos em que é dada a decisão".

34. Cléber Giardino, "Instituto da consulta em matéria tributária. Declaração de ineficácia", *RDTributário* 39/227.

110 PROCESSO ADMINISTRATIVO TRIBUTÁRIO

4. Efeitos

Estarão afastados os efeitos da consulta quando houver decisão de sua ineficácia,[35] operando como terminativa do processo, ficando trancada a consulta, sem haver solução da dúvida. Tal obstáculo dirige-se ao uso indiscriminado da consulta, principalmente quando meramente protelatória ou com o objetivo de impedir o exato cumprimento da lei.

Se a dúvida estiver bem caracterizada, não pode a Administração declará-la ineficaz pela inobservância de requisitos menos relevantes. Na afirmação de Valdir Rocha, "à boa-fé exigida do consulente corresponderá a moralidade da Administração, que exige lealdade".[36]

Decisão que se afasta do devido processo administrativo referente à consulta fiscal faculta ao consulente buscar restaurá-lo, via segurança.

A consulta eficaz resguarda o consulente de penalidades. O contribuinte fica a salvo de autuações relativas à matéria objeto da consulta. Assim se expressa Geraldo Ataliba: "O consulente fica imune a sanções ou punição pelo fato de formular, regularmente, consulta à Administração".[37]

Sendo a consulta um instrumento de proteção, a exigibilidade do crédito tributário estará suspensa; e, nesse caso, não há que se falar em decadência.

Ao ser dada ciência da decisão ao interessado, fica cumprida sua intersubjetividade, indispensável à sua existência em relação ao cientificado, mas não em relação a terceiros.

A publicidade, também responsável pela realização da isonomia, é exigência constitucional contida no art. 37. Dela resulta que os atos administrativos devem ter seu conhecimento não só viabilizado ao interessado, como a todos, pelo conhecimento geral.

Com a publicidade – que, nas palavras de Hely Lopes Meirelles, é a "divulgação oficial do ato para conhecimento público e início de

---

35. Entendida a *eficácia* como a aptidão para produzir efeitos no âmbito jurídico.

36. Valdir Rocha, *A Consulta Fiscal*, p. 87.

37. Geraldo Ataliba, "Consulta fiscal – Condições de eficácia", in *Estudos e Pareceres de Direito Tributário*, vol. 2, pp. 305-306.

CONSULTAS TRIBUTÁRIAS

seus efeitos externos"[38] – possibilita-se informação a todos, atendendo ao critério do interesse público. Pela publicidade da resposta à consulta fiscal materializa-se a transparência e se facilita o controle da legalidade, da impessoalidade e da moralidade daquele ato administrativo.

Valdir Rocha demonstra, em conclusões, que a publicidade colabora com o princípio da livre concorrência, atendendo à isonomia: "Publicada a resposta à consulta, esta poderá chegar ao conhecimento inclusive dos concorrentes daquele interessado que apresentou a petição – hipótese que revela a importância do ato como garante da isonomia".[39]

Baseada nos princípios da boa-fé, da proteção e da confiança, a consulta é vinculante nos ordenamentos da Alemanha, Suécia, Finlândia, Suíça, Holanda, Áustria e Portugal.

Com a reforma implementada em 1985 a legislação espanhola tornou o regime da consulta meramente informativo como regra, perdendo o caráter vinculante. Criticando a reforma e defendendo o regime vinculante, Juan Zornoza Perez assim se manifesta em tese defendida em Madri, sob a presidência de Sainz de Bujanda: "O caráter meramente informativo das decisões a consultas tributárias vem a consagrar a extensão ilimitada, à quase-totalidade dos órgãos gestores e de fiscalização, da potestade interpretativa e o caráter incondicional e absoluto de seu exercício, com quebra da seguridade jurídica e grave risco para a legalidade tributária. (...) se a Administração ao aplicar a lei a cada concreto suposto de fato há de interpretá-la, parece lógico admitir que pode adiantar, com caráter vinculante, qual será o sentido de dita interpretação, reforçando assim a vigência efetiva do princípio da legalidade ao abrir novas possibilidades para o controle judicial das potestades interpretativas da Administração e confirmar que esta só interpreta e aplica as normas sob a reserva de ulterior controle judicial, o que supõe num Estado de Direito a máxima garantia da legalidade".[40]

O caráter vinculante da consulta juntamente com a atuação integrada das Administrações Tributárias – esta última pregada pelo

---

38. Hely Lopes Meirelles, *Direito Administrativo Brasileiro*, 33ª ed., p. 94.

39. Valdir Rocha, *A Consulta Fiscal*, p. 122.

40. Juan Zornoza Perez, "Interpretación administrativa y consulta tributaria", *RDTributário* 38/61.

art. 37, XXII, da CF – constituem-se em formas de controle da atividade interpretativa, na medida em que são reduzidas as possibilidades de discriminação e arbitrariedade na modificação das concepções sustentadas pela Administração. Por outro lado, esse caráter vinculante também não torna as decisões imutáveis; ao contrário, é possível sua modificação por revisão que a lei exigir e com a garantia suplementar de novos critérios mais acertados.

A decisão da consulta favorável ao contribuinte tem força de lei, até que outro ato legal a revogue; se contrária ao contribuinte, obriga-o a se ajustar à nova orientação, no prazo concedido, normalmente de 30 dias, contados da ciência da decisão. Os efeitos da consulta formulada pela matriz da pessoa jurídica estendem-se aos demais estabelecimentos.

Tratando-se de definição oficial dada pelo Poder Público, a decisão vincula[41] a Administração pelo período em que prevalecer a interpretação dada.

Essa força vinculante da decisão é importante decorrência da consulta, pois esclarece e estabiliza a situação do contribuinte. Embora podendo vir a ser alterada, por ilegal, a orientação dada ao contribuinte não autoriza a imposição de multas ou, mesmo, a cobrança de imposto superior ao anterior, decorrente da interpretação inicialmente adotada. A modificação da resposta só opera para o futuro.

Sendo a decisão afirmação da interpretação de um texto legal oferecida pelo Poder Executivo, nada impede que o consulente se dirija ao Poder Judiciário em busca de decisão judicial anulatória da resposta que não está em sintonia com a lei. A certeza conclusiva só é dada pelo Poder Judiciário.

O pronunciamento conclusivo da Administração impede que esta instaure qualquer procedimento fiscal contra o interessado em relação aos fatos – objeto da consulta –, até que este tenha sido cientificado da decisão.

Ao declarar ao sujeito passivo da obrigação tributária o entendimento oficial da questão proposta, a Administração Pública está não só elucidando a dúvida como, também, dando-lhe a certeza do

---

41. É preciso distinguir a decisão oferecida em resposta à consulta fiscal, à qual a Administração se vincula, daquela resposta dada nos plantões fiscais, que caracterizam mera manifestação de opinião da Administração, com efeito de simples interpretação.

Direito aplicável ao fato determinado, isentando-o de sanções pelo eventual descumprimento da lei.

Quando a consulta se refere a determinado tributo e é formalizada dentro do prazo legal para o recolhimento do mesmo, não recaem sobre o débito fiscal os juros de mora, conforme o § 2º do art. 161 do CTN.

O inciso II do art. 100 do CTN atribui eficácia normativa às consultas ao considerar como normas complementares as decisões proferidas pelos órgãos singulares ou coletivos da jurisdição administrativa, desde que a lei lhes atribua tal eficácia.

Esse é o entendimento de Wagner Balera ao afirmar que "uma consulta poderá ser considerada como norma jurídica tributária complementar e, nessa qualidade, produzir efeitos em relação a todos os casos pendentes e futuros relativos à espécie consultada".[42]

Apesar de a resposta à consulta ser denominada pela legislação de *parecer normativo*, independentemente dos efeitos que produz, é importante, nesse contexto, distinguir o efeito da resposta à consulta: (a) em face de caso concreto; (b) em face de situação hipotética; e (c) em relação a terceiros.

A resposta a caso concreto tem efeito vinculante para o consulente e opera como ato administrativo concreto, afirmando a existência ou modo de ser de uma relação jurídica tributária e a pretensão do fisco quanto ao que é devido em função dessa relação. No caso de situação hipotética e em relação a terceiros a resposta da Administração tem efeito de simples interpretação e vale como manifestação de opinião do fisco.

Demonstrada a importância do instituto da consulta para o diálogo permanente entre a Administração Tributária e os particulares, é preciso, cada vez mais, aperfeiçoar esse e outros canais de comunicação entre o Estado e os cidadãos.

Mesmo porque enquanto continuar existindo grande número de normas jurídico-tributárias, editadas pelos vários entes federados, complexas e com grande diversidade de deveres instrumentais a cumprir, e que se traduzem em aumento progressivo dos encargos burocráticos cometidos ao contribuinte, o Estado precisa encontrar formas que permitam, em última análise, reduzir os custos e agilizar o cumprimento das obrigações fiscais.

---

42. Wagner Balera, "Consulta em matéria tributária", *RDTributário* 45/227.

Capítulo IV

FASES DO PROCESSO
ADMINISTRATIVO TRIBUTÁRIO

1. Controle da legalidade. 2. Histórico. 3. Impugnação ou reclamação. 4. Julgamento singular. 5. Recursos – Revisão. 6. Requisitos das decisões administrativas tributárias: 6.1 Motivação e publicidade – 6.2 Imparcialidade. 7. Inscrição em dívida ativa. 8. Importância do processo administrativo tributário.

1. Controle da legalidade

A atividade administrativa é complexa e se manifesta por atos e procedimentos, em um leque de perspectivas de atuação. Mas são as atividades relativas aos interesses fiscais do Estado que têm relevância para o processo administrativo tributário.

O Estado tem o dever de instituir procedimentos tendentes à investigação da legalidade dos atos administrativos praticados pela Administração. Esta é a atividade de *autocontrole* ou *controle administrativo da legalidade*, por exigência da CF, especialmente pelos comandos do art. 5º, XXXIV, "a", LIV e LV.

O *controle da legalidade*, ou controle da legitimidade, constitui especialidade do Poder Judiciário, mas não lhe é exclusivo. Com o objetivo de verificar a conformidade do ato com o ordenamento jurídico e com sua eficiência ou mérito, a Administração também deve efetuar o controle da legalidade em torno da regularidade de suas ações. O controle existe como garantia dos administrados e no interesse do próprio Estado, pois é a fiança de sua legitimidade.

Para Seabra Fagundes o controle administrativo é um autocontrole dentro da Administração Pública com o objetivo de lhe corrigir

PROCESSO ADMINISTRATIVO TRIBUTÁRIO

defeitos, aperfeiçoando-a no interesse geral, e ensejar a reparação a direitos individuais lesados por erro ou omissão na aplicação da lei.

Identificado como subespécie do *autocontrole*, o *processo administrativo fiscal* é controle *para-hierárquico*[1] e tem caráter excepcional, criado por lei que lhe traça os contornos, define objetivos, competências, matéria, forma, oportunidade, meios, extensão e efeitos, operando sob o princípio da especialização.

Diferente do controle hierárquico, que tem como base o interesse administrativo, o controle para-hierárquico assenta-se no interesse público e os órgãos que o operam, embora vinculados à Administração, estão "fora da hierarquia, a fim de garantir uma atuação desembaraçada de condicionamentos indesejáveis" – na sustentação de Luciano Benévolo de Andrade.[2]

A lei confere à Administração Pública meios e poderes para assegurar o cumprimento da legislação tributária, objetivando o recolhimento dos tributos; mas, em contrapartida, assegura ao sujeito passivo da obrigação tributária instrumentos e condições para que lhe seja garantido o direito de cumprir exclusivamente as obrigações que estão previstas na lei, a fim de não ser constrangido pela arbitrariedade ou abuso de poder por parte do Poder Público. Isso resulta do equilíbrio que deve ocorrer na relação entre o sujeito ativo e o sujeito passivo da obrigação tributária, que é uma relação de direito, e não de poder.

O processo administrativo fiscal é formado pelo conjunto de atos e termos, segundo disposições legais, que pautam o relacionamento fisco/contribuinte, visando a uma solução legal para a questão ali deduzida, perante a Administração, a respeito da relação jurídico-tributária.

Alguns autores[3] classificam a atividade administrativa ligada aos interesses fiscais em duas fases distintas: *fase oficiosa* e *fase con-*

---

1. Alberto Xavier (*Do Lançamento: Teoria Geral do Ato, do Procedimento e do Processo Tributário*, 2ª ed., p. 402) prefere o conceito "controle interorgânico" a "controle para-hierárquico".

2. Luciano Benévolo de Andrade, "Dívida ativa – Inscrição", *RDTributário* 57/135.

3. Bernardo Ribeiro de Moraes ("Tutela jurídica em matéria tributária", in *Compêndio de Direito Tributário*, p. 836); Eduardo Domingos Bottallo ("Princípios gerais do processo administrativo tributário", *RDTributário* 1/49).

tenciosa. Na primeira a autoridade administrativa pratica atos *de ofício* tendentes à aplicação da legislação tributária à situação de fato, que resultam na individualização da obrigação tributária – lançamento tributário ou autuação fiscal; os procedimentos que antecedem estes atos são unilaterais da fiscalização, não havendo que se falar em processo. Nessa fase qualquer intervenção do contribuinte tem caráter de mero cumprimento de obrigação informativa.

Nesse sentido, Alberto Xavier também identifica fases distintas para o lançamento e para a revisão do lançamento, assim se expressando: "A autonomia do *processo administrativo tributário* face ao *procedimento administrativo de lançamento* resulta de serem distintos o seu *objeto*, os seus *órgãos de decisão*, as suas *partes* e os seus *tipos de decisão*".[4]

Com a notificação ao contribuinte nasce a faculdade[5] deste de poder iniciar a segunda fase, a *fase contenciosa* – do Latim *contendere*: "litigar" –, na visão de Carnelutti caracterizada pelo *elemento material* – conflito de interesses – e pelo *elemento formal* – binômio pretensão/resistência. A partir de então o contribuinte pode discutir o ato da autoridade administrativa. É com esta fase contenciosa que nasce o processo administrativo fiscal, como instrumento para pleitear, perante a Administração, o reconhecimento e a proteção de um direito.

Quando se fala em *fase contenciosa* se está referindo a fase que inicia o contraditório, que não se identifica com o modelo europeu do *contencioso administrativo*, uma vez que este tem a natureza de *tribunal* com função jurisdicional na Administração, com sentenças irreversíveis pelo Poder Judiciário.

Caio Tácito fixa o sentido do *contencioso administrativo*:

"Em *sentido material*, ou de conteúdo, representa a prestação estatal de uma garantia externa contra ilegalidade ou abuso de poder da Administração Pública.

---

4. Alberto Xavier, *Do Lançamento: Teoria Geral do Ato, do Procedimento e do Processo Tributário*, 2ª ed., p. 305.

5. Diante da pretensão fiscal o contribuinte poderá: concordar com a mesma e pagar o tributo ou a multa; ficar inerte, não pagando o crédito tributário, nem impugnando, deixando que o prazo para impugnar tenha fluência – caso de revelia (renúncia à participação, importando reconhecimento tácito das exigências feitas) –, ou apresentar impugnação contra a pretensão fiscal.

PROCESSO ADMINISTRATIVO TRIBUTÁRIO

"Em *sentido orgânico*, ou instrumental, corresponde ao sistema ou estrutura especificamente adotada para a prestação dessa garantia."[6]

Para Rubens Gomes de Sousa o "caráter contencioso decorre da presença de duas alegações opostas em contraditório. Variará apenas, formalmente, a natureza da jurisdição a que estará submetida a controvérsia".[7]

Seguindo posição assumida por Alberto Xavier, no caso brasileiro trata-se "de um recurso administrativo jurisdicionalizado sob a forma de um processo impugnatório de anulação, que representa uma forma avançada e aperfeiçoada do clássico recurso hierárquico".[8]

A lide ocorre sempre que determinado evento no plano social é composto por dois pólos que se contrapõem – uma pretensão e uma resistência –, significando, portanto, conflito, litígio.

Até a apresentação da impugnação não há intervenção dos administrados, é uma fase denominada de *introdutória*, na concepção de Armando Guedes,[9] que, seguindo posição de Alberto Xavier, divide os processos administrativos em três fases: *introdutória, instrutória* e *decisória*.

O processo administrativo fiscal é, então, de iniciativa do contribuinte, que, ao apresentar impugnação, realiza sua defesa contra o lançamento tributário ou contra o auto de infração, de forma contraditória, seguindo posição defendida por Fonrouge[10] e Dino Jarach.[11] Com rito mais flexível e menos formalizado, compreende uma série de atuações desenvolvidas pelos contribuintes e por autoridades administrativas, estabelecidas na legislação.

Na definição de Bernardo Moraes: "O processo administrativo tributário é o que se instaura na instância administrativa para solu-

---

6. Caio Tácito, "Contencioso administrativo", *RDA* 133/61.

7. Rubens Gomes de Sousa, "Idéias gerais para uma concepção unitária e orgânica do processo fiscal", *RDA* 34/22.

8. Alberto Xavier, *Do Lançamento: Teoria Geral do Ato, do Procedimento e do Processo Tributário*, 2ª ed., p. 281.

9. Armando M. M. Guedes, "O processo burocrático", *Cadernos de Ciência e Técnica Fiscal* 78/189.

10. Carlos M. Giuliani Fonrouge, "Contencioso tributario", in *Derecho Financiero*, 5ª ed., vol. II, p. 756.

11. Dino Jarach, "Derecho tributario procesal", in *Curso Superior de Derecho Tributario*, p. 439.

FASES DO PROCESSO ADMINISTRATIVO TRIBUTÁRIO   119

cionar controvérsias entre o sujeito passivo e a autoridade administrativa, a propósito da obrigação tributária".[12]

Na concepção de Paulo de Barros Carvalho "se consubstancia numa sucessão de atos tendentes a exercitar o controle de validade do lançamento, da multa, da notificação de qualquer deles ou de ambos, a fim de que a atividade desenvolvida pela Administração Pública realize, de plano, aquela peremptória afirmação do notável publicista: *administrar é aplicar a lei de ofício*"[13] (o publicista a que refere o autor é Seabra Fagundes).

Para Alberto Xavier: "Processo administrativo tributário é o que tem por objeto a decisão de um conflito, em matéria tributária, suscitado por iniciativa do particular e cuja decisão é da competência de órgãos judicantes da Administração".[14]

Da existência de conflito de interesses na esfera administrativa tributária surge a importância do processo administrativo fiscal, que se desenvolve no âmbito do Poder Executivo, quer da União, dos Estados ou dos Municípios, com o escopo de controle da legalidade da obrigação tributária.

A Administração Pública, como definido anteriormente, desenvolve atividades em diferentes funções – *ativa*, aquela que tem por objeto a atuação concreta da vontade do Estado, descrita abstratamente na lei; e *judicante*, cujo objeto é solucionar as controvérsias com os administrados em razão do funcionamento da Administração ativa.[15]

Diferenciando a Administração *ativa* da *judicante*, Rubens Gomes de Sousa identifica que, enquanto a primeira funciona de ofício, a segunda somente funciona por iniciativa da parte, mas dá como

12. Bernardo R. de Moraes, "A instância administrativa tributária", in *Compêndio de Direito Tributário*, p. 841.

13. Paulo de Barros Carvalho, "Processo administrativo tributário", *RDTributário* 9-10/280.

14. Alberto Xavier, *Do Lançamento: Teoria Geral do Ato, do Procedimento e do Processo Tributário*, 2ª ed., p. 314.

15. Esta característica dúplice da atividade da Administração foi defendida por Rubens Gomes de Sousa e é acompanhada pela doutrina. Na definição de Paulo Celso Bonilha (*Da Prova no Processo Administrativo Tributário*, p. 70): "A primeira perseguiria a satisfação do interesse público; a segunda, o interesse substancial da justiça, tutelando a conformidade da ação administrativa com os ditames da ordem jurídica".

120   PROCESSO ADMINISTRATIVO TRIBUTÁRIO

diferença essencial a diversidade conceitual do interesse que uma e outra objetivam realizar. Enquanto a Administração ativa tem como interesse o *"interesse público*, consubstanciado, em se tratando de matéria fiscal, na arrecadação dos tributos, para a Administração judicante o interesse objetivado é o *interesse da ordem jurídica*, consubstanciado, seja qual for a matéria em debate, na recomposição das situações em que essa ordem tenha sido lesada por um ato da Administração ativa que seja contrário ao Direito".[16] Esse interesse jurídico é o objetivo perseguido não só pela Administração judicante como, também, em estágio sucessivo, pelo Poder Judiciário.

Da mesma forma acompanha essa posição Alberto Xavier, que apresenta como elemento diferenciador entre a Administração ativa e a Administração judicante o *interesse* que as duas objetivam realizar – enquanto na primeira é o *interesse público*, na segunda é o *interesse da ordem jurídica*.

Para garantia das partes, todas as autuações de direitos ligados às relações entre Administração e particulares são feitas de forma escrita. Todas as participações realizadas no decorrer do processo administrativo fiscal são carreadas aos autos em ordem cronológica, recebendo cada folha ou documento o respectivo número.

Não sendo excessivas as exigências formais do processo administrativo fiscal, o contribuinte pode defender-se diretamente ou constituir advogado ou procurador.

Essa relativa informalidade não permite que simples irregularidades formais prejudiquem o contribuinte, como troca de nominação das peças processuais, da autoridade a quem é dirigida a petição, a forma de apresentação da petição e outras, desde que cumpram a finalidade.

Cotejando o processo judicial com o administrativo, Paulo de Barros Carvalho afirma que: "No que atina à discussão que se opera perante os órgãos administrativos há de sobrepor-se a verdade material, a autenticidade fática, mesmo em detrimento dos requisitos formais que as provas requeridas ou produzidas venham a revestir".[17]

16. Rubens Gomes de Sousa, "Revisão judicial dos atos administrativos em matéria tributária por iniciativa da própria Administração", *RDA* 29/445 e ss.

17. Paulo de Barros Carvalho, "Processo administrativo tributário", *RDTributário* 9-10/284.

FASES DO PROCESSO ADMINISTRATIVO TRIBUTÁRIO

Além disso, na expressão de Cintra/Grinover/Dinamarco, "se o processo é um instrumento, não pode exigir um dispêndio exagerado com relação aos bens que estão em disputa. E mesmo quando não se trata de bens materiais deve haver uma necessária proporção entre fins e meios, para equilíbrio do binômio custo/benefício".[18]

O órgão administrativo investido de competência legal para discutir a aplicação da legislação tributária é dividido em instâncias administrativas, para efeitos processuais, com competências de diferentes graus. Quer dizer, as decisões de primeira instância admitem recurso, sendo passíveis de reapreciação, impedindo um único juízo de valor.

O conteúdo do devido processo legal pressupõe duplo grau de julgamento. Esse é o sentido que o art. 5º, LV, da CF expressa ao assegurar o contraditório e a ampla defesa, "com os *meios* e *recursos* a ela inerentes". É inaceitável que a terminologia empregada – "recursos" – não tenha caracterização técnica, uma vez que a Constituição Federal não apenas se referiu a *meios* como instrumentos, mas também se referiu a *recursos*, e estes devem ser entendidos no sentido estrito. A ampla defesa e o contraditório só se garantem inteiramente com a existência do duplo grau; daí a menção a recursos no preceito constitucional.

Hely Lopes Meirelles[19] cita Gordillo para lembrar que a observância do *devido processo legal* é um princípio universal dos Estados de Direito, que não admite postergação, nem restrições, na sua aplicação.

O princípio do duplo grau tem fundamento na possibilidade de erro no controle da legalidade quando da decisão de primeiro grau. Os órgãos colegiados da segunda instância oferecem maior segurança e atendem ao fundamento político de maior controle dos atos administrativos. É pertinente trazer à colação constatação feita por Cintra/Grinover/Dinamarco ao se referirem ao princípio do duplo grau de jurisdição do Poder Judiciário: "(...) está psicologicamente demonstrado que o juiz de primeiro grau se cerca de maiores cuidados no julgamento quando sabe que sua decisão poderá ser revista pelos tribunais da jurisdição superior".[20]

18. Cintra/Grinover/Dinamarco, *Teoria Geral do Processo*, 23ª ed., p. 79.

19. Hely Lopes Meirelles, *Direito Administrativo Brasileiro*, 33ª ed., pp. 689-690.

20. Cintra/Grinover/Dinamarco, *Teoria Geral do Processo*, 23ª ed., p. 81.

PROCESSO ADMINISTRATIVO TRIBUTÁRIO

O recurso representa manifestação axiomática do direito à ampla defesa e se constitui numa forma de disponibilizar ao contribuinte demonstração de impessoalidade e imparcialidade da decisão proferida.

O *duplo grau*, ou *garantia de recurso*, tem por objeto *dupla apreciação*, que atende à necessidade de qualidade e segurança da prestação julgadora para aperfeiçoar a pretensão fiscal impugnada. É imperativo expresso no art. 5°, LV, da CF para processo já instaurado, com fundamento em outra garantia: *o direito de petição* – este, consagrado no inciso XXXIV do mesmo artigo.

A organização e a competência das autoridades julgadoras, individuais ou coletivas, variam segundo a estrutura administrativa de cada ente tributante.

Defendendo a necessária estruturação desses órgãos, afirma Eduardo Bottallo que "a organização deste contencioso é inafastável por parte da pessoa política dotada de competência tributária, por constituir decorrência de princípios constitucionais expressos de garantia e proteção de direitos individuais, aos quais a atividade administrativa do Estado deve estar subordinada, a saber, o princípio da legalidade (...) e o assecuratório da ampla defesa".[21]

Antes da edição do Decreto federal 70.235/1972 as normas esparsas que tratavam do processo não apresentavam, no tocante à exigência dos diversos tributos, o mínimo de uniformidade, criando dificuldades para que o sujeito passivo pudesse se defender quando reputasse ilegal a exigência feita pelo fisco.

Com a edição do referido decreto foi atendida a necessidade de simplificação e uniformização das normas do processo administrativo tributário federal quanto à celeridade e segurança, até então impossíveis ou de grande dificuldade.

A partir dessas normas, e com base nelas, os demais entes políticos fixaram suas legislações a respeito do processo administrativo fiscal, no âmbito de suas esferas de competência tributária.

Embora não sendo perfeito e exaustivo no disciplinamento do processo e tendo sido atualizado por legislação posterior, impõe-se reconhecer que o Decreto 70.235 representou um avanço no trato da matéria, reunindo preceitos esparsos e concatenando procedimentos

---

21. Eduardo Domingos Bottallo, "Princípios gerais do processo administrativo tributário", *RDTributário* 1/54-55.

FASES DO PROCESSO ADMINISTRATIVO TRIBUTÁRIO 123

do fisco na composição de conflitos com o contribuinte e também na fixação de conceitos de natureza instrumental que devem nortear a conduta das autoridades instauradoras, preparadoras e julgadoras, permitindo maior celeridade e precisão à atividade judicante da Administração e maiores garantias de legalidade e justiça aos administrados. Esse decreto representou, sem dúvida, um passo adiante em um setor onde é superficial a elaboração legislativa e doutrinária.

A escassa atenção que se tem dado à legislação tem contribuído para as indecisões que hoje ainda permeiam a área. O processo administrativo fiscal exige tratamento científico e sistemático, de modo a lhe dar maior organicidade, e a presença incontestável dos princípios que o devem reger.

Lamentavelmente, o anteprojeto a respeito do assunto, da lavra do eminente jurista Gilberto de Ulhôa Canto, não recebeu a atenção que merecia para a concretização do processo tributário.

É imperativo que a devida tutela dos direitos dos contribuintes e do fisco passe pelo necessário desenvolvimento de uma legislação mais precisa sobre o processo administrativo fiscal, cujo modelo acolha a posição consistente em ter o objeto do processo como direito subjetivo público à legalidade dos atos administrativos.

Para tanto, os órgãos administrativos de julgamento tributário, de função *judicante*, legalmente instituídos com estabilidade e independência hierárquica dos órgãos que exercem a função de fiscalização *ativa*, podem atuar com imparcialidade orgânica, que permite o *processo triangular de partes*. Corroborando esta estrutura, é preciso que a aplicação dos princípios elencados no art. 37 da CF esteja presente no processo administrativo tributário, bem como dos princípios da isonomia e do devido processo legal, consubstanciados no direito de petição (art. 5º, XXXIV, da CF), no contraditório e na ampla defesa (art. 5º, LV, da CF). Todos esses princípios ou reforçam ou são desdobramentos do Estado Democrático de Direito.

O conteúdo e o alcance desses princípios acentuam a importância do processo administrativo tributário no que se refere às garantias de direitos e na busca da verdade, que se alinham ao interesse público não como conceitos incompatíveis, mas como valores jurídicos que se devem harmonizar.

Para as funções de julgamento, que manifestam a vontade da Administração exercida sobre o controle da legalidade, necessário se faz o requisito da formação jurídica, pois a fixação do alcance das

PROCESSO ADMINISTRATIVO TRIBUTÁRIO

leis tributárias aos casos concretos, na solução de conflitos de interesses, pressupõe conhecimento não apenas da matéria tributária, mas também dos princípios de direito constitucional, administrativo, civil, comercial e penal e das diretrizes da teoria geral do Direito, do processo e da filosofia do Direito. Ao se manifestarem sobre a validade ou invalidade dos atos, os julgadores têm de fazê-lo de maneira específica e responsável – na expressão de Paulo de Barros Carvalho.[22]

Em reforço a esta tese, a Comissão Especial que examinou o Anteprojeto de Lei sobre o Contencioso Administrativo Fiscal da União,[23] elaborado pela Procuradoria-Geral da Fazenda Nacional, da qual participaram Gilberto de Ulhôa Canto, Geraldo Ataliba e Gustavo Miguez de Mello, manifestou-se afirmando que: "A função de aplicar a norma legal ao fato é, sempre e só, do jurista, orientado no sentido de saber como se interpreta a disposição eventualmente pouco clara, como se a integra nas suas possíveis omissões, como se conciliam aparentes conflitos internos da lei e contrastes entre regras de duas leis distintas. Tudo isso é aplicação da ciência jurídica, que não está ao alcance de qualquer leigo, por mais importante que seja a sua formação profissional ou científica, em muitos casos extremamente mais complexa, mas nem por isso supletiva do conhecimento especializado próprio dos bacharéis em Direito".

As normas processuais administrativo-tributárias nacionais têm evoluído, mas ainda não disciplinam o processo com organicidade e com perfeito respeito aos princípios de direito processual. Só atendendo a essas características está garantida a sistemática a ser seguida no esclarecimento da verdade jurídica.

2. Histórico

Antes de tratar da retrospectiva histórica dos órgãos de julgamento administrativo tributário no Brasil, é importante, ainda que em linhas gerais, destacar os principais aportes doutrinários voltados à construção do direito processual tributário, para melhor localização e entendimento dos problemas e identificação dos princípios gerais que o regem.

22. Paulo de Barros Carvalho, "Processo administrativo tributário", *RDTributário* 9-10/292.
23. Publicado pelo Sindicato dos Bancos do Estado do Rio de Janeiro em *Caderno Especial* (n. 147), em agosto/1978.

No início da década de 30 do século passado o professor italiano Francesco Carnelutti foi quem primeiro desenvolveu a noção de *processo tributário*, considerado especificamente como projeção do direito tributário no campo processual.

Em 1942 surge a 1ª edição da obra do autor italiano Enrico Allorio, que, após incorporar questões criticadas por outros autores – entre eles A. D. Giannini –, volta em 1962 com reflexões a respeito da teoria geral do processo tributário, avançando nas questões relativas à compreensão tanto do *processo jurisdicional* quanto do *processo de autotutela*, conceituando *lide tributária*, *relação jurídico-tributária* e *constitutividade da eficácia do lançamento*.

Quase na mesma época, Rubens Gomes de Sousa começou a estudar e a demonstrar a importância do desenvolvimento do direito processual tributário brasileiro, pela importância da *distribuição da justiça em matéria fiscal* e da organização da *justiça administrativa* e da *justiça judiciária*.

Outra contribuição valiosa veio dos estudos desenvolvidos pelo autor espanhol Sainz de Bujanda, por meio da sua clássica obra *Sistema de Derecho Financiero*, que, localizando o direito processual no âmbito do direito público, preocupou-se com a importância, na compreensão do processo, do procedimento de jurisdição, identificando as devidas correspondências entre o direito substantivo e o processo. Ressalve-se que seus estudos, nesse aspecto do direito processual, estão ligados a uma realidade de contencioso de tribunais administrativos próprios, no âmbito da Administração, e que não reconhece a existência de processo na atividade de órgãos desprovidos de jurisdição. Aliás, o autor foi grande incentivador da criação de órgãos jurisdicionais especiais na solução de conflitos entre a Administração Tributária e o contribuinte.

Convém destacar também a doutrina de Ramón Valdés Costa, professor uruguaio que participou da elaboração do *Modelo de Código Tributário para a América Latina*, e em sua obra publicada em 1992 particulariza a importância da solução dos conflitos tributários dada pela compreensão e aplicação dos princípios da legalidade, da igualdade e da tutela jurisdicional, principalmente porque só no campo do direito tributário o Estado assume a tríplice função de criador da obrigação, credor dela e juiz dos conflitos dela decorrentes.

O autor, procedendo ao exame de diversos problemas, esclarece a integração do direito processual tributário com o direito processual, e não com o direito administrativo, em razão dos princípios que os regem. Defende também que não é condição necessária que o julgador esteja integrado ao Poder Judiciário para se considerar alheio às partes, e por isso a necessidade da existência de órgãos decisórios que atuem no âmbito do Poder Executivo. Examinando a legislação de países latino-americanos, ele constata que, apesar de diferentes regimes jurídicos, diversos tribunais administrativos e judiciais que tratam da matéria fiscal estão se aperfeiçoando e apresentam características comuns.

Não são muitos os estudos sobre a evolução das instituições político-administrativas brasileiras com indicações e avaliações precisas sobre a matéria. Por essa razão não se têm tratado e avaliado cientificamente, em caráter específico, as manifestações organizacionais a respeito da origem e evolução dos órgãos julgadores administrativo-fiscais.

No período colonial a organização administrativa estabelecia-se sob a forma de governo local com participação dos habitantes e dirigido por um conselho ou câmara, que deliberava sobre os assuntos de interesse local, e pelo chefe municipal ou procurador, que tinham a atribuição de arrecadar impostos.

Identificando as deficiências e abusos desse sistema, assim se manifesta Paulo Celso Bonilha: "O incipiente e falho sistema de organização das finanças da Colônia espelhava a realidade política que então se vivia, marcada pela dominação e poder absoluto da Coroa e pela difícil adaptação das instituições e das leis de Portugal".[24]

Em 1808 foi criado o Conselho de Fazenda, com jurisdição graciosa e contenciosa, com muitas limitações e deficiências, dependente e parcial, sem garantias processuais.

Na síntese de Bonilha, "a organização político-administrativa absolutista do período colonial, que desconhecia a separação de Poderes, nada apresentou de útil e relevante para a tutela dos interesses dos contribuintes, praticamente indefesos ante as abusivas cobranças de impostos e derramas causadoras de desespero e revolta".[25]

No Império era competência do Conselho de Estado conhecer e julgar as causas fiscais, cujo embrião foi o Conselho de Procuradores,

24. Paulo Celso B. Bonilha, *Da Prova no Processo Administrativo Tributário*, p. 24.
25. Idem, p. 26.

FASES DO PROCESSO ADMINISTRATIVO TRIBUTÁRIO   127

dissolvido em 1823, e, embora não tivesse sido propriamente extinto, com a Constituição de 1824 passou a ter maior autoridade e mais bem-definidas sua organização e suas atribuições, entre as quais passou a ter a condição de um verdadeiro contencioso administrativo, mais ou menos organizado com os princípios do Direito Francês.

Com a proclamação da República foi abolido o Conselho de Estado, cuja criação estava associada à organização monárquica. Esse Conselho atuou sempre ligado ao Poder Executivo, mas a competência que tivera no Império impedia a desejada independência harmônica dos três Poderes.

Inspirada nas instituições da democracia norte-americana, a Constituição de 1891 consagrou o regime republicano e federativo e a separação dos Poderes Legislativo, Executivo e Judiciário, independentes e harmônicos entre si.

O regime adotado passou a ser de unidade de jurisdição,[26] que, abolindo o contencioso administrativo de origem da Justiça Francesa, confiou ao Poder Judiciário a atribuição de processar e julgar os feitos fiscais. Foi adotado o sistema judiciário ou de jurisdição única, conhecido por *sistema inglês.*

Durante muito tempo, por falta de sistematização científica do direito tributário brasileiro, e em particular quanto ao processo administrativo, continuaram perdurando prerrogativas do Poder Executivo que revelavam persistência da desigualdade no tratamento entre as partes nos processos fiscais.

Abolido com a Constituição de 1891, o contencioso administrativo esteve ausente nas Constituições de 1934, 1937, 1946 e 1967. Ressurgido pela Emenda Constitucional 1/1969, não configurou a existência de dupla jurisdição. À época, Ruy Cirne Lima já afirmava:

---

26. Como modalidade de autonomia jurisdicional, distingue-se do sistema da *unidade de jurisdição* o sistema de *dualidade de jurisdição,* no qual a Justiça Administrativa é separada da Justiça Comum. São exemplos do primeiro sistema o inglês e o norte-americano, e do segundo o sistema francês de Justiça Administrativa. Apesar de a doutrina falar em *dualismo jurisdicional* nos sistemas de contencioso administrativo, Cândido Rangel Dinamarco (*A Instrumentalidade do Processo,* 12ª ed., p. 146) defende ser uma *impropriedade* essa idéia de *dualismo,* uma vez que se tem simplesmente *jurisdição,* sendo ela exercida por órgão do Poder Judiciário ou ligada à Administração; a distribuição é que acontece segundo critérios de *competência.*

"No nosso regime republicano nunca houve espaço para tribunais administrativos propriamente ditos".[27]

Após a Emenda Constitucional 7/1977 pretendeu-se introduzir em nosso sistema jurídico o princípio da dualidade de jurisdição, mas na verdade o suposto contencioso administrativo tributário nada mais era que mera instância administrativa obrigatória; ou seja, o acesso ao Poder Judiciário era irrestrito, porém condicionado à exaustão prévia da via administrativa.

Em pleitos administrativos, após esgotada a instância administrativa poderia ser acionada a jurisdição una ou controle judicial – o que leva a afirmar que esse sistema de controle administrativo não se configura em efetivo modelo de contencioso, a exemplo do que existe na França.

O sistema francês, chamado de *contencioso administrativo*, pertence a um sistema de jurisdição dupla, no qual "cabe a tribunais especializados, independentes, autônomos, a decisão soberana de certas questões administrativas que, em última instância, são resolvidas pelo Conselho de Estado, órgão supremo, de natureza jurisdicional, desvinculado do Poder Judiciário e do Poder Executivo" – como leciona José Cretella Jr.[28]

Os tribunais administrativos, idealizados por ocasião da Revolução Francesa, têm competência absoluta para as lides tributárias na França. O regime francês é peculiar, em função de sua tradição na forma de administração da justiça e pela força e independência da Administração em relação às funções do Estado.

Embora cada modelo de solução de lides tributárias seja fruto das peculiaridades e evolução histórica de cada país, alguns desses sistemas oferecem modelos evoluídos que *orientam algumas alternativas para solução de conflitos em matéria tributária*.

Conhecido como evoluído, o sistema alemão codificou o processo tributário em 1966. Os tribunais financeiros alemães abrangem as questões tributárias e têm origem nos tribunais administrativos. Apesar de esses tribunais administrativos se terem transformado em autênticos órgãos jurisdicionais, não desapareceram os recursos de cunho administrativo, que precedem e devem ser esgotados antes do pleito judicial. Apesar da grande evolução técnica, o sistema ain-

---

27. Ruy Cirne Lima, *Princípios de Direito Administrativo*, 5ª ed., p. 206.
28. J. Cretella Jr., "O 'contencioso administrativo' inexistente", *RDP* 75/27.

FASES DO PROCESSO ADMINISTRATIVO TRIBUTÁRIO   129

da enfrenta dificuldades ligadas à demora nas soluções judiciais e dificuldade de recursos materiais para atendimento das reais necessidades dos tribunais especializados.

Na Itália importantes modificações foram introduzidas a partir de 1992, fruto da paulatina substituição de órgãos administrativos por órgãos judiciais no que se refere à tutela jurídica dos conflitos em matéria tributária, mas ainda comporta um complexo sistema de recursos a órgãos especiais e preliminares à tutela judicial; ou seja, para alguns casos a legislação exige que o acesso à via judicial seja precedido do esgotamento da instância administrativa, e para outros o recurso administrativo é facultativo.

O sistema espanhol tem dois caminhos para as lides tributárias: a via administrativa e a via judicial. E se vai encaminhando para a criação de ramo jurisdicional específico em matéria tributária.

O regime português,[29] atualizado em 1991, também compreende fases administrativa e judicial. Nesta última a discussão se abre com o processo de impugnação judicial, com regime específico para as lides tributárias, após ultrapassada a fase administrativa. A própria Administração recebe a impugnação geral e organiza o processo, com apensamento do processo administrativo, antes de remetê-lo ao Judiciário, com possibilidade de juntada de documentos e até de suprir qualquer deficiência ou irregularidade. O regime processual jurídico português das discussões tributárias é reputado um dos mais modernos e completos da atualidade. No contencioso tributário português a instrução é fortemente dominada pelo princípio da *verdade material* e as exigências de simplicidade e de celeridade reduziram muito os *incidentes processuais*.

Nessa nova estrutura de tutela dos direitos dos contribuintes portugueses, segundo J. L. Saldanha Sanches,[30] "nas revisões constitucionais de 1982 e 1989, uma nova concepção dos princípios fundamentais do processo administrativo foi tomando lugar no texto constitucional", acentuando uma "autonomização do processo fiscal em relação ao processo civil", principalmente porque o primeiro se rege pelo princípio inquisitório, enquanto o processo civil é norteado pelo princípio dispositivo.

29. A doutrina portuguesa prefere a denominação "direito tributário instrumental", ou "direito tributário formal", ao invés de "direito processual tributário".
30. J. L. Saldanha Sanches, "O novo processo tributário português", *RDTributário* 59/48 e ss.

130 PROCESSO ADMINISTRATIVO TRIBUTÁRIO

Na Argentina o Tribunal Fiscal Administrativo está na estrutura do Poder Executivo, com independência da *Administração ativa*, e tem caráter de atuação jurisdicional.

O que vem existindo efetivamente na atualidade brasileira são órgãos – denominados de *conselhos* – que julgam, em grau de recurso, os feitos fiscais que desfavorecem, em primeira instância administrativa, os contribuintes, não podendo ser chamados de contencioso administrativo, porque incompatível com o sistema de jurisdição una.

Nesses termos é que, em 1927, um decreto federal, de n. 5.155, possibilitou a estruturação de conselhos ou instâncias recursais de julgamento do processo administrativo tributário da União, que só se concretizou com a criação do Conselho de Contribuintes pelo Decreto 20.350/1931,[31] constituído paritariamente por funcionários da Fazenda e representantes de contribuintes. Suas atribuições eram de julgamento dos recursos – antes, interpostos ao Ministro da Fazenda – contra atos ou decisões das autoridades fiscais nos Estados e no Distrito Federal. Atualmente o julgamento em primeira instância é feito nas delegacias especializadas regionais, e em segunda instância pelos Conselhos de Contribuintes do Ministério da Fazenda, que estão divididos em órgãos, em função da matéria em discussão.

Os Estados seguiram com maior ou menor autonomia a estrutura do processo administrativo fiscal da União. São Paulo instituiu o Tribunal de Impostos e Taxas, com relativa autonomia, em 1935 (Decreto 7.184). Sua atuação tem sido profícua e tem grande respeito e

---

31. Em 1934 foi instituído um 2º Conselho de Contribuintes (Decreto 24.036) – o Conselho Superior de Tarifas; em 1964 foi criado o 3º Conselho de Contribuintes (Decreto 54.767); e em 1972 o Conselho Superior de Tarifas passou a ser o 4º Conselho de Contribuintes (Decreto 70.235, com *status* de lei). Em 1979 (Decreto 83.304) a Câmara Superior de Recursos Fiscais passou a julgar recursos especiais (nas hipóteses de decisão não-unânime de Câmara dos Conselhos contrária à lei ou à evidência da prova, ou quando fundada em interpretação divergente da lei tributária, em contraste com decisões de outras Câmaras ou da própria Câmara Superior do Conselho). Em 1993 (Lei 8.748) foram criadas 18 Delegacias da Receita Federal especializadas em julgamentos, em primeira instância. Em 1996 (Lei 9.430) foi o Poder Executivo autorizado a alterar as competências relativas às matérias objeto de julgamento pelos Conselhos de Contribuintes do Ministério da Fazenda (Lei 8.748/1993), alteradas, posteriormente, pelo Decreto 2.191/1997. O julgamento em primeira instância passou a ser colegiado a partir da Medida Provisória 2.158-35/2001.

FASES DO PROCESSO ADMINISTRATIVO TRIBUTÁRIO 131

confiabilidade nacional. Entre outros juristas de renome, participaram como membros daquele Tribunal: Rubens Gomes de Sousa, Ruy Barbosa Nogueira e Alcides Jorge Costa.

Os órgãos colegiados nacionais, da União, dos Estados e dos Municípios, têm contribuído muito para a evolução da legislação a respeito da matéria, pelo fato de imprimirem em sua atividade judicante observância de princípios e normas processuais espelhadas do Judiciário.

Rubens Gomes de Sousa promoveu intenso trabalho doutrinário sobre o processo fiscal no Brasil, tendo concluído pela necessidade de racionalização das fases processuais, com regulamentação harmônica e sistemática do regime administrativo e judicial. Sua fundamentação assenta-se na repetição de fases processuais que acontecem no âmbito administrativo e depois no judicial e na desejável especialização no julgamento da matéria. Desse modo, conselhos regionais profeririam decisão na área administrativa, passível de revisão judicial em única instância, por meio de ação para anulação da decisão administrativa.

Também resultado de estudos na área de processo tributário, Gilberto de Ulhôa Canto desenvolveu em 1964 anteprojeto de lei objetivando a institucionalização de contencioso administrativo tributário e rito processual contraditório, com garantias de defesa do contribuinte e julgamento isento e qualificado, na própria instância administrativa, mas também sem sucesso.

A justaposição das instâncias administrativa e judicial foi motivo para que reaparecesse, com a Emenda Constitucional 1/1969, a possibilidade de a lei criar contencioso administrativo para o julgamento de causas fiscais. Com a Emenda Constitucional 7/1977 o permissivo constitucional foi ampliado, para permitir à parte vencida na instância administrativa acesso ao tribunal competente para a revisão da decisão, com a obrigatoriedade de exaustão da via administrativa antes do ingresso no Poder Judiciário.

Comissão formada por Gilberto de Ulhôa Canto, Geraldo Ataliba e Gustavo Miguez de Mello recebeu a incumbência de preparar o Anteprojeto de Lei do Contencioso Administrativo Fiscal da União. A maior crítica que a doutrina fez a esse projeto refere-se ao fato de que ficaria suprimida a primeira instância judicial. Após o exaurimento da instância administrativa, com a decisão do Conselho Tributário

132   PROCESSO ADMINISTRATIVO TRIBUTÁRIO

Federal, o contribuinte que não tivesse suas pretensões aceitas poderia ir ao Judiciário.

A ação de revisão fiscal seria conhecida originalmente pelo tribunal judiciário.

Em defesa do projeto quanto ao recurso de decisões do contencioso administrativo ao TFR manifestou-se Dalmo de Abreu Dallari,[32] como sendo um meio de conciliar a criação do contencioso administrativo com as exigências constitucionais de não se poder afastar da apreciação do Judiciário a lesão a direito individual. Na sua lição: "Tal solução, absolutamente original, iria configurar um novo fenômeno de interpretação dos Poderes do Estado, o que, por si só, não deverá desencorajar a experiência".

Também muito criticada era a exigência de garantia de instância ou penhora, quando do ingresso em juízo, após o decurso de prazo de 180 dias, para a prolação da decisão do Conselho.

Apesar de o projeto não ter sido concretizado no plano da lei ordinária, a doutrina reconheceu a importância do trabalho. Assim se posicionou Paulo Celso Bonilha: "Com a definição expressa e clara dos princípios que o informaram (art. 4º), segura sistematização das fases do procedimento e feliz conceituação dos atos processuais, o anteprojeto constitui valioso e meritório trabalho, indispensável ao estudo dos que se dedicam ao aprimoramento da legislação do processo administrativo tributário".[33]

Ao invés de produzir uma reforma mais sistemática e abrangente do processo tributário, o Governo vem timidamente introduzindo regras isoladas para a solução de problemas pontuais, com a edição de algumas leis – como, por exemplo, a Lei 8.397/1992, tratando da *medida cautelar fiscal*; a Lei 9.430/1996, que promoveu alterações no procedimento de consulta fiscal e regulou o lançamento diante da existência de liminar suspensiva da exigibilidade do crédito tributário; a Lei 9.532/1997, que regulou a intimação por qualquer via com prova de recebimento, criou o arrolamento administrativo de bens e modificou o regime da ação cautelar fiscal; a Lei 9.784/1999, regulando o processo administrativo da Administra-

32. Dalmo de Abreu Dallari, *O Conselho de Estado e o Contencioso Administrativo no Brasil*, p. 46.
33. Paulo Celso B. Bonilha, *Da Prova no Processo Administrativo Tributário*, p. 47.

ção Pública Federal;[34] a Lei Complementar 104/2001 – norma geral antielisiva; a Lei Complementar 105/2001 – acesso a dados bancários; a Lei 10.533/2002, tratando do depósito ou arrolamento de bens para recorrer; a Lei 11.196, de 21.11.2005, que prevê possibilidade de utilização de atos e termos processuais magnéticos, bem como a intimação eletrônica do contribuinte, e traz algumas disposições acerca da utilização da súmula vinculante;[35] a Lei 11.417/2006, que disciplina a edição, a revisão e o cancelamento de enunciado de súmula vinculante pelo STF, com disposições referentes ao PAT; e a Lei 11.457, de 16.3.2007, trazendo as formas de intimação dos procuradores da Fazenda Nacional.

Esforços para efetivar uma reforma ampla foram defendidos em textos como o Anteprojeto de Lei Orgânica de Processo Tributário, de autoria de Gilberto de Ulhôa Canto, em 1964, e o Anteprojeto de Código de Processo Administrativo Tributário, em 1995/1996, elaborado por Comissão coordenada por Maria de Fátima Cartaxo, Auditora Fiscal do Tesouro Nacional, com apoio de consultores de notório saber, reconhecidos nacionalmente – como, além de outros, Geraldo Ataliba, Hugo de Brito Machado, Odete Medauar e Souto Maior Borges.

34. Embora não tratando especificamente de matéria fiscal, nem tendo âmbito nacional, esta lei explicita princípios que nem eram antes nominados – entre outros, o da *motivação das decisões*. Elege procedimentos modernos mais ágeis e eficazes de comunicação dos atos e estabelece mecanismos de participação da sociedade, como *consulta pública* e *audiência pública*; além de fixar prazos para as decisões. Com objetivo explícito de *proteção dos atos dos administrados* e para o *melhor cumprimento dos fins da Administração*, elenca *princípios, critérios, direitos* e *deveres*.

35. Regina Helena Costa lembra que: "Em seqüência foram editados atos administrativos normativos pela Receita Federal para regulamentar estas disposições. Primeiramente foi expedida a Instrução Normativa SRF-580, de 12.12.2005, que institui o Centro de Atendimento Virtual ao Contribuinte, apelidado pelo próprio ato como *e-CAC – Centro de Atendimento Virtual ao Contribuinte*, e define, por exemplo, o que vem a ser *documento eletrônico* e outros conceitos importantes nessa seara. Mas em seqüência foi editada uma portaria, a Portaria SRF-259, de 13.3.2006, dispondo sobre a prática de atos e termos processuais de forma eletrônica, que contempla uma definição, em seu art. 1º, § 1º, nos seguintes termos: 'Os atos e termos processuais praticados de forma eletrônica, bem assim os documentos apresentados em papel, digitalizados pela Secretaria de Receita Federal, comporão o chamado processo eletrônico (*e-processo*)'" ("Processo administrativo eletrônico. Provas e garantias recursais", *RDTributário* 98/91, Anais do XX Congresso de Direito Tributário).

3. Impugnação ou reclamação

A impugnação administrativa é garantia constitucional que tem base no inciso XXXIV do art. 5º, que outorga o direito de petição aos Poderes Públicos em defesa de direito ou contra abuso de autoridade, e no inciso LV do mesmo artigo.

Para Alberto Xavier[36] a impugnação tem fundamento no direito de petição, visando a dirimir um conflito, e pressupõe o direito à prova da violação ou do abuso e o direito à reapreciação do ato praticado.

Recebida a notificação de lançamento ou de multa, e com ela não se conformando, o contribuinte pode realizar sua defesa via impugnação, ficando a obrigação tributária suspensa até decisão definitiva (art. 151, III, do CTN), que poderá confirmar, modificar ou anular o lançamento.

Impugnação, também chamada de *reclamação*, é instrumento de proteção de direitos no qual o interessado manifesta sua não-conformação com o ato do lançamento tributário ou autuação e postula à autoridade administrativa o reexame do ato praticado, tendo em vista a situação de fato ou a lei aplicada.

Paulo Celso Bonilha, colocando a garantia de defesa como coluna-mestra do processo administrativo, ressalta: "A cientificação do processo ao administrado, a oportunidade para contestar e contraditar, a de produzir provas e acompanhar a respectiva instrução e a utilização dos recursos cabíveis constituem requisitos mínimos para a regularidade processual".[37]

Indagar da conformidade entre o ato fiscal e a lei constitui a finalidade da impugnação, teleologicamente orientada para obter uma decisão sobre a legalidade de determinada obrigação tributária.

Para que o contribuinte possa exercer o direito de defesa é imprescindível que seja notificado, regularmente, no seu domicílio tributário, sob pena de nulidade da intimação e, conseqüentemente, caracterização de cerceamento de defesa.

As impugnações devem ser apresentadas ao órgão competente e no prazo estipulado pela legislação. Em geral o prazo é de 30 dias,

---

36. Alberto Xavier, *Do Lançamento: Teoria Geral do Ato, do Procedimento e do Processo Tributário*, 2ª ed., p. 276.

37. Paulo Celso B. Bonilha, *Da Prova no Processo Administrativo Tributário*, p. 75.

contados a partir da ciência do interessado, e o órgão recebedor da defesa é o ligado ao domicílio tributário do contribuinte. Esse prazo é peremptório, de decadência, e, não o cumprindo, o interessado perde o direito de impor à autoridade administrativa o exame do pedido intempestivo.

Contudo, não estando em jogo os direitos do fisco e estando patentes erros no lançamento ou má interpretação da legislação, ainda que o prazo se tenha escoado, a Administração deve, de ofício, reabri-lo, a fim de corrigir o erro e em obediência à lei, evitando o recurso à via judicial. Afinal, à Administração cabe, a qualquer tempo, rever seus próprios atos.

Com a impugnação apresentada pelo sujeito passivo, contribuinte, responsável ou substituto legal, inicia-se a fase contraditória e nasce o processo administrativo fiscal, realmente. Feito o lançamento, *se o contribuinte paga não há processo*, pois se extingue a obrigação. Apenas na hipótese de inconformidade poderá nascer a fase contraditória, por iniciativa do contribuinte, e só então se pode falar em processo propriamente dito.

No processo administrativo tributário podem apresentar-se diversas pessoas, formando um litisconsórcio ativo ou passivo, assim como também pode aparecer um terceiro que tenha interesses que possam ser afetados pelo resultado. Esse terceiro não poderá praticar determinados atos procedimentais reservados ao impugnante, pois só este define os limites da demanda.

Na peça inicial apresentada pelo contribuinte contra a pretensão fiscal devem ser descritos os fatos com a especificidade necessária a delimitar o objeto da controvérsia e indicados os fundamentos legais pertinentes. O impugnante é que delimita o objeto do processo, traçando-lhe as fronteiras, segundo suas alegações.

Como defende Alberto Xavier: "Em matéria de causa de pedir a lei optou, pois, claramente pela *teoria de substanciação*, que requer a sua função individualizadora do objeto do processo, em contraste com a *teoria da individualização*, segundo a qual bastava ao autor indicar o pedido, com o quê todas as possíveis causas de pedir podiam ser consideradas no processo".[38]

---

38. Alberto Xavier, *Do Lançamento: Teoria Geral do Ato, do Procedimento e do Processo Tributário*, 2ª ed., p. 332.

136 PROCESSO ADMINISTRATIVO TRIBUTÁRIO

Esse pedido que o impugnante elabora deve conter exposição da matéria de fato, apresentação das razões de direito, ser instruído com documentos comprobatórios das alegações e, ainda, protesto pela produção das demais provas – perícias, diligências, vistorias e outras – que o defendente pretende sejam realizadas, apresentando os motivos que as justificam. Havendo requerimento de perícia, o interessado deverá indicar seu perito e formular os quesitos que deseja ver respondidos. Se à petição faltarem requisitos legais, ou forem insuficientes documentos ou informações, pode a autoridade administrativa solicitar sua correção ou completamento. Mas impugnação defeituosa ou contraditória pode tornar-se inepta.

Essa fase inicial é também chamada de *instauração*, *alegações* ou *instrutória*, quando são apresentados os fatos e a indicação do Direito que limitam o objeto da lide.

A impugnação é incorporada aos autos, que são, então, encaminhados à unidade administrativa competente.

Recebida a petição do sujeito passivo, a autoridade preparadora determina a realização das diligências requeridas e indispensáveis;[39] marca dia para a realização de laudos ou perícias, indicando o perito representante da Fazenda, junto com o qual atuará o perito da parte.

4. Julgamento singular

Apresentada a impugnação, a Administração tem obrigação de se pronunciar sobre ela. A autoridade competente para julgamento em primeira instância é quase sempre individual.

Para que a autoridade tenha condição de promover a decisão de primeira instância é importante o preparo do processo, considerado como uma seqüência de atos e termos que o impulsionam. Assim, após a notificação do lançamento ou da autuação vem a impugnação e a realização de diligências e perícias, se for o caso, para ser proferida a decisão singular.

A questão apresentada recebe por parte da autoridade competente o reconhecimento ou não da existência de um direito, ou seja, conclusão pela procedência ou não do pedido. A *sentença administra-*

---

39. Sendo desnecessária, a autoridade pode recusar a perícia sem ferir a garantia constitucional da ampla defesa. Neste sentido a decisão unânime da 5ª Turma do STJ no RMS 8.116-SC (j. 16.9.1999, *DJU* 11.10.1999).

FASES DO PROCESSO ADMINISTRATIVO TRIBUTÁRIO

tiva é ato administrativo chamado por alguns de *despacho*.[40] Por se tratar de fase conclusiva, parece mais indicado o termo *decisão*.

Pode-se dizer, com as palavras de Alberto Xavier, que: "O processo administrativo de impugnação tem por fim a descoberta da verdade material relativa aos fatos tributários; nele, os particulares intervêm na produção das provas no exercício de um direito de audiência; é conduzido pela Administração Fiscal, que nele enverga as roupagens de órgão judicante; desenvolve-se segundo um princípio contraditório; e culmina com a prática de um ato estritamente vinculado, que traduz um juízo subsuntivo de aplicação da lei, em muitos pontos semelhante à sentença de um tribunal. Por que, pois, recusar a este ato o conceito de decisão, que se lhe ajusta por inteiro?"[41]

Se a autoridade julgadora entender necessário, pode converter o julgamento em diligência, para que sejam produzidas novas provas. Isso porque a Administração deve proceder à revisão dos atos administrativos que se revelarem em desconformidade com a lei, não estando limitada ao escrutínio da ilegalidade do ato apenas de acordo com os fundamentos indicados.

Para proferir a decisão a autoridade deve apreciar questões preliminares e de mérito, motivada pelas peças do processo, produzindo um relatório com os argumentos da impugnação e da defesa, os fundamentos ou razões (motivação) e a conclusão.

Em relação ao limite a que a decisão administrativa está adstrita em sede de impugnação, cabe observar que é perfeitamente aceitável a possibilidade de *reformatio in pejus* quando essa situação for extraída dos elementos que integram o conteúdo do lançamento e observados o contraditório e a ampla defesa.. Carlos Alberto de Moraes Ramos Filho, em precioso artigo sobre o tema, considera que "é juridicamente possível o agravamento do lançamento na decisão de primeira instância administrativa com fundamento nos princípios da legalidade (art. 37, *caput*, da CF de 1988) e da verdade material, desde que suas decisões contenham os mesmos elementos que integram o conteúdo do lançamento e desde que permitam ao contribuinte nova oportunidade e novo prazo para defesa, agora contra a parte agrava-

---

40. Bernardo R. de Moraes, *Compêndio de Direito Tributário*, p. 859.

41. Alberto Xavier, *Do Lançamento: Teoria Geral do Ato, do Procedimento e do Processo Tributário*, 2ª ed., p. 302.

138 PROCESSO ADMINISTRATIVO TRIBUTÁRIO

da, com o quê estão respeitados os princípios do devido processo legal, do contraditório e da ampla defesa".[42]

Da decisão é dado conhecimento ao interessado e extraído resumo para publicação.

5. Recursos – Revisão

Os *recursos* são instrumentos da maior importância nas garantias dos administrados. Permitem a revisão da decisão, a fim de que seja conferida certeza da legalidade. O órgão superior tem a possibilidade de controle dos atos dos órgãos inferiores. Segundo Maria Sylvia Zanella Di Pietro, recursos administrativos "são postos à disposição dos particulares como uma expressão do direito de petição que é assegurado pela Constituição Federal e permitem ao administrado ver as suas pretensões apreciadas em várias instâncias da Administração Pública".[43]

Na síntese de Hely Lopes Meirelles: "No exercício de sua jurisdição a Administração aprecia e decide as pretensões dos administrados e de seus servidores, aplicando o Direito que entenda cabível, segundo a interpretação de seus órgãos técnicos e jurídicos. Pratica, assim, atividade jurisdicional típica, de caráter *parajudicial* quando provém de seus tribunais ou comissões de julgamento. Essas decisões geralmente escalonam-se em *instâncias*, subindo da inferior para a superior através do respectivo *recurso administrativo* previsto em lei ou regulamento".[44]

Paulo Celso Bonilha esposa entendimento no mesmo sentido do de Amílcar de Araújo Falcão: "As características essenciais do recurso administrativo: é meio de agir, criado em lei, assegurando ao administrado direito subjetivo público de promover o reexame de ato administrativo e o de obter ato formal de anulação ou revogação do ato submetido a controle".[45]

---

42. Carlos Alberto de Moraes Ramos Filho, "Limites objetivos à revisibilidade do lançamento no processo administrativo tributário", *RDT da APET* 13/68.

43. Maria Sylvia Z. Di Pietro, "Processo administrativo – Garantia do administrado", *RDTributário* 58/114.

44. Hely Lopes Meirelles, *Direito Administrativo Brasileiro*, 33ª ed., p. 673.

45. Paulo Celso B. Bonilha, *Da Prova no Processo Administrativo Tributário*, p. 69.

FASES DO PROCESSO ADMINISTRATIVO TRIBUTÁRIO

Para José Cretella Jr. "'recurso administrativo' é o *remedium juris* que consiste na provocação a reexame de uma decisão, em matéria administrativa, quer perante a mesma autoridade (*pedido de reconsideração*), quer perante outra de superior hierarquia (*recurso hierárquico*)".[46]

A importância do recurso é ressaltada por Sainz de Bujanda: "O fundamento do recurso de alçada é duplo. De um lado, é conseqüência do princípio de organização hierárquica que impera no cerne da jurisdição econômico-administrativa. De outro, deriva do propósito de assegurar a legalidade da função administrativa de aplicação do tributo".[47]

Nas palavras de Odete Medauar: "O recurso administrativo, além de significar um filtro nas controvérsias que iriam ao Judiciário, propicia, quando valorizado, maior confiança e credibilidade na Administração Pública".

A revisão, por via de recurso a órgão colegiado, não interfere nem reduz a independência dos julgadores. Funda-se na possibilidade de que a decisão singular possa ser injusta ou errada, pois está psicologicamente demonstrado que quando a decisão pode ser revista os julgadores se cercam de maiores cuidados no julgamento; e existe ainda outro fundamento de natureza política, qual seja, o de que nenhum ato estatal pode ficar imune aos necessários controles.

Da decisão de primeira instância cabe recurso de ofício e voluntário. O recurso de ofício é interposto pelo julgador singular quando a decisão é favorável, parcial ou totalmente, ao impugnante, o que provoca o pronunciamento de segunda instância administrativa. Esse recurso é interposto no próprio ato da decisão e tem caráter de devolução da competência, uma vez que não é definitivo enquanto não confirmado pela instância superior. A decisão não pode ser executada em caso de recurso obrigatório sem que tenha sido apreciada pela instância superior. Não raras vezes a legislação fixa determinado limite valorativo para interposição desse recurso de ofício.

O recurso voluntário é faculdade do contribuinte quando a decisão singular é favorável, parcial ou totalmente, à Fazenda Pública e provoca o pronunciamento da segunda instância administrativa. Se o contribuinte não apresentar recurso da decisão de primeira instân-

---

46. José Cretella Jr., *Controle Jurisdicional do Ato Administrativo*, 3ª ed., p. 427.
47. Sainz de Bujanda, *Lecciones de Derecho Financiero*, 7ª ed., p. 375.

140 PROCESSO ADMINISTRATIVO TRIBUTÁRIO

cia no prazo legal, tem-se trânsito em julgado da respectiva decisão administrativa.

O direito de defesa permite que o contribuinte, embora não tenha apresentado impugnação perante a autoridade julgadora de primeiro grau, se manifeste em recurso ao órgão julgador de segunda instância. Assim, proferida decisão em primeira instância contrária à pretensão do contribuinte ou responsável, desde que este não deixe fluir o prazo para interposição, poderá apresentar recurso à segunda instância.

No caso de recurso parcial, a parte não-recorrida da decisão de primeira instância deverá ser cumprida no prazo da intimação, pois tem caráter definitivo para a Administração.

O prazo para o recurso voluntário, em geral, é de 30 dias, prazo decadencial, contado a partir da ciência da decisão. Os recursos podem ter pretensão material ou processual, segundo se orientem a obter reexame de questão de fato ou de direito ou de um vício de procedimento.

Interposto recurso (voluntário ou de ofício), é instaurada a segunda instância administrativa, cujo órgão competente para apreciá-lo é geralmente um colegiado, conforme dispõe a legislação específica da União, dos Estados ou dos Municípios. Normalmente a composição desse órgão é paritária entre representantes da Fazenda Pública e dos contribuintes e é formado em Câmaras, podendo ter a competência dividida por matérias, conforme dispõem os regimentos internos.

Deve-se também mencionar que se apresenta injustificável a possibilidade de um órgão de segunda instância agravar a exigência inicial, pois, conforme bem consigna Carlos Alberto de Moraes Ramos Filho, "tal possibilidade negaria ao contribuinte a possibilidade de apresentar suas alegações contra o agravamento da exigência inicial em todas as instâncias de julgamento previstas na legislação".[48]

A legislação tributária da União, seguindo tendência doutrinária, aventava a possibilidade legal do condicionamento da admissão do recurso administrativo tributário à realização de depósito prévio de uma parcela do valor da condenação.[49] Esta tendência chegou até a

48. Carlos Alberto de Moraes Ramos Filho, "Limites objetivos à revisibilidade do lançamento no processo administrativo tributário", *RDT da APET* 13/68.
49. A Lei 9.528/1997 exigia prova de depósito em favor do INSS no valor correspondente a 30% da exigência fiscal definida na decisão, em caso de recurso.

FASES DO PROCESSO ADMINISTRATIVO TRIBUTÁRIO 141

ser seguida pelo STF, sob o argumento de afastar manobras protelatórias e conferir celeridade e qualidade à prestação judicante.[50]

Porém, agora há no STF entendimento em contrário. A Corte Superior entende que "a exigência de depósito ou arrolamento prévio de bens e direitos como condição de admissibilidade de recurso administrativo constitui obstáculo sério (e intransponível, para consideráveis parcelas da população) ao exercício do direito de petição (CF, art. 5º, XXXIV), além de caracterizar ofensa ao princípio do contraditório (CF, art. 5º, LV). A exigência de depósito ou arrolamento prévio de bens e direitos pode converter-se, na prática, em determinadas situações, em supressão do direito de recorrer, constituindo-se, assim, em nítida violação ao princípio da proporcionalidade".[51]

Assim, o STF vem julgando inconstitucionais os dispositivos processuais, na esfera administrativa, que opunham como condição de admissibilidade a realização de depósito prévio de recurso administrativo.[52]

Junto aos órgãos de segunda instância atuam também representantes da Procuradoria (Nacional, Estadual ou Municipal), que orientam o desenvolvimento dos trabalhos sob o aspecto jurídico, segundo dispõe a legislação, exercendo uma função de *fiscais da lei*.

No mesmo sentido, a Lei 9.639/1998 previa no art. 10 a necessidade de depósito de 30% para recurso administrativo no âmbito do Ministério da Fazenda. A Lei 10.533/2002 proporcionou, alternativamente ao depósito de 30%, a prestação de garantias ou o arrolamento de bens e direitos.

50. Anterior entendimento do STF: RE 210.243, rel. Min. Sepúlveda Pertence, *DJU* 3.4.1998; ADI/MC 1.049-2-DF, j. 18.5.1995; RE 210.235-1-MG, rel. Min. Maurício Corrêa, j. 3.11.1997.

51. STF, ADI 1.976, rel. Min. Joaquim Barbosa, *DJU* 18.5.2007, p. 64.

52. Neste sentido os RE 389.383 e 390.513 (rel. Min. Marco Aurélio, *DJU* 29.6.2007, p. 31), que declararam inconstitucionais os §§ 1º e 2º do art. 126 da Lei 8.213/1991, com a redação do art. 10 da Lei 9.639/1998, originária da Medida Provisória 1.608-14/1998, que exigiam depósito prévio para admissibilidade de recurso administrativo; ADI 1.976 (rel. Min. Joaquim Barbosa, *DJU* 18.5.2007, p. 64), que declarou a inconstitucionalidade do art. 32 da Medida Provisória 1.699-41/1998, convertida na Lei federal 10.522/2002, que deu nova redação ao art. 33, § 2º, do Decreto 70.235/1972, o qual exigia arrolamento de bens ou direitos, no valor correspondente a 30% da exigência fiscal, para admissibilidade de recurso administrativo; e ainda a ADI 1.074 (rel. Min. Eros Grau, *DJU* 25.5.2007, p. 63), que declarou a inconstitucionalidade do art. 19, *caput*, da Lei federal 8.870, de 15.4.1994, que exigia comprovação de depósito para a discussão judicial de débitos para com o INSS.

As partes passam a ser denominadas de "recorrente" e "recorrida" e o objetivo do recurso é a provocação de nova decisão administrativa, cujo objeto é o reexame total ou parcial do mesmo caso. Para tanto, o recurso deve atender aos requisitos formais, conter as razões suficientes ao reexame da matéria e os respectivos fundamentos, com as conclusões necessárias.

Não tendo caráter de revisão judicial, o reexame da questão em instância administrativa pode apreciar as provas oferecidas anteriormente, e se tem aceitado a apresentação de novas provas pela parte recorrente.

O recurso tem efeitos *suspensivo* (a eficácia da decisão fica suspensa) e *devolutivo* (o exame é devolvido à instância superior). A decisão em segunda instância encerra a instância administrativa.

Algumas legislações admitem o *pedido de reconsideração*, um novo recurso, mas destinado ao mesmo órgão prolator da decisão de segunda instância, em condição de *instância especial*. Isso acontece para *situações especiais*, expressamente previstas na legislação, como, por exemplo, decisões não-unânimes de Câmaras.

Diferentemente do *recurso hierárquico*, que é dirigido à autoridade de grau mais elevado, o *pedido de reconsideração* é endereçado à mesma autoridade prolatora do ato com o qual não se conformou o recorrente, que, ao solicitar a reconsideração da decisão, expõe os motivos pelos quais entende deva ser reformulado o julgamento.

Trata-se de *vista* ou *cassação*, cuja cognição está restrita à mera aplicação da lei, não podendo conhecer de erro na apreciação das provas ou na fixação dos fatos materiais do processo.

Como diz Alberto Xavier, está reproduzido no processo administrativo tributário o modelo judicial clássico com duas instâncias e um recurso de revista.

Apesar de a doutrina se posicionar contra, algumas legislações ainda prevêem um recurso especial para decisões desfavoráveis à Fazenda Pública, que normalmente é de competência do titular representante da Fazenda Pública.

A forte oposição a esse reexame está respaldada no fato de que os órgãos julgadores de segunda instância são colegiados, de composição paritária, cuja decisão se pressupõe legalmente mais acertada que outra que venha a ser prolatada por uma única pessoa ligada aos interesses do fisco.

O processo administrativo tributário não existe para expressar a vontade da Administração, mas para a solução das controvérsias segundo a vontade da lei, e o que importa é a manutenção da ordem jurídica. Se a própria Constituição Federal adota já no preâmbulo de seu conteúdo normativo valores de Estado Democrático de Direito, expressando com relevância a soberania popular, a igualdade e a cidadania, é incoerente o pronunciamento de órgão colegiado tributário judicante ser submetido a uma decisão monocrática, em que a autoridade que decide o faz à vista de interesse, e não do direito discutido, analisado e decidido segundo a prevalência do entendimento da maioria dos componentes do órgão julgador.

Fundamento para boa aplicação da justiça é fazer valer a igualdade das partes. Assim, essa permissão ao fisco para rever, por decisão singular, julgado proferido por órgão colegiado fere esse e outros princípios processuais. Trata-se de recurso esdrúxulo, que permite seja cassada a decisão do colegiado.

Não cabendo mais recursos, fica encerrada a fase administrativa na órbita da Administração executiva. Com a decisão final, cabe à autoridade administrativa: (a) exonerar o contribuinte dos gravames, caso a decisão lhe tenha sido favorável; (b) no caso de decisão favorável à Fazenda Pública, é feita a inscrição em dívida ativa, e com esse título o Estado executa o contribuinte, por meio de execução fiscal junto ao Judiciário.

Encerrada a fase administrativa e o contribuinte ainda sentindo seus direitos feridos, pode socorrer-se da via judicial, uma vez que em nosso sistema quem diz a última palavra, nas lesões de direito, é o Poder Judiciário.

As decisões administrativas desfavoráveis ao contribuinte não o vinculam às respectivas obrigações caso o mesmo recorra ao Judiciário. Alberto Xavier, a propósito, pontifica: "Ora, no direito positivo brasileiro aos atos administrativos praticados pelos órgãos judicantes da Administração Pública falta-lhes o atributo da coisa julgada, já que as suas decisões são sempre suscetíveis de reapreciação pelo Poder Judiciário (CF, art. 5º, inciso XXXV). Tais atos revestem, pois, natureza administrativa, e não jurisdicional".[53]

53. Alberto Xavier, *Do Lançamento: Teoria Geral do Ato, do Procedimento e do Processo Tributário*, 2ª ed., p. 301.

PROCESSO ADMINISTRATIVO TRIBUTÁRIO

Aliás, o contribuinte pode recorrer à via judicial sem esperar que se esgotem os recursos da via administrativa, podendo até nem se utilizar da instância administrativa.

Contudo, o normal é o administrado tentar inicialmente a anulação ou reforma do ato fiscal perante a Administração, para depois, perdurando a lesão, se socorrer do Poder Judiciário. Isso porque com a impugnação fica suspensa a exigência fiscal, e muitas vezes uma reparação judicial não é tão rápida, e também pelo fato de que perante a Fazenda Pública o próprio contribuinte pode exercer seu direito de ampla defesa sem ter de constituir advogado, como ocorre na esfera judicial.

Recorrendo à via judicial, o contribuinte faz uso de ação judicial própria, e não de recurso.

6. Requisitos das decisões administrativas tributárias

6.1 Motivação e publicidade

A *publicidade* e o *dever de motivar* as decisões são garantias elevadas ao nível constitucional (arts. 5°, LX, e 93, IX) e servem à concretitude da igualdade processual.

A devida motivação não pode deixar de ser expendida nas decisões prolatadas pelos julgadores administrativos frente ao controle da legalidade dos atos administrativos. A motivação é essencial à validade das decisões administrativas, pois é requisito indispensável à validade dos atos administrativos, como preleciona Celso Antônio Bandeira de Mello. São suas palavras, na defesa da necessária exteriorização das razões que justificam o ato administrativo: "A autoridade necessita referir não apenas a base legal em que se quer estribada mas também os fatos ou circunstâncias sobre as quais se apóia e, quando houver discrição, a relação de pertinência lógica entre seu supedâneo fático e a medida tomada, de maneira a se poder compreender sua idoneidade para lograr a finalidade legal. A motivação é, pois, a *justificativa* do ato".[54]

Assim, a motivação não consiste simplesmente em apontar a fundamentação legal. Ao motivar, o julgador demonstra as razões que

---

54. Celso Antônio Bandeira de Mello, *Discricionariedade e Controle Jurisdicional*, 2ª ed., 8ª tir., p. 99.

FASES DO PROCESSO ADMINISTRATIVO TRIBUTÁRIO   145

ensejam o deferimento ou não do pedido, com suficiência, clareza e congruência – ou seja, explica clara e objetivamente os motivos que influíram no convencimento ou determinaram a decisão. Na motivação é necessária a indicação dos fundamentos de fato e de direito que dão supedâneo às conclusões do julgador administrativo fiscal, compreendendo todo o processo lógico e jurídico que conduziu à decisão.

Em suma, o conteúdo da motivação compreende todo o itinerário cognoscitivo e valorativo do ato, qual seja: (a) o enunciado das escolhas do julgador com relação: (1) à individuação das normas aplicáveis; (2) à análise dos fatos; (3) à sua qualificação jurídica; (4) às conseqüências jurídicas desta decorrentes; (b) os nexos de implicação e coerência entre os enunciados.

Importante distinguir, aqui, *decisão sem fundamentação* de *decisão com fundamentação contrária ao Direito*. A primeira, independentemente de se avaliar se a decisão é incorreta, em sua parte conclusiva é nula; a segunda é anulável ou reformável, dependendo do exame de sua conclusão em confronto com o direito material específico. Na primeira situação a nulidade independe do exame do mérito, e no segundo caso o exame do mérito é necessário.

A previsão legal, embora não esteja expressamente no art. 37 da CF, encontra-se no art. 93, X, que obriga à motivação das decisões administrativas dos tribunais. Se estas devem ser motivadas, também as decisões do Executivo devem ser, uma vez que a função administrativa é exercida tipicamente pelo Executivo.

Na lição de Lúcia Valle Figueiredo: "Fazendo-se interpretação sistemática, não seria de se supor que os tribunais devessem motivar suas decisões administrativas e não fossem a isso obrigados os administradores, a quem cabe expressamente a função administrativa, portanto, de maneira típica".[55]

Outro fundamento da necessária motivação encontra-se no próprio inciso LX do art. 5º da CF, que assegura o contraditório e a ampla defesa tanto no processo judicial quanto no administrativo. Ora, como seriam viáveis o contraditório e a ampla defesa sem a motivação das decisões?

---

55. Lúcia Valle Figueiredo, "Devido processo legal e fundamentação das decisões", *RDTributário* 63/211.

146 PROCESSO ADMINISTRATIVO TRIBUTÁRIO

No dizer da professora Lúcia Valle Figueiredo: "No Estado Democrático de Direito, a *motivação* integra, de maneira inarredável, ainda que possa não estar explícita, o *devido processo legal em seu sentido material*".[56]

Se a existência do processo administrativo fiscal é uma garantia para o cidadão, como defende Maria Sylvia Zanella Di Pietro,[57] e tem o escopo de controlar a legalidade dos atos praticados pelas autoridades administrativas ligadas às ações fiscais, só a absoluta necessidade da motivação conduz à conclusão relativa à subsunção. A motivação evidencia se a legalidade, a imparcialidade e a moralidade administrativas foram observadas pela Administração.

A motivação decorre da legalidade e é necessária não apenas para as partes, mas também para que todos saibam como o julgador compreendeu os fatos à luz da lei e como concluiu. Ela mostra o exercício lógico-intelectual do julgador e sua submissão ao Estado de Direito e às garantias do contribuinte.

A necessária motivação das decisões também está voltada ao princípio da publicidade que possibilite o devido controle pela população. Se tradicionalmente a motivação era tida como garantia das partes, modernamente tem uma função política, com a finalidade de aferir em concreto a imparcialidade do julgador e a legalidade e justiça das decisões, como asseveram Cintra/Grinover/Dinamarco.[58]

José Carlos Barbosa Moreira, eminente processualista, assim relaciona a necessidade da motivação e a publicidade:

"Várias são as manifestações dessa função de garantia que se atribui à obrigatoriedade (e à publicidade) da motivação. Ela começa por ministrar elementos para a aferição, *in concreto*, da *imparcialidade do juiz*: Só pelo exame dos motivos em que se apóia a conclusão poder-se-á verificar se o julgamento constitui ou não o produto da apreciação objetiva da causa em clima de neutralidade.

"O mesmo se dirá da *legalidade da decisão*: sem conhecer as razões que a inspiram, impossível saber se ela é ou não é conforme à lei. Vale acentuar que a necessidade da motivação se torna mais premente na medida em que se reconhece o papel desempenhado, no

---

56. Idem, p. 216.
57. Maria Sylvia Z. Di Pietro, "Processo administrativo – Garantia do administrado", *RDTributário* 58/114.
58. Cintra/Grinover/Dinamarco, *Teoria Geral do Processo*, 23ª ed., p. 74.

FASES DO PROCESSO ADMINISTRATIVO TRIBUTÁRIO

processo decisório, pelas opções valorativas do julgador, por exemplo ao concretizar conceitos jurídicos indeterminados, como o de 'bons costumes', 'exercício regular de direito', 'interesse público' e outros análogos; e que as hipóteses de discrição concedidas pelo ordenamento ao órgão judicial marcam justamente os pontos mais sensíveis do problema: ao contrário do que pareceria à primeira vista, a motivação é tanto mais necessária quanto mais forte for o teor de discricionariedade da decisão, já que apenas à vista dela se pode saber se o juiz usou bem ou mal a sua liberdade de escolha, e sobretudo se não terá ultrapassado os limites da discrição para cair no arbítrio."[59]

A publicidade dos atos processuais é regra a ser seguida como garantia política, para permitir o controle, pela opinião pública, dos serviços prestados pela Administração.

Sintetizando, com Marçal Justen Filho: "A publicidade se afirma como instrumento de transparência e verificação da lisura dos atos praticados, sem confusão entre os interesses públicos primários e quaisquer outros interesses ilegítimos".[60]

A publicidade é condição de existência do ato administrativo, conferindo-lhe validade, pois por meio dela é que o ato chega ao destinatário e alcança sua dimensão social. No magistério de Eurico Marcos Diniz de Santi: "A publicidade, no sentido técnico-dogmático, é fator essencial para juridicização do enunciado do ato administrativo, sem ela não há enunciado normativo, não há proposição jurídica, nem norma jurídica".[61]

6.2 Imparcialidade

Imparcialidade é qualidade que se afere em face dos interesses que constituem o objeto do processo. Na visão de Lopes da Costa a parcialidade e o arbítrio são os piores vícios que podem manchar a administração da justiça.[62]

---

59. José Carlos Barbosa Moreira, *Temas de Direito Processual: Segunda Série*, pp. 87-88.

60. Marçal Justen Filho, "Considerações sobre o 'processo administrativo fiscal'", *Revista Dialética de Direito Tributário* 33/109.

61. Eurico Marcos Diniz de Santi, *Lançamento Tributário*, p. 93.

62. Lopes da Costa, *Direito Processual Civil Brasileiro*, 2ª ed., vol. III, p. 297.

PROCESSO ADMINISTRATIVO TRIBUTÁRIO

Os órgãos de julgamento do fisco, além da *imparcialidade material* (atuação com aplicação objetiva e vinculante à lei), comum também aos órgãos de lançamento, atuam com *imparcialidade orgânica* (não mantêm vínculos diretos de subordinação hierárquica).

Para agir com imparcialidade, e só assim cumprir o desiderato do controle da legalidade, os órgãos julgadores administrativos, no tocante às funções de julgamento, não estão integrados na hierarquia administrativa. Não seguem, portanto, orientações, nem ordens.

Conforme demonstrado no "Capítulo III – Consultas Tributárias", assim como os agentes responsáveis pelas respostas às consultas, os julgadores proferem as decisões administrativas segundo estritos vínculos legais. É lição, ainda atual, de Eduardo Domingos Bottallo: "Nada existe no Direito Brasileiro que impeça sejam independentes as decisões proferidas dentro do procedimento administrativo tributário, pois *independência* aqui significa acatamento aos postulados mais elevados do sistema jurídico-positivo e mereceria tal repulsa qualquer determinação que pretendesse obstar a esse solene compromisso".[63]

Alberto Xavier ressalta a imparcialidade dos órgãos administrativos julgadores: "Esse maior grau de imparcialidade orgânica (desinteresse ou *terzietà*) já se verifica pela diferenciação de funções, no âmbito do fisco, entre *órgãos de lançamento* e *órgãos de julgamento*".[64]

Paulo César Conrado, defendendo o caráter subjetivo da imparcialidade, observa que a imparcialidade:

"(...) é inerente à atividade jurisdicional, não é auferida em função da instituição a que pertence o julgador. Não é porque o julgador pertence ao Poder Judiciário que haverá imparcialidade. O julgador não pertence ao Poder Judiciário, o julgador pertence à Administração Pública; logo, não há imparcialidade.

"O aspecto que detona a idéia de imparcialidade diz com a função – função jurisdicional exige imparcialidade –, e não com a po-

---

63. Eduardo Domingos Bottallo, *Procedimento Administrativo Tributário*, p. 73.
64. Alberto Xavier, *Do Lançamento: Teoria Geral do Ato, do Procedimento e do Processo Tributário*, 2ª ed., p. 291.

FASES DO PROCESSO ADMINISTRATIVO TRIBUTÁRIO   149

sição dentro da estrutura do Poder Público em que se encontra alojado o julgador."[65]

Principalmente nos órgãos de segunda instância, cuja composição é mista – parte com representantes da Administração Fazendária e parte com representantes da sociedade –, fica ainda mais caracterizada a imparcialidade.

No dizer autorizado de Alberto Xavier: "Um segundo estágio de imparcialidade orgânica (que se verifica na segunda instância administrativa) resulta da ruptura de dependência orgânica do órgão de revisão, que deixa de pertencer à mesma organização hierárquica (Secretaria da Receita Federal, no caso dos tributos federais) para ser atribuído a um corpo autônomo, ainda que sob a égide do mesmo órgão do Poder Executivo – o Ministério da Fazenda".[66]

7. Inscrição em dívida ativa

Esgotado o prazo fixado para pagamento de tributo pela lei ou por decisão final proferida em processo regular (art. 201 do CTN), é inscrito o crédito tributário, com a finalidade de constituir o título de cobrança coercitiva. Assim, sob o prisma jurídico, *dívida ativa* é o crédito da Fazenda Pública apto à cobrança executiva, mediante inscrição em registro próprio, com caráter de ato jurídico administrativo, no qual estão contidos elementos caracterizadores: a natureza do crédito, sua exigibilidade e o inadimplemento.

Esse título, que constitui o fundamento e os limites do poder processual de execução, exige a rigorosa identificação dos sujeitos, do valor, da causa e do processo de que se originou.

Sintetizando os pressupostos da inscrição, menciona Luciano Benévolo de Andrade: "a) tratar-se de um crédito da Fazenda Pública ou de pessoa a ela equiparada; b) não ter sido pago, espontanea-

65. Conteúdo de resposta proferida pelo professor Paulo César Conrado relacionada à suposta imparcialidade do julgador administrativo, in "Oficina: Processo Administrativo", *RDTributário* 98/142 (Anais do XX Congresso Brasileiro de Direito Tributário).

66. Alberto Xavier, *Do Lançamento: Teoria Geral do Ato, do Procedimento e do Processo Tributário*, 2ª ed., p. 291.

mente, no vencimento; c) haver sido objeto de exame, pelo órgão competente, quanto à legitimidade da obrigação".[67]

Sob o ponto de vista processual, trata-se de procedimento que tem por fim a constituição do título executivo.

A formalização desse crédito em título executivo configura uma espécie de ônus, sendo o instrumento pelo qual o fisco obtém acesso à via judicial, havendo, portanto, necessidade de serem praticados certos atos, sob pena de se inviabilizar o exercício de certas faculdades e deveres. As mesmas condutas que retratam um *poder* também são impostas ao mesmo sujeito com o cunho de *dever*.

Com a inscrição afirma-se a presunção de legitimidade e de liquidez e certeza do ato administrativo do lançamento, já que ela não muda a natureza original do crédito. No dizer de Luciano Benévolo de Andrade: "A inscrição apenas colhe a liquidez e certeza que já lhe são presumivelmente preexistentes, ressaltando essa presunção".[68]

No Direito Comparado existem figuras análogas à inscrição, com efeitos semelhantes, como: na Alemanha, o *Vollstrekungsnanordnung*; na Itália, a *ingiunzione*; e na França, a *sommation*.

A inscrição é ato de controle administrativo da legalidade do crédito e será feita por órgão que a lei tiver estabelecido como competente para tal, com o objetivo de examinar o processo relativo ao crédito da Fazenda Pública e verificar a inexistência de falhas ou irregularidades que possam invalidar a execução judicial, implicando nulidade. O órgão de controle é titular de poderes de cognição limitados.

Como ato de controle da legalidade, a inscrição é o ato final do *iter* que possibilitará a cobrança, nada podendo acrescer ao ato anterior, apenas lhe atribuindo eficácia. Quando a inscrição é recusada o órgão está negando eficácia executiva ao ato criador do crédito.

No exercício do *controle administrativo suplementar da legalidade*, o órgão competente para a inscrição não o é para o controle hierárquico ou de julgamento, mas para o que a lei estabelece – ou seja, apurar o aspecto formal do processo, dando lugar ao seu eventual retorno à repartição de origem para sanear as irregularidades de natureza extrínseca.

---

67. Luciano Benévolo de Andrade, "Dívida ativa – Inscrição", *RDTributário* 57/130.

68. Idem, p. 131.

FASES DO PROCESSO ADMINISTRATIVO TRIBUTÁRIO   151

Esse controle de legalidade não é *controle de mérito*, mas *controle dos requisitos de liquidez e certeza do crédito*, cujo objetivo consiste em verificar se ocorreram os *requisitos formais*.

Portanto, como ensina Alberto Xavier, "o verdadeiro título é o lançamento, uma vez objeto de controle pelo ato de inscrição da dívida, em relação ao qual o lançamento predetermina o seu conteúdo, revestindo a inscrição natureza meramente reprodutiva".[69] Se assim não fosse se estaria criando uma instância para reexame de processos findos e julgados administrativamente.

A inscrição da dívida é uma *fase integrativa da eficácia do lançamento* (exeqüibilidade), com caráter meramente confirmativo, na visão de Sandulli.

Situa-se ela entre o procedimento administrativo de lançamento e o processo judicial de execução.

Afirma Alberto Xavier: "O controle da inscrição da dívida ativa restringe-se, porém, aos requisitos formais de certeza e liquidez da dívida ou 'requisitos extrínsecos', não podendo, porém, incidir sobre o conteúdo ou mérito do lançamento, ou seja, sobre a correta aplicação da lei tributária material no caso concreto. O órgão de controle é, por conseguinte, titular de poderes de cognição limitados".[70]

Corresponde ao "visto" autorizativo, que, na definição de Hely Lopes Meirelles, é "o ato administrativo pelo qual o Poder Público controla outro ato da própria Administração ou do administrado, aferindo sua legitimidade formal para dar-lhe exeqüibilidade".[71]

A cobrança da dívida ativa pressupõe a regularidade de sua inscrição, cujo efeito está na formação do título executivo da Fazenda Pública. Não se atribui ao Estado o direito de ação sem exaurir o processo administrativo prévio. Pela execução fiscal será feito o controle judicial da legitimidade da exigência administrativa.[72]

---

69. Alberto Xavier, *Do Lançamento: Teoria Geral do Ato, do Procedimento e do Processo Tributário*, 2ª ed., p. 399.

70. Idem, p. 403.

71. Hely Lopes Meirelles, *Direito Administrativo Brasileiro*, 33ª ed., p. 191.

72. A titularidade do direito de ação (direito de exigir tutela jurisdicional) está dissociada da titularidade da *razão* no plano do direito material. Não se confundem *existência de ação* e *procedência da pretensão*.

152 PROCESSO ADMINISTRATIVO TRIBUTÁRIO

Enquanto a inscrição cria o título executivo extrajudicial, a certidão da dívida ativa simplifica a documentação a ser apresentada em juízo, servindo para aparelhar a execução forçada.

8. *Importância do processo administrativo tributário*

O que se evidencia neste estudo é a importância da edificação didática do processo administrativo tributário como área do conhecimento, conferido-lhe caráter sistemático, cujo conteúdo envolve articulação do direito constitucional, do direito tributário, do direito administrativo, do direito processual civil, de modo a nortear as questões das lides administrativas de natureza tributária, em que reside a necessidade de sistematização de princípios e outras questões de natureza científica, pelas diferenças existentes entre a lide tributária e a lide comum, que particularizam o processo administrativo tributário, e cujo estudo é indispensável à sua compreensão.

Pelo que se demonstrou neste capítulo e nos anteriores, as peculiaridades que apresenta o processo administrativo tributário exigem essa interdisciplinaridade, e o *iter* jurídico das soluções das lides entre o fisco e o contribuinte não se ajusta perfeitamente na órbita das soluções das lides existentes seja no campo do direito público, seja no do direito privado.

A construção do processo administrativo tributário tem caráter de exceção ao regime geral do processo e está alicerçada em dois pólos. De um lado, o Estado precisa de meios para combater a evasão tributária e a lide tributária em si, instituindo, para tal, órgãos administrativos que identifiquem a obrigação, promovam a cobrança administrativa e decidam os conflitos daí resultantes. Do outro lado, o contribuinte deve dispor de normas jurídicas e possibilidade de proteção por esses órgãos administrativos e pelo Judiciário contra os desbordos do Estado. Preleciona James Marins: "Esta autotutela, que representa o trato unilateral que é concedido ao Estado quando cuida do interesse público, embora não seja prestigiada com foros de intangibilidade (já que não é imune ao controle do Poder Judiciário), é instrumento essencial ao atendimento das premências instrumentais do Estado".[73]

---

73. James Marins, *Princípios Fundamentais do Direito Processual Tributário*, p. 121.

FASES DO PROCESSO ADMINISTRATIVO TRIBUTÁRIO   153

Afirmam José Arias Velasco e Susana S. Albalat: "É condição do Estado de Direito que as normas que delimitam as faculdades e deveres da Administração com os particulares e as destes com o Estado sejam respeitadas com a garantia de um procedimento em que devam se ajustar os atos da Administração com os recursos e uma jurisdição encarregados de decidir, julgar e falar sobre as questões que suscitam a interpretação ou aplicação daquelas normas".[74]

Depois, como pontifica José Cretella Jr., "o prestígio da Administração é assegurado sempre que há possibilidade de resolver-se o litígio entre o administrado e o Estado na própria esfera administrativa, dada a mínima repercussão dos procedimentos internos".[75] Essa é a razão pela qual na maioria dos países se criam órgãos e sistemas administrativos que reduzem as causas instauradas perante o Judiciário, cuja legislação criadora impõe o objetivo de alcançar o interesse público sem lesar os interesses legítimos dos contribuintes. Essas regras tendem à simplicidade e celeridade, sem afetar os princípios essenciais da legalidade na revisão do ato tributário do lançamento, mediante apreciação das provas apresentadas pelo contribuinte e dos documentos oficiais de que dispõe a Fazenda Pública e aplicação da lei com a máxima objetividade e imparcialidade, de forma a obter uma decisão legal.

O parâmetro metodológico, antes realçado no poder e na autoridade administrativa, cada vez mais vem cedendo lugar à preocupação com as relações entre fisco e contribuintes, e por isso se preocupando com o lado do administrado, facilitando-lhe o acesso a documentos, obrigando-se a motivar as decisões e possibilitando decisões mais equilibradas, em função de maior independência dos órgãos julgadores e composição paritária.

A necessidade de dedução das lides tributárias a partir da informação de critérios científicos e princípios próprios foi defendida com ênfase por Rubens Gomes de Sousa a partir de 1943, mas a doutrina tem-se preocupado mais com os aspectos materiais e muito pouco com a sistematização processual. Além da carência de estudos nesse sentido, os assuntos a eles relativos são tratados de forma isolada e pontual.

74. José A. Velasco e Susana S. Albalat, *Procedimientos Tributarios*, 6ª ed., p. 521.
75. José Cretella Jr., *Controle Jurisdicional do Ato Administrativo*, 3ª ed., p. 332.

James Marins voltou a defender a necessidade de regras processuais tributárias "que informem a atuação do Estado na solução das lides tributárias, seja em seu campo administrativo ou judicial e no inter-relacionamento entre estes dois momentos".[76] Essas regras específicas, dada a unidade fundamental do sistema jurídico, apóiam-se no caráter supletivo das demais leis processuais.

Se todas as questões entre o fisco e o contribuinte fossem submetidas ao Judiciário, o acúmulo de processos dificultaria mais ainda as soluções dos litígios, pela demora, o que resulta na utilização do contencioso administrativo como meio adequado para reduzir o número de causas instauradas perante o Poder Judiciário de modo célere e eficaz quando esses organismos atuam no processo administrativo tributário, como instrumento auxiliar no aperfeiçoamento do Estado de Direito, para controle do poder.

Na expressão de Aurélio Pitanga Seixas Filho: "Num Estado Democrático a função de evitar ou dirimir conflitos de interesses deve ser repartida por alguns órgãos ou Poderes do Estado, evitando-se a sua aglutinação em um único, que acumularia um poder absoluto sobre a sociedade".[77]

Nas palavras de Geraldo Ataliba, defendendo o contencioso fiscal: "Grande número de litígios podem assim ser resolvidos, sem que os contribuintes, quando vencidos, recorram ao Poder Judiciário. Para tanto, basta que o contencioso seja célere, equânime e enseje ao contribuinte a mais ampla oportunidade de produção de provas e dedução de argumentos".

Sainz de Bujanda[78] apresenta defesa da conveniência das soluções das lides jurídicas tributárias no âmbito administrativo e por via de órgãos colegiados, que ele chama de "quase-jurisdicionais", com preparação específica, e que ofereçam garantias similares às do processo judicial. Essas garantias é que fazem idôneo o processo administrativo tributário para a realização de seus precípuos fins.

---

76. James Marins, *Princípios Fundamentais do Direito Processual Tributário*, p. 15.

77. Aurélio Pitanga Seixas Filho, "Questões relacionadas à chamada *coisa julgada* administrativa em matéria fiscal", in *Processo Administrativo Fiscal*, vol. 3º, p. 11.

78. Fernando Sainz de Bujanda, *Lecciones de Derecho Financiero*, 7ª ed., pp. 362-363.

FASES DO PROCESSO ADMINISTRATIVO TRIBUTÁRIO   155

Desfiando argumentos à utilização do processo administrativo tributário como solução de conflitos entre o fisco e os contribuintes no âmbito administrativo, pode-se dizer que não constitui limitação às garantias democráticas fundamentais e não fere o princípio da inarredabilidade do Poder Judiciário. O exame dessas controvérsias pelo poder jurisdicional deve ser exceção, e não regra, para não sobrecarregá-lo com soluções de questões que podem ter seu desate no âmbito administrativo, uma vez que o excesso de causas é exatamente um dos principais motivos da morosidade da máquina judiciária. Assim, o processo administrativo tributário funciona como mecanismo redutor do volume de feitos no Judiciário.

Para Odete Medauar o processo administrativo tributário permite um *filtro* nas controvérsias e reduz o número de ações perante o Judiciário, já muito sobrecarregado, ao mesmo tempo em que distribui "justiça fiscal na esfera administrativa, atendendo, nesse âmbito, a um dos objetivos da Administração, que é a justiça, visto não ser esta exclusivamente do Poder Judiciário".[79] Para a autora, além do julgamento de recursos, os Conselhos de Contribuintes, discutindo sobre matérias e normas tributárias, possibilitam o constante aprimoramento e o desenvolvimento das normas tributárias.

A utilidade dos órgãos administrativos nos julgamentos das decisões tributárias é ressaltada por Hugo de Brito Machado, ao afirmar que "muitas vezes o exame dos fatos, no processo administrativo fiscal, se faz com mais conhecimento de causa. E muitas questões de direito ordinário são também melhor apreciadas. A legislação específica de cada tributo é muito melhormente conhecida das autoridades administrativas julgadoras que da maioria dos juízes".[80] E, adiante, conclui: "A decisão administrativa é mais uma possibilidade que o sistema jurídico oferece ao contribuinte para uma adequada solução de seus conflitos com o fisco, e constitui um direito seu, amparável pela via do mandado de segurança".

O aumento das questões de direito público e o congestionamento do Judiciário, que agrega à solução a qualidade de definitividade e que conduz à realização da justiça tributária, justifica uma regulamentação harmônica e sistemática do processo administrativo tribu-

---

79. Odete Medauar, "Conselhos de Contribuintes", *IOB – Repertório de Jurisprudência* 2/34.

80. Hugo de Brito Machado, "O devido processo legal administrativo tributário e o mandado de segurança", in *Processo Administrativo Fiscal*, vol. 3º, pp. 88-89.

tário e do processo judicial, como já defendia Rubens Gomes de Sousa, refletindo sobre a Justiça Fiscal. Essa Justiça, no âmbito do processo tributário, é o elemento propulsor da aproximação e harmonização entre a fase administrativa e a judicial, para alcançar os *fins últimos do Direito – consecução e manutenção da paz jurídica e realização da justiça.*

A lide tributária, que no processo administrativo tributário se manifesta quando o contribuinte formaliza sua resistência à pretensão do fisco, exige que o Estado ofereça instrumental que possibilite, com celeridade, conferir ao contribuinte as garantias (contraditório, ampla defesa) necessárias para que se verifique se o Estado atuou dentro da legalidade. Esses órgãos funcionam como mecanismos de realização da justiça tributária, como fim genérico da Administração Pública Tributária, e permitem que a solução da lide se dê de modo satisfatório e célere e produza também melhores resultados econômicos.

A dialética processual permite que a divergência se manifeste no processo administrativo tributário de modo a atingir a justiça fiscal, objeto maior do processo, que garante outros valores, como paz social e segurança jurídica. A relação isonômica entre os interesses do fisco e os do contribuinte exige a equilibrada ponderação, em cujo meio está a virtude da justiça.

Tratando da importância da antecipação da ordem jurídica, Michel Temer pontifica: "A preservação da ordem social pela inexistência de conflitos entre seres personalizados é a determinação máxima da ordem jurídica. Por isto que, *quanto antes se der solução a eventuais controvérsias, maior estabilidade ganhará a ordem social*"[81] (grifos ausentes no original).

Como afirma Valdir de Oliveira Rocha, "o processo administrativo não é um legitimador de qualquer ato da Administração, mas, antes, o processo administrativo visa a conferir a justiça positivada – com o quê não atende a pretenso interesse nem da Administração nem do administrado, e sim ao interesse público, que é o do Estado Democrático, destinado a assegurar o exercício dos direitos individuais, a segurança, o bem-estar, o desenvolvimento, a justiça etc. como valores supremos da sociedade brasileira (tudo conforme o 'Preâmbulo' da Constituição)".[82]

---

81. Michel Temer, *Elementos de Direito Constitucional*, 22ª ed., pp. 194-195.
82. Valdir de Oliveira Rocha, *Processo Administrativo Fiscal*, vol. 2º, p. 141.

FASES DO PROCESSO ADMINISTRATIVO TRIBUTÁRIO

Independentemente de se dar caráter *jurisdicional* à função dos órgãos de julgamento administrativo-tributário – como sustentado por parte da doutrina – ou caráter *judicante* – como defendido neste estudo –, para que não se confunda com a função jurisdicional de declarar o Direito de modo definitivo e imutável, competência exclusiva do Poder Judiciário, o importante é que no processo administrativo tributário o cidadão contribuinte deve encontrar as garantias e os princípios de aplicação necessária.

Para tanto, os órgãos julgadores administrativos devem ser dotados de autonomia e independência, para agir com imparcialidade, e para isso devem funcionar fora da função *ativa* da Administração. Defendendo a *Administração judicante* com regime jurídico litigioso ou contraditório diferenciado do regime da *Administração ativa*, Aurélio Pitanga Seixas Filho cita crítica transcrita por Mário Masagão referindo-se aos tribunais administrativos: "Em resumo pode dizer-se que se eles forem independentes do Poder Executivo serão inúteis, pois nessa posição já se acham os do Poder Judiciário, e se forem dependentes do Poder Executivo nada valerão como órgãos de justiça".[83]

É inegável que a atuação estanque das esferas administrativa e judicial no processo tributário – até porque as estruturas funcionais são diferentes – causa os prejuízos levantados. Melhor será, para a solução definitiva do problema da justiça fiscal, harmonizar o entrosamento entre as duas instâncias, administrativa e judicial, sem exclusão da supremacia do controle judicial, de modo que seus procedimentos, ao invés de se sobreporem ou se excluírem, passem a se completar, ou seja, integrando-se sincronizadamente em uma sistematização.

Já a partir de 1943 Rubens Gomes de Sousa defendia uma concepção unitária e orgânica do processo fiscal, sem "duplicação de atos e medidas processuais substancialmente idênticas e apenas formalmente diversas", e um "ordenamento sistemático de jurisdição, cuja diversidade de funções seja regulada em razão de uma delimitação substantiva de poderes e atribuições (...) para uma melhoria substancial na atuação concreta do ideal de justiça tributária".[84]

---

83. Aurélio Pitanga Seixas Filho, "Questões relacionadas à chamada *coisa julgada* administrativa em matéria fiscal", in *Processo Administrativo Fiscal*, vol. 3º, p. 11.

84. Rubens Gomes de Sousa, "Idéias gerais para uma concepção unitária e orgânica do processo fiscal", *RDA* 34/27 e ss.

O funcionamento dos órgãos de contencioso administrativo tributário nos moldes constitucionais e legais não fere a independência dos órgãos judiciais e espelha as características próprias dos interesses envolvidos nos litígios. Como ensina Kelsen, "não há qualquer diferença entre a função de um tribunal que, no caso de furto, aplica uma pena de prisão e, no caso de uma ofensa à dignidade, aplica uma pena de multa e a função de um órgão administrativo que, no caso de violação de preceitos fiscais, de sanidade ou de trânsito, ordena a execução de sanções análogas. De resto, a execução da sanção, mesmo quando seja ordenada por um tribunal, é um ato administrativo".[85]

Essa harmonização evita desgastes no aparelho estatal e está demonstrada nas experiências bem-sucedidas dos sistemas alemão e português. Solução que afasta a dualidade não-harmônica de conhecimento das lides em matéria tributária. Ao mesmo tempo, é necessário e importante que todos os entes políticos também uniformizem a legislação processual administrativa tributária, que acarreta enormes dificuldades e custos aos contribuintes.

Embora tratando-se de disciplinas distintas, para a eficácia das normas de direito tributário material necessária se faz a complementaridade do direito tributário formal.[86] O direito processual tributário testa o direito substantivo e sua dinâmica refina e aperfeiçoa o sistema tributário vigente.

A preocupação doutrinária e jurisprudencial em torno da evolução das normas de previsões gerais abstratas clama pela concorrência de um conjunto de regras formais que permitam a operatividade das primeiras, conferindo a necessária dinâmica do tributo.

Preleciona James Marins: "Se a relação jurídica tributária apresenta inequivocamente sua gama de peculiaridades, já que cercada de um próprio conjunto de amarras e garantias muitas vezes constitucionalizadas, a ponto de gerar *regime de especial segurança* no âmbito da matéria tributária, esta *particular segurança jurídica tributária* deve provocar reflexos também no âmbito processual tribu-

---

85. Hans Kelsen, *Teoria Pura do Direito*, 3ª ed., p. 280.
86. O sentido que se quer dar é amplo na dinamização na relação tributária, já que abrange não só a etapa relativa aos aspectos formais do lançamento, mas também se refere aos concernentes às etapas de julgamento, fruto da resistência deduzida pelo contribuinte, e específicos do processo administrativo tributário.

FASES DO PROCESSO ADMINISTRATIVO TRIBUTÁRIO

tário".[87] Conclui, adiante: "Não haverá evolução enquanto a doutrina insistir em concepções generalizantes, incompatíveis com a grandeza e as particularidades do fenômeno processual tributário".

Aí reside, então, a importância de uma disciplina científica que explica e sistematiza o *processo tributário* para as relações que o Estado tem com o cidadão, que, por não terem caráter contratual, reúnem características distintas daquelas de direito privado e justificam regime e fundamentos próprios, que, a par dos princípios gerais do direito processual, se escoram naqueles relativos às peculiaridades das lides de matéria tributária.

---

87. James Marins, *Princípios Fundamentais do Direito Processual Tributário*, pp. 134 e 156.

Capítulo V
COMPETÊNCIA DOS ÓRGÃOS JULGADORES ADMINISTRATIVOS TRIBUTÁRIOS

1. Constitucionalidade e legalidade. 2. Efeitos da decisão. 3. Decisão administrativa e ação judicial.

1. Constitucionalidade e legalidade

Não há posição firme da jurisprudência quanto à possibilidade de os órgãos julgadores administrativos aferirem a ilegalidade ou a inconstitucionalidade de normas aplicadas ao caso concreto sob exame nas decisões. Tal tema, que tantas indagações sugere, não é muito abordado nas obras dos juristas constitucionais.

Apesar da falta de posição precisa do Poder Judiciário, a doutrina, de modo geral, vem se manifestando mais recentemente de forma intensa no sentido da legitimidade. Embora também exista corrente entendendo que aos julgadores administrativos é vedado deixar de aplicar normas (*lato sensu*), sob o argumento de que violam a Constituição Federal, por estarem exercendo cargos do Poder Executivo e não poderem negar aplicação a uma lei ou decreto, pela presunção natural de legalidade, que só pode ser contrariada por manifestação do Poder Judiciário.

Não há discrepâncias quanto ao fato de que no desempenho das atividades administrativas o exame da inconstitucionalidade é inadmissível. A situação que sugere controvérsias é em relação à possibilidade de as autoridades da Administração exercerem atividades substancialmente judicantes quando apreciam questão fiscal.

Uma corrente doutrinária – à qual se filiam também alguns julgadores administrativos – entende que a matéria de inconstituciona-

PROCESSO ADMINISTRATIVO TRIBUTÁRIO

lidade ou ilegalidade não pode ser objeto de apreciação a não ser pelo Poder Judiciário.

Na posição de Hugo de Brito Machado: "Se um órgão do contencioso administrativo fiscal pudesse examinar a argüição de inconstitucionalidade de uma lei tributária, disso poderia resultar a prevalência de decisões divergentes sobre um mesmo dispositivo de uma lei, sem qualquer possibilidade de uniformização".[1]

O próprio autor admite a fragilidade desse argumento, ao afirmar que o mesmo pode acontecer eventualmente no Judiciário se, por falta de iniciativa, alguém deixar de interpor o recurso cabível.

Outra argumentação a remover o obstáculo apontado é a permissão do ingresso da Administração em juízo para suscitar a invalidade de suas próprias decisões, tendo em vista o princípio isonômico de que nenhuma situação pode ser afastada da apreciação do Judiciário. Liquidar a questão no âmbito administrativo violaria os princípios da isonomia e da liberdade de defesa.

A questão do conhecimento de argüição de inconstitucionalidade e ilegalidade no processo administrativo tributário foi enfrentada pelo Plenário do Tribunal de Impostos e Taxas de São Paulo, um dos colegiados de segunda instância administrativa do país que goza da maior respeitabilidade não só entre as outras unidades da Federação, mas também na comunidade jurídica de modo geral.

Em votação de decisão (Decisão SF-2.713/1995-TIT/SP) amplamente aprofundada e discutida resultou vitoriosa (com mais de 85% dos votos – 30, em 35) tese que não vedou àquele Tribunal julgar a ilegitimidade de norma inferior em relação ao texto constitucional, contra três votos pela vedação total.[2]

Assumindo posição de defesa da corrente que entende serem competentes os órgãos julgadores administrativos fiscais para aplicar a norma constitucional em oposição a normas legais ou regulamentares, por inviabilidade de descumprir os mandamentos maiores, e contra a posição restritiva, passa-se à descrição dos argumentos.

---

1. Hugo de Brito Machado, "O devido processo legal administrativo tributário e o mandado de segurança", in *Estudos de Processo Tributário*, p. 80.

2. Além dessas duas posições opostas, um voto foi no sentido de que o exame só fosse possível para o caso de inconstitucionalidade material, com possibilidade de a Fazenda Pública questionar a decisão junto ao Poder Judiciário, e um voto no sentido de que a matéria não pudesse ser colocada nos termos propostos.

Cabe, inicialmente, afirmar que é impossível desenvolver julgamentos administrativos fiscais nos moldes que se vêm defendendo até aqui sem que os mesmos devam obediência à Lei Maior, ou seja, com supremacia da regra constitucional, que domina todo o sistema legal, cujo fundamento está no fato de que "do princípio da supremacia da Constituição resulta o da *compatibilidade vertical* das normas da ordenação jurídica de um país" – como ensina José Afonso da Silva.[3]

Roberto Leal de Carvalho relaciona oportuna citação de Luís Roberto Barroso, defende esta posição e assevera que "a interpretação da Constituição, ou, antes, a observância da Constituição, não é evidentemente monopólio do Poder Judiciário. Também o Executivo tem o poder e, mais ainda, o dever de impedir que ela seja violada, e deverá abster-se da prática de qualquer ato que importe desrespeito à Lei Maior. Este entendimento tem a chancela quase-absoluta da melhor doutrina, bem como tem sido reiteradamente acolhido pelo egrégio STF".[4]

Só essa compatibilidade pode reunir normas vinculadas entre si por uma fundamentação unitária. Afinal, a aplicação do Direito é comparável a uma esfera, cujo contato com o solo é como um tangenciamento de uma regra jurídica, mas pelo peso de todo o sistema.

A teoria da separação dos Poderes não pode ser considerada um fim em si mesma e não serve para determinar solução para o problema enfrentado, impedindo o conhecimento pelo Executivo de argüições de inconstitucionalidade ou ilegalidade. Nem o próprio Montesquieu, a quem é atribuída a clássica separação dos Poderes, por inspiração britânica, cogitara de diferenciar as funções executiva e jurisdicional de modo absoluto, e nem nunca negou a possibilidade de repúdio a leis que ofendessem princípios maiores.

Como produto da evolução histórico-cultural, a análise da separação dos Poderes leva a concluir pela impossibilidade de se dissociar as atividades cometidas ao Estado de modo absoluto e distinto. Ao contrário, como se demonstra adiante (item 3, "Decisão Administrativa e Ação Judicial"), os órgãos de cada Poder recebem competências subsumíveis ao conceito de outras funções, a partir do ordenamento jurídico e segundo as opções positivas consagradoras. Em última aná-

---

3. José Afonso da Silva, *Curso de Direito Constitucional Positivo*, 29ª ed., p. 47.

4. Roberto Leal de Carvalho, "O controle de constitucionalidade no processo administrativo tributário", *Jus Navigandi* 570.

lise, o princípio da separação dos Poderes não é suficiente para garantir os princípios democráticos.

Apesar do vínculo dos órgãos colegiados com o Executivo, eles exercem função judicante, muito embora seja privativa do Judiciário a decisão judicial que faz coisa julgada em sentido formal e material. Desse modo se afasta a discussão sobre ter a manifestação administrativa natureza de ato jurisdicional.

Se esses órgãos exercem o controle da legalidade dos atos administrativos de natureza tributária, compete-lhes decidir sobre a conformidade, ou não, de tais atos às disposições constitucionais e legais que regem a matéria. Lembra Edvaldo Brito, citando Dejalma de Campos, que, "se o ato administrativo examinado afrontar dispositivo constitucional ou legal vigente, o Conselho de Contribuintes não somente pode como deve anular esse ato a pretexto de sua inconstitucionalidade ou de sua ilegalidade, e, assim procedendo, não estará declarando a inconstitucionalidade de lei, mas sim exercendo a faculdade que a doutrina do STF reconheceu à Administração Pública em geral, de anular ou revogar os próprios atos quando eivados de tais defeitos".[5]

Sem adotar posição de provisoriedade do lançamento, já que não é temporário ou transitório, pode-se dizer que, pelo percurso desenvolvido pelo processo administrativo tributário, os órgãos julgadores vão completando a cadeia de atos que vão tornando definitivo o lançamento ou autuação na fase administrativa. Ao percorrer esse caminho os atos são ou não tidos como legais.

Apesar disso, essas decisões não são definitivas, quando muito podem ser consideradas como terminativas no âmbito da Administração. Definitiva, em matéria de constitucionalidade de norma, só a decisão do STF.

Os órgãos julgadores administrativos são competentes para aplicar a norma constitucional em oposição a normas legais ou regulamentares, porque inviável descumprir os mandamentos maiores.

De acordo com colocação de Celso Alves Feitosa: "Entre simplesmente cumprir preceito legal inválido e obedecer ao primado da

---

5. Edvaldo Brito, "Ampla defesa e competência dos órgãos julgadores administrativos para conhecer de argüições de inconstitucionalidade e/ou irregularidade de atos em que se fundamentem autuações", in *Processo Administrativo Fiscal*, vol. 3º, p. 58.

COMPETÊNCIA DOS ÓRGÃOS JULGADORES ADMINISTRATIVOS TRIBUTÁRIOS 165

Constituição, ao Executivo cabe o poder-dever de optar pela prevalência da legalidade".[6]

De mais a mais, o princípio da ampla defesa não permite que se vede ao administrado invocar argumento de inconstitucionalidade ou ilegalidade em defesa de seu interesse; e o Estado tem o dever de examinar integralmente todos os argumentos do particular e decidir motivadamente. A ampla defesa não admite rejeição implícita. Rejeitar resposta a argüições formuladas ofende a ampla defesa e caracteriza ato arbitrário.

Insiste-se em que a ampla defesa e o contraditório são garantias do processo administrativo tributário, positivadas expressamente pela Constituição Federal de 1988, em seu art. 5º, LV. Impor limitação ao livre convencimento da autoridade julgadora, por não poder conhecer de matéria argüida de ilegal ou inconstitucional pelo litigante, implica cerceamento da plena defesa.

Assim como ocorre nos tribunais judiciais, o que não se pode é declarar a inconstitucionalidade de determinada lei, tarefa exclusiva do STF, pelo controle concentrado da constitucionalidade.

O que os órgãos julgadores administrativos fazem é reconhecer a inoperância de lei ou regulamento no caso, isto é, recusar aplicação a leis e regulamentos manifestamente inconstitucionais ou ilegais, provocando a inexecução por vício de inconstitucionalidade ou ilegalidade mesmo que tenha havido manifestação anterior do Judiciário. Não estando os órgãos julgadores administrativos submetidos a um modelo principiológico de hierarquia, devem interpretar e aplicar o Direito pronunciando-se sobre questões de ilegalidade e inconstitucionalidade.

Quando isso ocorre fica claro que, do cotejo dos textos normativos, havendo conflito entre a norma legal e o superior mandamento constitucional, importa a prevalência da norma superior. O julgador deve decidir, no caso concreto, entre aplicar uma lei contrária à Constituição ou aplicar a Constituição – ou seja, as decisões administrativas dos órgãos julgadores reconhecem a aplicabilidade das normas legais em determinado caso concreto, segundo a hierarquia das leis,

6. Celso Alves Feitosa, "Da possibilidade dos tribunais administrativos, que julgam matéria fiscal, decidirem sobre exação com fundamento em norma considerada ilegítima em oposição à Constituição Federal", in *Processo Administrativo Fiscal*, vol. 3º, p. 27.

166 PROCESSO ADMINISTRATIVO TRIBUTÁRIO

deixando de conferir esse reconhecimento às que conflitem com disposições existentes no plano superior.

Na função pública, inclusive no Poder Executivo, todos estão sujeitos à Carta Magna e não podem atuar em contrário a ela. Afinal, se mais tarde a lei a que um ato se vinculara for declarada inconstitucional, não poderá este produzir efeitos, porque aquela nunca foi lei – e, por isso, não-vinculadora.

A questão deve ser examinada em face da sistemática constitucional e dos princípios que norteiam a atividade administrativa. Tal qual o Judiciário, o Executivo desenvolve interpretação para aplicar o Direito, o que implica ser cada ato praticado segundo os valores fundamentais da Carta Magna, e não uma atividade de *aplicação exclusiva de leis infraconstitucionais*.

É incisiva, a respeito, Odete Medauar: "Cogitando-se de argumentação jurídica, nada obsta à invocação de inconstitucionalidade, inclusive no processo administrativo tributário; isto porque a Constituição norteia o exercício de todos os poderes estatais e, portanto, tais poderes devem zelar pelo seu cumprimento; por outro lado, o nosso sistema de constitucionalidade apresenta-se predominantemente difuso, o que implica a atuação de todos os poderes na sua realização".[7]

Admitir o contrário equivale ao esvaziamento da função judicante dos órgãos julgadores administrativos – uma vez que toda e qualquer disposição legal encontra seu fundamento de validade último na Constituição Federal – e o abandono dos princípios gerais do Direito, colocando o administrado sob o manto de preconceitos técnicos ou valores circunstanciais.

O interesse público é primacial na Administração, para o qual todos devem concorrer – o que só é possível com a plena efetividade da Constituição e de todas as leis e normas nela fundadas.

A recusa na execução de preceito legal que conflite com preceito constitucional está no âmbito da tutela da legalidade e se traduz no poder-dever de optar pela prevalência da legalidade.

A propósito, inconformado com posição oposta, Eduardo Domingos Bottallo defende: "Uma das mais incompreensíveis limita-

---

7. Odete Medauar, "As garantias do devido processo legal, do contraditório e da ampla defesa no processo administrativo tributário", *IOB – Repertório de Jurisprudência* 12/237.

ções que se auto-impõem os órgãos singulares e coletivos encarregados, na esfera administrativa, do julgamento de questões tributárias diz respeito à não-apreciação de matéria constitucional suscitada pelos contribuintes". E, continuando sua argumentação, apóia-se em Gilberto de Ulhôa Canto: "Acho absurdo que se diga que um Conselho de Contribuintes ou um Tribunal de Impostos e Taxas pode julgar o ato de autoridade administrativa desconforme com a portaria, a portaria desconforme com a ordem de serviço, a ordem de serviço desconforme com o regulamento – mas não pode dizer que o regulamento está contra a lei e, o que é pior, não pode dizer que a lei está contra a Constituição".[8]

A posição de James Marins é coincidente, ao afirmar: "Ao órgão administrativo não apenas é recomendável como necessário – pois premido por modalidade de poder-dever – que se pronuncie em acordo com a Constituição Federal, justamente porque, sejam quais forem os membros da Administração Pública, *não são senhores, mas servidores da lei*"[9] – com respaldo em Roque Carrazza, para quem o administrador público, não sendo senhor da lei, mas servidor dela, está intensamente subordinado à Constituição, antes da própria lei.

O STF vem reiteradamente reconhecendo ao Poder Executivo o direito de deixar de cumprir leis que entenda inconstitucionais.[10] Voto do Min. Cândido Motta Filho fundamenta que: "O zelo pela intangibilidade do regime não é, por certo, privilégio do Judiciário, uma vez que todos os Poderes da República são guardas da Constituição".[11]

Roberto Leal de Carvalho, desta vez trazendo José Frederico Marques *apud* Barroso, é conclusivo: "A lei inconstitucional é inconstitucional para todos os Poderes e não apenas para o Judiciário. Este último tem, sem dúvida, a palavra definitiva, pois lhe cabe exercer o controle da legitimidade da lei em face da Constituição. Isso, todavia, não quer dizer que aos demais Poderes seja defeso o exame da validade de uma norma. As autoridades administrativas, o Poder Executivo, quando se deparam com uma lei inconstitucional,

---

8. Eduardo Domingos Bottallo, *Procedimento Administrativo Tributário*, pp. 58-59.
9. James Marins, *Princípios Fundamentais do Direito Processual Tributário*, pp. 139-140.
10. *RTJ* 2/386, 12/49, 33/330, 36/382, 41/688, 43/359, 49/598.
11. *RTJ* 3/760.

têm, da mesma maneira que o Judiciário, de resolver o problema de saber se cumprem a lei ou a Constituição. E, naturalmente, terão de optar pela última".[12]

Quando o julgamento administrativo invalida um lançamento por ilegalidade ou inconstitucionalidade, está aplicando a Constituição – e, conseqüentemente, revendo ato da Administração eivado de vício insanável.

E nem se diga que há risco de o Executivo deixar de aplicar certa lei que venha a ser reconhecida como constitucional pelo Judiciário, uma vez que os atos administrativos retratam a melhor interpretação e aplicação do Direito e, reconhecendo risco de equívoco, os agentes administrativos devem adotar providências a fim de evitar danos irreparáveis, cabendo ao Executivo a faculdade de recorrer ao Judiciário para obter provimento visando a desconstituir a decisão administrativa.

Uma alternativa que poderia ser implementada para evitar o risco de o julgador administrativo deixar de aplicar determinada lei entendida como inconstitucional que depois viesse a ser declarada constitucional pelo Judiciário, nos casos em que a jurisprudência não esteja consolidada, seria a criação de incidente para suspensão do processo administrativo e encaminhar a questão da inconstitucionalidade para o Judiciário decidir e, após, retornar ao julgamento do processo administrativo.

Embora não especificamente em relação aos órgãos julgadores, a doutrina tem pacificado a tese de que o Poder Executivo pode anular seus próprios atos ilegais ou inconstitucionais, manifestando-se nesse sentido, entre outros, Caio Tácito, Seabra Fagundes, Hely Lopes Meirelles e José Frederico Marques.

É enfática a posição de Ruy Barbosa Nogueira: "Não existe nenhum princípio assente de que os órgãos administrativos não possam examinar a constitucionalidade das leis e regulamentos. Se não o pudessem também não poderiam julgar e aplicar a legislação, posto que a legalidade começa com a Constituição que é a lei máxima, e sem essa obediência não é possível a argüição da lei ou regulamento".[13]

---

12. Roberto Leal de Carvalho, "O controle de constitucionalidade no processo administrativo tributário", *Jus Navigandi* 570.

13. Citação feita pelo relator em voto proferido na decisão SF-2.713/1995, do TIT/SP.

COMPETÊNCIA DOS ÓRGÃOS JULGADORES ADMINISTRATIVOS TRIBUTÁRIOS 169

As decisões visam à aplicação do Direito, e o processo administrativo tributário é a via pela qual o Estado procura garantir a correta formação e a expressão da vontade legal, especialmente na etapa final do processo, que tem por objeto a formação de título extrajudicial. Assim, só são válidas se orientadas a realizar os valores consagrados na Constituição.

2. Efeitos da decisão

As decisões proferidas no âmbito da esfera administrativa fiscal, tanto as que versam sobre a exigência do tributo propriamente dito como as que se referem à cominação de penalidades, não adquirem caráter definitivo, uma vez que na organização constitucional brasileira tal atributo é exclusivo da sentença judicial passada em julgado.

A inexistência de *coisa julgada* administrativa decorre de dois princípios fundamentais: o da revogabilidade dos atos administrativos – como decorrência da impugnabilidade do ato administrativo por via de recurso ao Poder Judiciário ou da faculdade da própria Administração de rever seus atos – e o do controle jurisdicional da Administração.

É do comando constitucional brasileiro (art. 5º, XXXV) a regra de que o Poder Judiciário não pode se furtar a dizer a última palavra em qualquer caso de lesão a direito individual.

A atividade judicante desenvolvida no processo administrativo tributário constitui uma fórmula de composição entre o fisco e os contribuintes visando à possibilidade de ser evitada a via judicial. De fato, essa atividade estabelece em muitos casos tal composição, extinguindo a pendência fiscal com a concordância do obrigado, e em outros exerce função saneadora, com melhor fixação do objeto da disputa, facilitando a compreensão pelo Judiciário.

Convém lembrar que o efeito suspensivo[14] da impugnação resulta na inexecução temporária do crédito tributário. Uma vez decidido o processo administrativo, a decisão final passa a ser exeqüível, de-

---

14. No regime jurídico brasileiro da impugnação administrativa está atribuído *ex lege* o efeito suspensivo, diferentemente de outros sistemas. No Direito Espanhol, por exemplo, a atribuição do efeito suspensivo decorre do poder discricionário do julgador.

170 PROCESSO ADMINISTRATIVO TRIBUTÁRIO

vendo ser cumprida. Nessa fase, a autoridade administrativa: (a) no caso de decisão em favor do contribuinte – ou seja, a que lhe acolhe a defesa em primeira instância ou o recurso interposto –, determina seja ele desonerado dos gravames decorrentes do litígio, tratando-se de extinção do crédito tributário; (b) no caso de decisão favorável à Fazenda Pública, exige do contribuinte a satisfação de seu débito tributário. Nesse caso a decisão é suscetível de discussão no Judiciário, por iniciativa do contribuinte.

O presente estudo não comporta investigação mais ampla acerca da decadência e da prescrição, mas é oportuno lembrar que é admissível falar em decadência apenas no período anterior ao lançamento. Entre este e o prazo para apresentação de impugnação ou recurso administrativo, ou enquanto não for decidido o recurso dessa natureza de que se tenha valido o contribuinte, não mais corre prazo decadencial e ainda não se inicia a fluência de prazo de prescrição. Decorrido o prazo para interposição do recurso sem que ela tenha ocorrido, ou decidido o recurso administrativo, começa a fluir o prazo de prescrição da pretensão do fisco, ou seja, durante o processamento desses recursos não correm os prazos de prescrição contra a Fazenda.

Questão que merece maior discussão é se as decisões proferidas pelos órgãos julgadores administrativos podem ser revistas ou revogadas.

Grande parte da doutrina[15] defende posição no sentido de que as decisões administrativas em matéria tributária vinculam a Administração Pública quando contrárias à Fazenda, por entender ter sido a própria Administração, por meio de seus mecanismos institucionais, que decidiu contra seus próprios interesses.

Assim se posiciona Eduardo Bottallo, acompanhando posição de Rubens Gomes de Sousa: "As decisões administrativas em matéria tributária se apresentam assim, em relação aos contribuintes, com feições distintas daquelas de que se revestem perante a própria

---

15. Admitem *efeito vinculante* para a Administração Pública quanto a decisões proferidas no processo administrativo fiscal: Maria Sylvia Z. Di Pietro ("Processo Administrativo e Judicial", *RDT* 58/122); Alberto Xavier (*Do Lançamento: Teoria Geral do Ato, do Procedimento e do Processo Tributário*, 2ª ed., pp. 320 e ss.); e Marçal Justen Filho ("Considerações sobre o 'processo administrativo fiscal'", *Revista Dialética de Direito Tributário* 33/127 e ss.).

COMPETÊNCIA DOS ÓRGÃOS JULGADORES ADMINISTRATIVOS TRIBUTÁRIOS 171

Administração: no que diz respeito aos primeiros, tais decisões são sempre passíveis de revisão perante o Judiciário; quanto a esta, ao contrário (...), tais decisões são definitivas na medida em que geram, em benefício dos contribuintes, direitos subjetivos".[16]

Nesse sentido, essa corrente admite para tais casos a chamada *coisa julgada administrativa* em matéria fiscal – entendendo-se "coisa julgada" como sendo a característica de decisão proferida por autoridade que tem competência legal para dirimir terminativamente um conflito de interesses; ou seja: nesses casos a decisão administrativa encerra a lide sem que caiba qualquer recurso jurídico para modificá-la.

Como já defendido, também aqui vale invocar o mandamento constitucional que prevê o cabimento de uma postulação ao Poder Judiciário contra todo e qualquer ato jurídico praticado por autoridade administrativa. A apreciação posterior pelo Judiciário das decisões tomadas pela Administração é conseqüência natural e lógica da separação de Poderes, baseada em pesos e contrapesos, cabendo à função jurisdicional, exercida exclusivamente pelo Poder Judiciário, controlar e revisar, *terminativamente*, os atos e decisões da Administração, independentemente de esses terem sido favoráveis ou contrários à Fazenda Pública. É o que assegura o princípio da universalidade da jurisdição, estabelecido no preceito constitucional citado e que veda restrição ao exercício do direito de ação.

Como demonstrado, os órgãos julgadores administrativos decidem consoante a legalidade, mas no sistema brasileiro de jurisdição única não se poderá admitir qualquer hipótese de *coisa julgada* no âmbito administrativo.

Em parecer emitido por Rubens Gomes de Sousa[17] restou demonstrada a possibilidade de o Executivo reabrir o debate na esfera judicial, "a quem compete a última palavra na preservação da plenitude da ordem jurídica", necessitando, para tanto, demonstrar *erro de direito* na decisão administrativa.

Em outra manifestação o autor argumenta: "Se todos estamos de acordo em que a finalidade do processo é fazer prevalecer a lei,

16. Eduardo Domingos Bottallo, "Princípios gerais do processo administrativo tributário", *RDTributário* 1/54.

17. Rubens Gomes de Sousa, "Revisão judicial dos atos administrativos em matéria tributária por iniciativa da própria Administração", *RDA* 29/441 e ss.

172 PROCESSO ADMINISTRATIVO TRIBUTÁRIO

quer se trate de processo administrativo, quer judicial, o órgão que deve se pronunciar em última instância é o Poder Judiciário. Por conseguinte, qualquer solução de lei ordinária que implique em afastar a intervenção do Judiciário, impedindo a sua provocação por uma ou outra das partes no processo administrativo, parece-me insustentável. Seria admitir efeito de coisa julgada substancial à decisão administrativa, o que é incompatível com o nosso regime constitucional".[18]

É inaceitável a submissão de decisões colegiadas a outras instâncias administrativas de caráter espúrio, como os recursos citados no item 5 ("Recursos – Revisão") do Capítulo IV. Mas a busca no Judiciário, com os recursos próprios, é garantia constitucional dos contribuintes e da própria Administração, em atendimento ao princípio da isonomia.

Além dos dois princípios citados – unidade de jurisdição e igualdade –, é vetor norteador dessa orientação a justiça tributária, em face da legalidade. Em tese apresentada no I Congresso Internacional de Direito Tributário,[19] o professor Souto Maior Borges demonstrou que na justiça tributária não deve mais prevalecer o *Estatuto do Contribuinte*, nem o *Estatuto do Fisco*, mas sim o *Estatuto da Justiça*, como suprema abordagem do contraditório.

Tal fundamento presta-se a demonstrar a importância da igualdade no acesso à decisão terminativa do Judiciário, seja pelo contribuinte, seja pela Administração, quanto às decisões administrativas fiscais.

É nessa direção o entendimento de Gilberto de Ulhôa Canto, "segundo o qual a Fazenda Pública pode ingressar em juízo, pedindo ao Poder Judiciário que anule um ato de um órgão judicante da pessoa jurídica a que respeita, baseado numa igualdade de posições jurídicas com os particulares".[20] Para ele, se ao contribuinte que perde no âmbito administrativo se dá o direito de reabrir toda a discussão em juízo, à Fazenda se deve dar o mesmo direito.

18. Citação feita por Aurélio Pitanga Seixas Filho ("Questões relacionadas à chamada *coisa julgada* administrativa em matéria fiscal", in *Processo Administrativo Fiscal*, vol. 3º, p. 27).

19. Congresso promovido pelo Instituto Brasileiro de Estudos Tributários/IBET em Vitória/ES, no período de 12 a 15.8.1998, com o tema "Justiça Tributária".

20. Citação feita por Alberto Xavier (*Do Lançamento: Teoria Geral do Ato, do Procedimento e do Processo Tributário*, 2ª ed., p. 321).

Lei infraconstitucional não pode restringir, por via direta, a garantia constitucional; e, obviamente, a frustração à eficácia da regra constitucional não poderá ser obtida por via indireta.

Admitir que o fisco não possa ir a juízo para desconstituir a decisão administrativa importaria frustrar a universalidade de jurisdição. Pelo entendimento de que as decisões administrativas não podem fazer coisa julgada e respaldado nos outros princípios citados é que se defende a possibilidade de a Fazenda Pública propor em juízo uma ação para reformar ou anular decisão proferida por órgãos administrativos contrária ao fisco. Sendo a finalidade do processo fazer prevalecer a lei, quer se trate de processo administrativo ou judicial, qualquer restrição que implique afastar o pronunciamento em última instância do Poder Judiciário, por impedimento de uma das partes, é incompatível com o regime constitucional brasileiro.

Outro argumento expendido pela tese oposta é que seria um contra-senso a Administração ajuizar ação contra decisão administrativa, para revê-la judicialmente, quando ela resulta da manifestação da vontade da própria Administração, proveniente da competência atribuída a órgão que exerce parcela do mesmo poder.

Ora, não se trata da manifestação de vontade da *Administração ativa*,[21] mas de decisão proferida pela *Administração judicante*, que não tem a representatividade da vontade da Administração, mas da vontade dos julgadores, segundo a lei, dotados de autonomia na *função para-hierárquica*. Não sendo, então, a Administração ativa titular da decisão final proferida no processo administrativo tributário, pode ela utilizar os meios jurisdicionais cabíveis objetivando correção de erro na manifestação da vontade da Administração judicante.

A decisão proferida na esfera administrativa nunca é definitiva, por não poder ser subtraída da apreciação do Poder Judiciário. Se a decisão final administrativa fiscal lesar ou ameaçar o interesse público – seja porque proferida com erro de fato, seja porque ao Judiciário compete anular atos administrativos viciados –, a Administração pode acionar o Judiciário para pleitear a revisão, quando a decisão for favorável ao administrado.

Por força do princípio da isonomia, não pode ser negada ao Estado a garantia da inafastabilidade do controle jurisdicional, jus-

---

21. Função explicitada no Capítulo III, item 2 ("Agentes"), e no Capítulo IV, item 1 ("Controle da Legalidade").

PROCESSO ADMINISTRATIVO TRIBUTÁRIO

tificando-se a ação judicial declaratória de nulidade, em função de não se encontrar ainda exaurida a garantia jurisdicional, visando a manter o império da legalidade e da justiça no funcionamento da Administração.

O que não pode é servir esse caminho para atender a interesses meramente arrecadatórios do fisco, buscando o Judiciário contra todas as decisões que lhe são desfavoráveis; mas apenas ser utilizada essa via em casos especiais de atos administrativos viciados do processo administrativo tributário, na preservação da legalidade.

Em razão do amadurecimento das decisões administrativas, deve ser utilizada a revisão pelo Judiciário em caráter excepcional, e não por conveniência administrativa. Os órgãos julgadores devem balizar suas decisões no sentido de que sejam uniformizadas e preservadas.

3. Decisão administrativa e ação judicial

Na estrutura do Estado de Direito encontra-se a separação dos três Poderes, cada qual com suas funções ou atribuições: *legislar* é função própria do Legislativo; *julgar* é função própria do Judiciário; e *governar* é função própria do Executivo. A doutrina da separação dos Poderes, diante de novas condições histórico-sociais, com o passar do tempo, deixou de se apresentar como dogma político essencial à estrutura dos Estados organizados.

A evolução do princípio foi condicionada pela interdependência crescente das funções do Estado, pelo quê se substituiu o critério da separação formal pelo da separação funcional. Razão de ser do princípio da independência harmônica entre os três Poderes.

Não obstante serem independentes os Poderes do Estado, é da natureza mesma das coisas que suas funções não sejam privativas, mas precípuas. No ensinamento de Hely Lopes Meirelles: "O que há, portanto, não é a separação de Poderes com divisão absoluta de funções, mas, sim, distribuição das três funções estatais *precípuas* entre órgãos independentes, mas harmônicos e coordenados no seu funcionamento, mesmo porque o poder estatal é uno e indivisível".[22]

Nas palavras de Celso Bastos: "O esquema inicial rígido, pelo qual uma dada função corresponderia a um único respectivo órgão,

---

22. Hely Lopes Meirelles, *Direito Administrativo Brasileiro*, 33ª ed., p. 61.

COMPETÊNCIA DOS ÓRGÃOS JULGADORES ADMINISTRATIVOS TRIBUTÁRIOS 175

foi substituído por outro onde cada *Poder*, de certa forma, exercita as três funções jurídicas do Estado: uma em caráter prevalente e as outras duas a título excepcional ou em caráter meramente subsidiário daquela".[23]

O poder político é único e pertence ao Estado, sendo divididas as funções, que devem estar harmonizadas para não desgarrarem de uma vontade política central que deve informar toda a organização estatal.

Assim, qualquer dos três Poderes cumpre uma função inerente a si mesmo e principal, sem prejuízo de exercer outra função acessória e supletiva. O Poder Legislativo desempenha, como principal, a função de elaboração legislativa e, acessoriamente, pratica atos de controle administrativo e toma decisões executórias; o Poder Judiciário exerce, essencialmente, a função jurisdicional e também legisla sobre organização judiciária e pratica atos de administração da justiça; e, por sua vez, o Poder Executivo cumpre a função de comando governamental e de execução e, secundariamente, atos de caráter legislativo (inerentes ao poder regulamentador) e atos de caráter decisório.

O *exercício judicante* pelos *órgãos administrativos fiscais* compreende atividades de caráter *parajudicial* pelas quais a Administração aprecia e decide as pretensões dos contribuintes, aplicando o Direito cabível, segundo a interpretação desses órgãos técnicos e jurídicos, não ferindo o princípio da *unidade de jurisdição*, que corresponde à supremacia do *Judiciário*, que decide *terminativamente*.

Ensinam Cintra/Grinover/Dinamarco: "A preocupação moderna pelos aspectos sociais e políticos do processo e do exercício da jurisdição torna menos importante a tradicional busca da distinção substancial entre a jurisdição e as demais funções do Estado".[24]

Ao elevar para a Constituição Federal o processo administrativo, equiparando-o ao judicial para obediência aos princípios processuais maiores da ampla defesa e do contraditório, o constituinte deu ao processo administrativo tributário *status* de função judicante, cuja valorização inegavelmente o coloca como meio de acesso à *ordem jurídica justa*.

O Estado de Direito exige que os atos da Administração Pública sejam exercidos em restrita obediência às normas legais e com

23. Celso Bastos, *Curso de Direito Constitucional*, 14ª ed., p. 301.
24. Cintra/Grinover/Dinamarco, *Teoria Geral do Processo*, 23ª ed., p. 150.

PROCESSO ADMINISTRATIVO TRIBUTÁRIO

uma disciplina indispensável à estabilidade desses atos bem como ao respeito dos interesses jurídicos da Administração. O processo administrativo fiscal tem que garantir a segurança jurídica e a justiça. Ruy Cirne Lima[25] cita palavras de Ruy Barbosa, para quem "a justiça não é senão a igualdade perante o direito comum e as suas garantias processuais".

No dizer de Cintra/Grinover/Dinamarco, o estudo das grandes matrizes constitucionais do sistema processual, "como método supralegal no exame dos institutos do processo, abriu caminho, em primeiro lugar, para o alargamento dos conceitos e estruturas e superamento do confinamento de cada um dos ramos de direito processual".[26]

O processo administrativo tributário é um mecanismo de revisão desencadeado por força de ação externa – ação dos particulares, detentores do direito de exigir que a Administração atue sempre na via do Direito; permite à Administração exercer controle sobre seus atos e se desenvolve quando existe uma reação do contribuinte contra o interesse público defendido pela Administração e o direito subjetivo atingido por essa atuação.

O dever de realizar o interesse público de acordo com a lei obriga a Administração a realizar controle da legalidade de seus atos e se alinha como reforço da garantia dos contribuintes.

Nesse contexto, e por meio do processo administrativo tributário, "a Administração movimenta-se nas malhas da legalidade, uma legalidade que num Estado de Direito material se pretende não seja formal, e sim portadora em cada momento da própria 'idéia de direito'" – como formulado pela autora portuguesa Maria da Glória Ferreira Pinto.[27]

Assim, o processo administrativo tributário é instrumento posto à disposição do contribuinte para obter resposta às suas pretensões, possibilitando a eliminação de conflito com o fisco.

Tendo como objetivo a remoção de situação conflituosa, a função judicante administrativa fiscal permite sejam cessados determinados litígios que afetam a relação fisco/contribuintes, na medida

---

25. Ruy Cirne Lima, *Princípios de Direito Administrativo*, 5ª ed., p. 211.
26. Cintra/Grinover/Dinamarco, *Teoria Geral do Processo*, 23ª ed., p. 49.
27. Maria da Glória F. Pinto, "Considerações sobre a reclamação prévia ao recurso contencioso", *Cadernos de Ciência e Técnica Fiscal* 127/12.

COMPETÊNCIA DOS ÓRGÃOS JULGADORES ADMINISTRATIVOS TRIBUTÁRIOS 177

em que decisão que confirme a exigência pode fazer desaparecer o litígio, pela satisfação da obrigação por parte do atingido.

Questão que merece ser explicitada refere-se à impossibilidade de as decisões administrativas anularem e substituírem o lançamento por outro mais desfavorável ao impugnante (*reformatio in pejus*) ou diferente daquele formulado pela autoridade lançadora. Nem com o argumento do princípio da legalidade, e pelo reconhecimento de que o lançamento violou a lei, cabe tal prerrogativa ao julgador. Para restaurar a legalidade ofendida, um novo ato deve ser produzido pela autoridade lançadora (da *Administração ativa*), e conforme à lei, independentemente de ser mais ou menos favorável ao particular, ressalvado o procedimento excepcional da revisão de ofício, previsto em lei. O órgão julgador (da *Administração judicante*) tem meros poderes de anulação, e não de substituição.

Posição diferente era assumida por Hely Lopes Meirelles, que entendia que o princípio da verdade material "autoriza a *reformatio in pejus* nos recursos administrativos, quando a reapreciação da prova ou a nova prova conduz o julgador de segunda instância a uma *verdade material* desfavorável ao próprio recorrente".[28]

Não se afigurava correta essa assertiva, pelas atribuições legais distintas dos órgãos julgadores, com *funções judicantes*, e dos agentes lançadores, com *funções ativas*, tendo o autor modificado sua posição.

No escólio de Alberto Xavier, "a proibição de agravar o lançamento no próprio processo de impugnação resulta da aplicação de regras de competência material, que vedam aos órgãos de julgamento a prática de atos tributários, no exercício de uma administração ativa".[29]

Hamilton de Sá Dantas,[30] juiz federal, defendendo o aperfeiçoamento de um tipo misto de controle da versão brasileira de contencioso administrativo, afirma que é vastíssimo o número de recursos fiscais julgados anualmente pelos colegiados administrativos em que, decidindo total ou parcialmente a seu favor, muitos contribuintes aceitam a decisão administrativa na parte que lhes foi desfavorá-

28. Hely Lopes Meirelles, *Direito Administrativo Brasileiro*, 24ª ed., p. 617.
29. Alberto Xavier, *Do Lançamento: Teoria Geral do Ato, do Procedimento e do Processo Tributário*, 2ª ed., pp. 341-342.
30. Hamilton de Sá Dantas, "Contencioso administrativo tributário", in *O Estado de S. Paulo*, ed. de 2.10.1995, "Caderno B", p. 17.

178 PROCESSO ADMINISTRATIVO TRIBUTÁRIO

vel, o que representa importantíssimo papel na triagem de potenciais ações judiciais.

Sua posição em relação à racionalização do Judiciário é no sentido de que o Executivo deva estruturar melhor seus órgãos colegiados, para melhoria da qualidade dos julgados administrativos e "evitando dispêndios maiores com um Judiciário cada ano mais inviabilizado, sobrecarregado e inundado de infindável quantidade de demandas tributárias".

O ideal seria que os conflitos tivessem pronta solução tão logo apresentados ao Judiciário. Tal não é possível, pois, ao lado da duração do processo, seu custo e o enfraquecimento do sistema constituem óbices à plenitude do cumprimento da função pacificadora.

Essa e outras dificuldades têm conduzido o Estado à criação de meios alternativos e de reforço aos já existentes na solução de conflitos, cuja tendência tem como tônica a *desformalização* processual (que se constitui em um fator de celeridade), e até a *gratuidade* é marcante nessa tendência.

O processo, como instrumento desse contexto, passa por simplificação e racionalização de procedimentos, além de Justiça acessível e participativa, na medida em que, tendo um caráter de massa, justifica a adoção de métodos decisórios acessíveis, que simultaneamente têm de salvaguardar a justeza da decisão e seu caráter rápido para a maioria dos casos concretos. Sua condução é feita também pela atividade dos representantes dos contribuintes, que traduz uma espécie de participação ativa na atuação do Estado.

Essas formas ultrapassam algumas dificuldades conceituais para um conceito unitário de objeto do processo, pela ausência de modelo legal mais desenvolvido e de legislação mais precisa para a tutela dos direitos dos contribuintes.

O sistema misto é defendido desde Seabra Fagundes, com a afirmação: "Nenhum país aplica um sistema de controle puro, seja através do Poder Judiciário, seja através de tribunais administrativos".[31]

Todas as formas são guiadas pelo destaque de uma série de princípios e garantias que constituem o caminho que conduz as partes à ordem jurídica justa. Essa caracterização é que dá a *"efetividade do processo*, ou seja, para a plena consecução de sua missão social de

---

31. Citação feita por Hely Lopes Meirelles (*Direito Administrativo Brasileiro*, 33ª ed., p. 52).

COMPETÊNCIA DOS ÓRGÃOS JULGADORES ADMINISTRATIVOS TRIBUTÁRIOS 179

eliminar conflitos e fazer justiça, é preciso, de um lado, tomar consciência dos escopos motivadores de todo o sistema (...); e, de outro, superar os *óbices* que a experiência mostra estarem constantemente a ameaçar a boa qualidade do seu produto final".[32]

Pelo processo administrativo tributário é identificada ao final a vontade do Estado, segundo os mandamentos legais preestabelecidos. Sua existência e seus requisitos são decorrência necessária dos princípios que informam o ordenamento jurídico-positivo.

Apesar de não existir Código de Processo Tributário ou lei orgânica, "não se pode dizer que não haja um direito processual tributário brasileiro" – como afirma Geraldo Ataliba,[33] para quem, mesmo não havendo sistematização legal a respeito, devem ser aplicados os princípios.

Ao intérprete-aplicador cabe voltar-se aos princípios constitucionais, buscando os valores que vão orientar a compreensão dos fatos e o estabelecimento cuidadoso dos direitos subjetivos e dos deveres correlatos, visando a confirmar se ocorreu o evento na estrita conformidade da previsão da hipótese normativa.

A necessidade de legislação sistemática do processo administrativo tributário é fundamental para o efetivo cumprimento dos princípios e garantias constitucionais e o alcance da justiça tributária. A procedimentalização é instrumento de controle e limitação do poder. Trata-se de instrumentos de defesa dos direitos da cidadania, que evitam excessos ou desvios da Administração. Como sustenta Marçal Justen Filho: "A procedimentalização conduz a uma espécie de fracionamento da competência, ao interno de cada órgão. Inviabiliza-se o exercício da competência decisória em um momento concentrado e único. O exercício do poder jurídico é diluído no curso de uma série de atos, ordenando-se segundo um postulado de coerência lógica".[34]

Conclui-se, pois, com Paulo Celso Bonilha, que, "malgrado o apreciável progresso alcançado pelo direito tributário material ou substantivo, mormente após a codificação, o direito processual administrativo não o acompanhou, atolado em uma legislação assistemática,

---

32. Cintra/Grinover/Dinamarco, *Teoria Geral do Processo*, 23ª ed., p. 40.

33. Citação feita por Eduardo Domingos Bottallo (*Procedimento Administrativo Tributário*, p. 29).

34. Marçal Justen Filho, "Considerações sobre o 'processo administrativo fiscal'", *Revista Dialética de Direito Tributário* 33/110.

ultrapassada e fragmentária e – por que não dizê-lo? – praticamente desassistido da alavanca das elaborações doutrinárias instigantes e indispensáveis ao amadurecimento das idéias e dos rumos mais adequados para as reformas legislativas factíveis e informadas nos mais avançados princípios dos direitos processual e tributário".[35]

A própria doutrina também não cuidou de acompanhar a evolução necessária à aplicação da lei fiscal e dos meios administrativos e judiciais de garantia dos direitos emergentes da relação jurídica tributária. Assinala, nesse sentido, Alberto Xavier: "O desenvolvimento obtido no plano científico pelo chamado direito tributário material nunca foi acompanhado de esforços comparáveis no direito tributário formal, até há pouco atrofiado e subalternizado pela doutrina".[36]

O processo administrativo tributário é um meio pelo qual se obtém interpretação de norma legal reformando ou confirmando o ato recorrido, cujo fim é manter ou alterar a obrigação tributária. No processo judicial o mesmo acontecerá, ou seja, será legitimada ou não a prestação imposta, mas com outro nível de autoridade: fazer cessar o litígio, pelo trânsito em julgado.

Os órgãos julgadores administrativos fiscais caracterizam-se por sua especialização técnica e têm melhores elementos para apreciação de situações de fato e dados técnicos para o pleno conhecimento da situação objeto do conflito.

O acatamento dessas decisões administrativas fiscais por parte dos contribuintes é fruto de uma aceitação voluntária, mas influenciada pela credibilidade no exercício da função judicante desenvolvida por esses órgãos, por meio dos quais os contribuintes têm comprovado as mesmas possibilidades de êxito e idênticas garantias de imparcialidade que no âmbito judicial.

Sendo próprio da natureza humana, o inconformismo perante decisões desfavoráveis, aliado à possibilidade de erro, leva o contribuinte que sai vencido a querer nova oportunidade para demonstrar suas razões e tentar reverter a decisão. Por isso a existência do duplo grau, princípio consistente na possibilidade de um mesmo processo, após julgamento na instância inicial, voltar a ser objeto de julgamen-

---

35. Paulo Celso Bonilha, *Da Prova no Processo Administrativo Tributário*, p. 48.

36. Alberto Xavier, *Do Lançamento: Teoria Geral do Ato, do Procedimento e do Processo Tributário*, 2ª ed., p. 6.

COMPETÊNCIA DOS ÓRGÃOS JULGADORES ADMINISTRATIVOS TRIBUTÁRIOS 181

to, dessa vez por órgãos superiores, chamados de *segunda instância*, o que dá maior efetividade ao binômio segurança/justiça.

Colocado à disposição dos contribuintes, com as garantias e princípios constitucionais, o processo administrativo tributário não pode continuar dissociado do processo judicial tributário. Se o âmbito administrativo é realçado pelo efeito de *filtro* que o sistema possui, principalmente em virtude da relativa autonomia em que está concebido, não se justifica que nessa dualidade de vias de acesso, com todos os inconvenientes burocráticos, de incômodo para o particular e delongas desnecessárias, repitam-se determinadas atividades processuais nas esferas administrativa e judicial. Por princípio de economia processual, não se justifica repetir (duplicar) certas atividades processuais para atingir um único objetivo.

Essa falta de aproveitamento do processo administrativo tributário no âmbito judicial causa desgaste ao aparelho estatal, com aumento dos custos e demora que, além de onerar o processo, reflete no relacionamento do Estado com o cidadão e torna imperiosa a necessidade de harmonizar o processo administrativo e o judicial.

O fato de não se referir ao exercício da função jurisdicional tem inibido o estudo do processo administrativo tributário segundo as estruturas concebidas pela teoria do processo jurisdicional, mas esta fragmentação prejudica muito a visão desse processo na unidade de uma teoria geral.

À medida que se definem cada vez melhor e com mais precisão os princípios que norteiam o processo administrativo tributário, não mais é lícito negar sua inserção na teoria geral do processo. Como pontifica Dinamarco: "O *poder* exercido pela Administração através dele é o mesmo poder que os juízes exercem *sub specie jurisdictionis*, tendo-se verdadeiro processo estadual lá e cá: 'se o processo é o modelo eletivo das atividades jurisdicionais, estas não lhe detêm a exclusividade'. E o sistema processual administrativo, no Estado de Direito, regido por garantias e grandes princípios constitucionalmente instalados, inclui a limitação do exercício do poder, definidos os seus limites numa ordem de legalidade que assegura a prevalência da cláusula *due process of law*; (...)".[37]

37. Cândido R. Dinamarco, *A Instrumentalidade do Processo*, 12ª ed., pp. 84-85.

PROCESSO ADMINISTRATIVO TRIBUTÁRIO

Nessa concepção unitária do processo, o conjunto de garantias e princípios é uniformemente interpretado como um sistema de institutos distribuídos segundo a mesma estrutura e homogeneidade conceitual, que se entrelaçam dentro do contexto da teoria geral. Esposando este entendimento, conclui Dinamarco: "Não se trata de *massificar* o direito processual, em suas manifestações jurisdicionais ou não, estatais ou não. À teoria geral do processo não passam despercebidas as diferenças existentes entre os diversos ramos, (...) a seiva que vem do tronco é uma só, é o *poder*, a alimentar todos os ramos. Embora cada um deles tome a sua direção, nunca deixará de ser um ramo da árvore do processo. Nem pode afastar-se tanto que dê a impressão de isolar-se do sistema".[38]

A bem da celeridade e da redução de custos e para afastar duplicidade de certas atividades processuais, convém que a legislação crie liames entre os dois processos – administrativo e judicial –, no âmbito fiscal. Um tal esquema, tornando mais íntima a relação entre os dois processos, seja no que respeita à predeterminação do recorrente, seja ao objeto do processo, seja à sua sucessão obrigatória, afigura-se como o mais adequado.

Tal liame pode ser criado por lei sem afrontar a unidade de jurisdição e, ainda, oferecer melhores condições para apreciação na via judicial, pela maior amplitude da análise sobre as ponderações e razões que nortearam as decisões administrativas, implicando melhor e ágil condução do processo judicial logo a partir da petição.

Um novo regime de interposição junto ao Poder Judiciário, traduzido em mecanismo que exaura previamente as vias administrativas e com aproveitamento dos autos fornecidos pela Administração, não é incompatível com os direitos fundamentais e confere maiores garantias de defesa aos administrados.

Defendendo a vinculação do processo judicial ao administrativo, assim se posicionam Horacio D. Sieiro e outros: "A importância de esgotar a via administrativa se manifesta, ademais, no fato de que deve existir congruência entre os fatos e o direito invocado nos recursos administrativos que esgotam a via e os que fundam a posterior impugnação judicial do ato".[39]

38. Idem, p. 87.
39. Horacio D. D. Sieiro e outros, *Procedimiento Tributario*, p. 69.

Da inteligência do art. 5º, LV, da CF resulta que a institucionalização do processo administrativo tributário e os princípios que o informam estão em afinidade com o processo judicial. Aliás, em entendimento que já se faz hoje universal, muitos desempenhos da Administração Pública no Estado de Direito têm características de pronunciamento jurisdicional, como preleciona Francesco Carnelutti.

Importante salientar que, em análise crítica à tutela judicial no âmbito tributário da Espanha, José Juan Ferreiro Lapatza tece considerações sobre os obstáculos e o excessivo tempo para alcançar qualquer decisão judicial, que o levam a sugerir como soluções técnicas no âmbito administrativo: "suspensão automática com adoção das medidas cautelares oportunas na ausência de garantias suficientes prestadas pelo contribuinte; redução de todos os recursos administrativos a um único recurso, para preservar o direito da Administração de reexaminar seus próprios atos antes de submeter-se à Justiça ordinária; e prazo máximo (por exemplo, um ano) de duração das ações fiscalizadoras".[40]

A reformulação dos julgamentos administrativos fiscais e a potencialização de suas atividades dependem de revisão e atualização da legislação processual e de maior autonomia e independência no julgamento, visando a lhe conceder maior utilidade como instrumento de aplicação da justiça tributária.

A legislação vigente não assinala com clareza nem regula de modo uniforme os momentos capitais de cada uma das fases dos processos administrativos tributários. A diversidade continua sendo a regra, o que gera insegurança e desorientação nas atividades das partes quanto aos atos processuais, querendo-se dizer que também nesse particular, como nas situações levantadas anteriormente, o campo se apresenta largamente aberto à reforma dessa legislação.

As constantes investidas em matéria de reforma fiscal não têm trazido acoplada qualquer manifestação da importância técnica e jurídica da uniformização processual que a acompanhe. Qualquer reforma tributária há de contemplar o processo tributário em toda a sua extensão – do administrativo ao judicial –, sob pena de ficar inacabada e de não operacionalizar a devida aplicação dos direitos e garantias na tutela adequada.

---

40. José Juan F. Lapatza, "Poder tributario y tutela judicial efectiva", in *Estudos em Homenagem a Geraldo Ataliba-1: Direito Tributário*, p. 97.

PROCESSO ADMINISTRATIVO TRIBUTÁRIO

A visão unitária do processo tributário justifica a necessidade de legislação sistemática que garanta o fim último do Direito, a *justiça*, concebida por Souto Maior Borges pela pluralidade a ser atingida – segurança jurídica, ordenamento normativo a serviço da economia, controle social, processo social de adaptação, ao qual não escapa essa concepção unitária: "A distinção entre instância julgadora administrativa ou judicial decorre de simples divisão de um mesmo trabalho – o de dizer o Direito. Matéria de competência administrativaou judicial. Também a decisão administrativa – monocrática ou colegiada – *jus dicit*, declara o Direito numa relação contenciosa. Desse modo atua o processo administrativo tributário".[41]

Quando o Poder Judiciário exerce a jurisdição, alcança seu escopo de efetivar as disposições legais, e o faz interpretando-as, impondo como obrigatória sua interpretação. Pois bem, quando os órgãos julgadores administrativos fiscais decidem, também o fazem interpretando. Como observa Santi Romano, "a interpretação da lei feita pela autoridade judicial não difere no seu conteúdo daquela que uma outra autoridade ou particular pode fazer: não se reduz a um ato de vontade, mas trata-se de uma simples cognição da norma jurídica, antes de chegar a uma manifestação de vontade".[42]

Assim, ressalta clara a necessidade de codificação processual tributária no Brasil, capaz de unificar as normas do processo administrativo tributário e do processo judicial, não somente em benefício dos interessados e para o perfeito esclarecimento da verdade, mas ainda por uma razão econômica. Sistematização legal do processo tributário está consolidada na Argentina, Alemanha, Portugal e Espanha.

Sustentando a necessidade de diploma que ordene a ação da Administração Pública em um *Estado Social de Direito*, com uma Administração pletórica de encargos e funções, com resguardo do interesse público mediante justa aplicação do Direito, A. B. Cotrim Neto, professor da Universidade Federal do Rio de Janeiro, sustenta que "é oportuno que cuidemos da elaboração de uma lei, um código, ou que nome se lhe atribua, para coartar o exercício abusivo, autoritário ou arbitrário dos poderes administrativos".[43]

---

41. José Souto Maior Borges, *O Contraditório no Processo Judicial (Uma Visão Dialética)*, p. 80.

42. Santi Romano, *Princípios de Direito Constitucional Geral*, p. 380.

43. A. B. Cotrim Neto, "Código de Processo Administrativo – Sua necessidade, no Brasil", *RDP* 80/117 e ss.

COMPETÊNCIA DOS ÓRGÃOS JULGADORES ADMINISTRATIVOS TRIBUTÁRIOS 185

A falta de um Código de Processo Tributário tem levado a grandes equívocos, à medida que se utiliza supletivamente o Código de Processo Civil e no âmbito fiscal o processo guarda pontos de contato mais fortes com outras áreas. Tese nesse sentido é apresentada por Marçal Justen Filho: "O regime jurídico aplicável é de tal complexidade que os conceitos de direito privado sobre obrigação são insuficientes e insatisfatórios".[44]

O referido professor evidencia a similitude entre direito tributário e direito penal, destacando que nos dois ramos o que se busca é a *legitimação* do uso do poder estatal, compartilhando "grave potencial de abusos, desvios e iniqüidades. Nos dois campos admite-se o sacrifício de relevantes interesses individuais sob fundamento da proteção ao bem comum. Utiliza-se o poder estatal para restringir, de modo irreversível, a órbita da cidadania e realizar a satisfação coletiva".

A natureza da lide no processo administrativo tributário, que versa sobre questão ligada a interesse público,[45] escapa aos raios de ação do processo civil e exige uma teoria geral do processo moldada em uma relação entre os princípios processuais envolvendo o processo civil, o processo penal e o processo fiscal. Nesse mesmo sentido, o autor português J. L. Saldanha Sanches, acompanhando autores alemães, ao se referir ao processo fiscal envolvendo relações jurídicas que pertencem ao direito público, assim se manifesta: "É da natureza pública deste litígio que resultam as suas regras típicas do processo de direito público, por oposição ao processo civil".[46]

Não se trata exatamente de extrair conceituação da justaposição de noções opostas, mas da impossibilidade da transposição pura e simples de conceitos de direito privado para o direito público.

Este é outro fator a não permitir importação de legislação de outras áreas e países, mas exigir legislação específica que não seja aquela que soluciona conflitos de interesses privados, porém que verse sobre os litígios de que participam sujeitos públicos.

44. Marçal Justen Filho, "Considerações sobre o 'processo administrativo fiscal'", *Revista Dialética de Direito Tributário* 33/110.

45. O interesse público que domina todo o processo administrativo tributário não está relacionado à maximização das receitas, mas à tributação de acordo com a lei, à determinação legal e exata do quantitativo da obrigação tributária.

46. J. L. Saldanha Sanches, "O ónus da prova no processo fiscal", *Cadernos de Ciência e Técnica Fiscal* 151/12 e ss.

A edição de *Código de Processo Tributário* permite, pois, que se apliquem ao direito público soluções compatíveis não com a abordagem de natureza privada, mas com limitações aos excessos ou abusos em vista da concentração de competências no poder estatal, evitando-se infringir os fundamentos do Estado Democrático de Direito – para o quê se exige submissão a um regime jurídico reservado para situações específicas que lhe são atinentes.

No paralelo que se apresenta entre decisão administrativa fiscal e ação judicial, é oportuno questionar quando o contribuinte faz opção pela via judicial para apreciar sua impugnação à obrigação tributária, cujo objeto é idêntico ou mais amplo, depois de ter formulado recurso à esfera administrativa.

Tal situação ocorre pela desarticulação do processo administrativo tributário e do processo judicial, como colocado anteriormente, e que, em termos da legislação atual, tem como conseqüência lógica a desistência implícita do recurso administrativo.

Pela sistemática constitucional, o ato administrativo está sujeito ao controle do Poder Judiciário, que é instância superior aos órgãos julgadores administrativos fiscais. Superior porque pode rever, para cassar ou anular o ato administrativo.

Assim sendo, a opção do contribuinte litigante pela *via judicial* implica o abandono da *via administrativa*, salvo quando o recurso judicial visa apenas a corrigir procedimentos adjetivos da Administração, meramente processuais. Nesses casos opera-se uma automática transladação da via administrativa para a via judicial, pois absurdo seria a concomitância das duas, pela absoluta ociosidade de uma delas.

Optando pela instauração do processo no âmbito administrativo tributário, o contribuinte poderá ingressar em juízo para propor medidas cautelares, mas apenas com referência à matéria que não se constitui no mérito da impugnação administrativa. Pode o contribuinte requerer em juízo mandado de segurança, medidas cautelares sobre questões preliminares ou incidentes. Todavia, nada impede, nesses casos, que o fisco constitua e individualize o título executivo, para futura e eventual cobrança.

A legislação atual não obriga o contribuinte a percorrer as instâncias administrativas antes de ingressar em juízo; pode fazê-lo diretamente. Pelas razões expostas anteriormente, não parece que devam persistir a autonomia e a independência entre as instâncias administrativa e judicial.

COMPETÊNCIA DOS ÓRGÃOS JULGADORES ADMINISTRATIVOS TRIBUTÁRIOS 187

O que se pugna é pela necessidade de *Código de Processo Tributário* que trate de modo orgânico e uniforme os princípios e garantias processuais e que, ao abrigo do sistema de jurisdição única, os órgãos de julgamento administrativo sejam melhor estruturados, dotados de autonomia, como órgãos especializados, em que a segunda instância administrativa seja integrada por representantes do fisco e dos contribuintes, e sejam pessoas com formação jurídica,[47] comprovadamente conhecedoras do assunto, aptas a funcionar livres de injunções de qualquer natureza.

Nesse contexto, o acesso às vias judiciais não deve funcionar autonomamente, mas após o esgotamento das vias administrativas e com aproveitamento de peças do processo administrativo tributário. Pela tese ora defendida, pugna-se pela vinculação, por lei ordinária, que também estabeleça a estrutura desses órgãos bem como dê operatividade aos princípios processuais de igualdade, ampla defesa e contraditório no processo administrativo tributário.

O que se defende é a comunhão de naturezas e efeitos, permitindo identificar o processo administrativo tributário como *condição de procedibilidade* para o exercício do direito de *ação fiscal*, não nascendo o direito de ação enquanto não exaurida a via administrativa.

De modo equivalente, o fisco será reconhecido como titular do direito de ação se seu pedido vier instruído pelo título produzido por meio de processo prévio disciplinado legalmente.

Assim, o sistema processual tributário é concebido como sistema orgânico e coerente, impedindo a proliferação de múltiplos sistemas autônomos e, às vezes, até contraditórios, além de corrigir anomalias de decisões improvisadas e arbitrárias, adaptadas às conveniências momentâneas de cada repartição administrativa, e que, evitando duplicidade de atividades processuais entre os órgãos administrativos e judiciais, contribui para o aperfeiçoamento do sistema jurídico brasileiro.

A aceitação da especialização e da celeridade como características da existência de órgãos judicantes administrativos, com os meios necessários ao cumprimento de suas funções, é defendida por Sara

---

47. Só profissionais com formação jurídica têm a visão geral do sistema jurídico e de sua unidade. Afinal, o direito tributário é de superposição, e o aplicador deve interpretá-lo em toda a sua dimensão.

188 PROCESSO ADMINISTRATIVO TRIBUTÁRIO

M. Clara Dichiara, professora da Faculdade de Direito da Universidade de Buenos Aires, que sustenta a escolha dessa via pelos contribuintes quando comprovado que eles têm "as mesmas possibilidades de êxito e idênticas garantias de imparcialidade que no âmbito judicial".[48]

A estrutura dos órgãos judicantes administrativos tributários tem demonstrado, no decorrer de sua existência, ter consolidado seu prestígio junto aos administrados, pela harmonização dos interesses das partes nos conflitos. Essas solidez e essa credibilidade justificam plenamente sua consolidação como solução à necessidade de que os problemas originados entre a Administração e os contribuintes tenham decisões que se caracterizem pela especialização, como etapa prévia à ação judicial.

As autoridades administrativas têm meios de investigação que a lei coloca a seu dispor, sendo melhor que o Estado, mediante o exercício de jurisdição, só intervenha quando tais órgãos não tiverem logrado êxito. O Judiciário representa o exercício visando ao controle dos atos administrativos.

A garantia constitucional da unidade de jurisdição não é prejudicada pela solução proposta, na medida em que a exaustão da via administrativa não afeta a possibilidade de imediato ingresso no Judiciário nos casos em que essa condição acarretar lesão de direitos individuais.

Com firmeza de convicção e embasado em boa doutrina e precedentes jurisprudenciais, o professor Geraldo Ataliba, em defesa da Emenda Constitucional 7/1977, já apoiava os professores Michel Temer e Celso Bastos quanto à possibilidade de lei federal estatuir o contencioso como fase preparatória para o ingresso em juízo, com exaustão da via administrativa, por eles chamada de *pressuposto processual negativo*.

Nesse entendimento é demonstrado que o Estado, por lei, pode adotar livremente o contencioso obrigatório, se quiser. Para tanto assenta-se no entendimento dos tribunais pátrios, que "entendem cabível a regulamentação do exercício do direito de ação pelo legislador ordinário, mesmo com a sujeição a condições, desde que se observe

48. Sara M. Clara Dichiara, "Consideraciones sobre el proceso contencioso tributario – El anteproyecto brasileño", *RDTributário* 6/30.

COMPETÊNCIA DOS ÓRGÃOS JULGADORES ADMINISTRATIVOS TRIBUTÁRIOS 189

a possibilidade efetiva desse exercício, sem limitações ou restrições que possam equivaler à aniquilação da garantia constitucional".[49]

Com arrimo doutrinário e jurisprudencial, a exaustão das vias administrativas é coerente com o sistema de tutela jurisdicional estabelecido na Constituição, observando-se os parâmetros instituídos para o processo cautelar; ou seja: sempre que houver lesão a direito individual, a lei deve possibilitar o acesso imediato ao Judiciário.

Oportuna, ainda, é a posição defendida por Geraldo Ataliba[50] na interpretação constitucional sistemática da possibilidade de lei que fixe a exaustão das vias administrativas, sem prejuízo aos direitos e garantias individuais. Para ele, essa exigência é legítima, na medida em que se garanta o acesso às vias jurisdicionais em caso de lesão de direitos individuais. São suas palavras: "Toda vez que o prévio esgotamento das vias administrativas acarretar tal lesão, haverá de imediato interesse de agir (interesse – necessidade). e conseqüentemente possibilidade imediata de acesso ao Judiciário".

Assim, a lei deve harmonizar a obrigação de esgotamento da via administrativa com o sistema de princípios gerais da Constituição, com os remédios a ela inerentes, sem que isso fira o princípio da unidade de jurisdição.

---

49. Geraldo Ataliba, "Contencioso administrativo", *RDTributário* 11-12/348.
50. Idem, p. 350.

Capítulo VI
PROVAS

1. Poderes de cognição dos julgadores. 2. Meios de prova: 2.1 Conceito – 2.2 Prova magnética – 2.3 Prova emprestada – 2.4 Prova ilícita. 3. Ônus da prova. 4. Presunções. 5. Perícia e diligência.

1. Poderes de cognição dos julgadores

A lei impõe julgamento administrativo vinculado, orientado por duplo critério: *positivo* – elementos seguros de prova; *negativo* – demonstração de falsidade ou inexatidão das informações ou provas fornecidas pelo contribuinte.

O equilíbrio processual obriga o fisco a provar suas próprias afirmações e refutar as provas do contribuinte. A obrigatoriedade de prova e contraprova, análise de dados e fatos, investigações e levantamentos dispostos em lei objetiva a prevalência do interesse não do Estado, mas do interesse público, segundo os ditames legais. O interesse superior do Estado é realizar a ordem jurídica.

Tudo isso decorre dos conceitos básicos informadores do direito tributário. Não há espaço, nesta matéria, para disponibilidade ou autonomia da vontade. A obrigação tributária é *ex lege* e de direito público, absolutamente não-derrogável. Nas palavras de Geraldo Ataliba: "O contribuinte não pode pretender pagar menos do que o que decorrer da fiel aplicação da lei ao fato imponível, nem o fisco pode exigir a mais".[1]

Aos julgadores administrativos fiscais é conferido o livre convencimento na apreciação de prova, uma vez que no processo o princípio que prevalece é o da distribuição da justiça, que exige a descoberta da

---

1. Geraldo Ataliba, *Estudos e Pareceres de Direito Tributário*, vol. 2, p. 341.

PROCESSO ADMINISTRATIVO TRIBUTÁRIO

verdade material em relação à suposta legitimidade do lançamento. É essa busca da verdade material, como elemento essencial ao julgamento, que impõe a exigência da prova, como sendo a soma dos fatos produtores da convicção do julgador, apurados no processo.

À autoridade julgadora compete proceder com prudência e razoabilidade tanto na admissão como na seleção das provas que vão esclarecer os fatos. Todas as provas bem como as alegações devem ser objeto de acurada análise e avaliação no momento do julgamento. O processo em contraditório exige o direito à prova e à sustentação dos argumentos das partes e que o julgador valore atentamente as atividades instrutórias e seus resultados, para seu livre convencimento, e que, ao considerar, analisar e sopesar, motivadamente, acolha ou rejeite provas e argumentos. A motivação da decisão, entre as justificativas políticas, também insere o direito das partes de verem apreciados seus argumentos e provas; direito, esse, aferido na motivação.

São os princípios que norteiam o processo administrativo tributário que definem os limites dos poderes de cognição do julgador em relação aos fatos que podem ser considerados para a decisão da situação que lhe é submetida.

Há duas possibilidades distintas: uma quando o processo é norteado fundamentalmente pelo princípio dispositivo, e outra quando o vetor é o princípio inquisitório. Isso porque no primeiro caso cabe exclusivamente às partes expor os fatos sobre os quais – e nos limites dos quais – vai se assentar a decisão. Mas no processo dominado pelo princípio inquisitório – como é o caso do processo administrativo tributário – ao julgador são atribuídos poderes mais amplos para a determinação dos fatos objeto do julgamento. Pode-se afirmar que a autoridade administrativa julgadora acha-se investida de latitude de ação na administração e direção da prova.

Referindo-se ao ônus da prova, Cândido Dinamarco assim se expressa: "Tratando-se de disputa sobre direitos indisponíveis, baixa o grau de dispositividade no processo, e, conseqüentemente, o peso representado pelo ônus da prova. (...) nos processos sobre direitos indisponíveis o juiz compartilha com as partes do encargo probatório, aflorando ditames relativos à sua liberdade investigatória. Maior é a participação do juiz, como sujeito ativo da própria instrução".[2]

---

2. Cândido R. Dinamarco, *A Instrumentalidade do Processo*, 12ª ed., pp. 304-305.

A legislação do processo administrativo tributário tem conduzido a uma posição hesitante sobre a amplitude dos poderes do julgador, em função, por um lado, da validade universal que se quer dar às normas do processo civil, representando uma espécie de teoria geral do processo em que o julgador só pode se movimentar no âmbito dos fatos que lhe são apresentados, e, por outro lado, da busca da verdade material, que permite ao julgador realizar ou ordenar diligências que considerar úteis para apurar a verdade.

A questão está, pois, em aberto, merecendo regras dominantes no processo administrativo tributário, com determinação legal expressa sobre esses limites de cognição do julgador, que, sem colocar em risco a averiguação da verdade material, sejam desenvolvidas de acordo com a estrita previsão normativa.

Tais normas são decisivas no âmbito dos poderes de cognição do julgador – na medida em que tem de enfrentar a clássica tensão existente no processo civil entre os fatos, que são articulados pelas partes, e o princípio de que o julgador deve buscar uma decisão que corresponda à justiça material, como núcleo fundamental do processo administrativo tributário –, e, por isso, precisa alargar a delimitação fática do processo segundo o princípio da investigação, caso resulte necessário, e principalmente em relação a fatos que são do seu conhecimento, em virtude do exercício de suas funções.

Assim sendo, resulta claro que a delimitação do objeto do processo afeta o objeto da prova.

Além desse aspecto, o programa processual administrativo-fiscal está estruturado no postulado da igualdade, de cujo comando decorre a partilha do ônus da prova. Ao mesmo tempo, toda prova deve ser levada ao conhecimento da outra parte, que pode invalidá-la, contrariá-la ou esclarecê-la.

Forma, ainda, a composição desse programa processual o domínio do interesse público, que, pressupondo exata distribuição dos encargos tributários, impõe ao julgador a condução da lide de forma a produzir resolução final cujo conteúdo seja conforme com a verdade material, que se constitui no objeto do processo administrativo tributário.

Os poderes de investigação atribuídos ao julgador administrativo tributário, aliados aos deveres de imparcialidade e de cooperação para a obtenção da verdade material, são conseqüências do princípio da rígida legalidade fiscal, com natureza constitucional, que revela,

PROCESSO ADMINISTRATIVO TRIBUTÁRIO

por si só, que, no caso de incerteza sobre a aplicação da lei fiscal, são mais fortes as razões para salvaguarda do patrimônio dos administrados que as que conduzem ao seu sacrifício. Isso quer dizer que a dúvida irreversível aponta para a improcedência do feito fiscal.

Segundo a função ordenadora do princípio da legalidade tributária, não havendo base expressa que legitime a intromissão administrativa na esfera patrimonial dos cidadãos, resulta que, para a efetiva segurança da estabilidade das relações jurídicas, tem-se como forma favorável de resolução dos conflitos que o bem continue na esfera jurídica do possuidor atual,[3] como regra de decisão sobre fato incerto nas situações de escassez de elementos de prova.

Quer dizer, sendo o fim da instrução do processo a busca da verdade material, quando os elementos existentes no processo administrativo tributário mostram dúvida irredutível quanto à existência, ou não, do fato imponível, o lançamento deve ser anulado.

Os fatos nos quais se fundamenta o lançamento são relevantes e influentes no encaminhamento do litígio, pelo quê se impõe sejam provados. Independem de prova aqueles fatos tidos como incontroversos ou notórios, "assim considerados os que estejam difundidos e façam parte da cultura normal e própria de determinada esfera social no tempo em que se profere a decisão" – conforme Paulo Celso B. Bonilha.[4]

À alegação e prova produzidas pelo contribuinte só se opõem provas e comprovações do fisco, ficando afastadas, nesse caso, as presunções. Ao fisco cabe opor a contrapartida ou elementos esclarecedores de que a prova trazida pelo impugnante não tem força para infirmar os fundamentos do lançamento.

Recomenda-se que as provas sejam produzidas no período de instrução ou probatório, na primeira instância, não sendo, porém, vedada sua apresentação na instância superior. Isso porque o momento para o contribuinte produzir provas é inicialmente na impugnação, embora, com a prevalência da regra da *verdade material*,o processo administrativo tributário comporte trazer aos autos novas provas não apresentadas na fase inaugural, em caráter excepcional.

---

3. A Constituição preserva a propriedade, e a lei fiscal intervém, sem restringir esse direito.

4. Paulo Celso B. Bonilha, *Da Prova no Processo Administrativo Tributário*, p. 88.

PROVAS

A legislação do contencioso administrativo espanhol[5] habilita o juiz a praticar qualquer diligência probatória que estime necessária ao convencimento. Nas palavras de Enrique de Miguel Canuto: "Esta disposição possibilita que se o juiz, após estudar o material fático, considerar que há alguma dúvida acerca de algum ponto cuja determinação é necessária para sua cognição, possa praticar o meio de prova que considere idôneo para tanto".[6]

A Lei 9.532/1997, dando nova redação ao art. 16 do Decreto 70.235/1972, passou a exigir que a prova documental seja apresentada na impugnação, precluindo o direito de fazê-lo em momento processual posterior. Tal preceito formalístico foge do objeto da verdade material – e, por isso, é clara e manifestamente incompatível com os princípios norteadores do processo administrativo tributário. A esse respeito Eduardo Domingos Bottallo se manifestou: "Esta alteração revela a declarada disposição de imprimir ao processo administrativo tributário limitação que não se compraz com sua índole, tradicionalmente voltada para busca da verdade material".[7]

O processo é informado pelo sistema de preclusões, pois se assim não fosse estaria sendo eternizado e, por isso, não cumpriria sua finalidade, ainda que presente a verdade material. Mas devem estar previstas na lei situações especiais, no interesse da verdade material, para que em casos especiais, se houver motivos supervenientes e plenamente justificados, possam ser aceitas provas posteriormente à impugnação.

2. Meios de prova

Havendo controvérsia sobre determinado direito subjetivo, deve o presumido titular justificar, alternativa ou conjuntamente, a quem

5. "Art. 61.2. Finalizado el período de prueba, y hasta que el pleito sea declarado concluso para sentencia, el órgano jurisdiccional podrá también acordar la práctica de cualquier diligencia de prueba que estimar necesaria" (*Ley de la Jurisdicción Contencioso-Administrativa*, Ley 29, de 13.7.1998, *BOE* 14.7.1998).

6. Enrique de Miguel Canuto, "El orden contencioso-administrativo y la Ley de Enjuiciamiento Civil", *Revista de Direito da Universidade de Valência* novembro/2002 (disponível em *http://www.uv.es/revista-dret/archivo/num1/pdf/canuto.pdf*, acesso em 28.7.2007).

7. Congresso promovido pelo Instituto Brasileiro de Estudos Tributários/IBET em Vitória/ES, no período de 12 a 15.8.1998, com o tema "Justiça Tributária".

PROCESSO ADMINISTRATIVO TRIBUTÁRIO

se opõe ao seu exercício: (a) se foram, ou não, produzidos determinados fatos ou situações aptos a gerar o efeito jurídico pretendido; (b) a adequação, ou não, entre a norma invocada e os respectivos fatos ou situações. A teoria da prova está assentada na primeira situação descrita, e leva ao conceito de prova sob dois ângulos: como fim, ou seja, a *prova em si mesma* – demonstração da exatidão de um fato do qual depende a existência de um direito; ou como *meio de prova* – cada um dos recursos que podem ser usados para obter tal demonstração.

A atividade probatória representa um aspecto central do processo, vinculada à alegação e à indicação dos fatos, visando a demonstrar a verdade – e, por isso, de fundamental importância. A viabilidade concreta de incidir ativamente no desenvolvimento e no resultado do processo está ligada à possibilidade que as partes têm de se servir das provas – eis por que a doutrina e a jurisprudência referem-se ao *direito à prova*, caracterizado como conteúdo das garantias da defesa e do contraditório.

Segundo Liebman: "*Produção* de um meio de prova é chamada exatamente a atividade que consiste em submetê-lo ao exame do juiz".[8]

2.1 Conceito

Constituem-se meios de prova todos os recursos ou elementos passíveis de informar ao órgão investido da faculdade de julgar sobre os fatos controvertidos. Doutrina e jurisprudência inclinam-se por não admitir limitação ao uso de meios de prova que não estejam expressamente proibidos pela norma.

No Direito Brasileiro constituem-se meios de prova a *confissão*, as *testemunhas*, os *documentos*, a *perícia*, a *inspeção judicial* e as *presunções* e *indícios*. São instrumentos considerados idôneos pelo ordenamento jurídico para demonstrar a verdade, ou não, da existência e verificação de fato tido como jurídico.

Todos os fatos podem ser matéria de prova, mas nem todos necessitam ser provados, como os *fatos notórios*. Os fatos negativos podem ser provados mediante circunstâncias positivas.

---

8. Enrico Tullio Liebman, *Manual de Direito Processual Civil*, vol. 2, p. 110.

PROVAS

A amplitude do sistema brasileiro dos meios de prova permite facilmente a adaptação do Direito à modernidade tecnológica, evitando defasagens entre as conquistas da tecnologia e as disposições jurídicas.

Na lição de Paulo de Barros Carvalho: "No âmbito do procedimento administrativo tributário, a prova há de ser feita em toda a sua extensão, consoante esquemas rígidos de aplicação das regras atinentes, de tal modo que se assegurem, com todas as garantias possíveis, as prerrogativas constitucionais de que desfruta o contribuinte brasileiro, de ser gravado apenas nos exatos termos em que a lei tributária especificar".[9]

No processo administrativo tributário não existe limitação expressa com relação aos meios de prova; todavia, tendo em vista suas peculiaridades, predominam as provas documental, pericial e indiciária, ficando muito restritas a prova testemunhal e a confissão.

O direito material aponta as hipóteses em que se exige a prova, e é da substância do direito processual fornecer o rol de meios de prova admitidos no processo, bem como a discriminação da forma e do momento de sua produção, além da forma e limites de avaliação pelo julgador.

Os atos destinados a recolha e produção de provas no processo administrativo tributário são chamados por Alberto Xavier de *atos preparatórios* e se concretizam com o "desenvolvimento de atividades que têm por fim a demonstração da verdade dos fatos que integram o objeto dos aludidos processos e sobre os quais irá assentar a decisão final".[10]

Para Carnelutti, "do ponto de vista da finalidade as provas são meios de buscar a verdade, do ponto de vista do resultado são meios de fixar os fatos".[11]

O Direito não precisa ser provado, porque a norma é de conhecimento de todos. O objeto da prova são os fatos, pois a obrigação tributária nasce da ocorrência do respectivo fato imponível, e o que

9. Paulo de Barros Carvalho, "A prova no procedimento administrativo tributário", *Revista Dialética de Direito Tributário* 34/107.

10. Alberto Xavier, *Do Lançamento: Teoria Geral do Ato, do Procedimento e do Processo Tributário*, 2ª ed., pp. 180-181.

11. Citação feita por Paulo Celso B. Bonilha (*Da Prova no Processo Administrativo Tributário*, p. 99).

198 PROCESSO ADMINISTRATIVO TRIBUTÁRIO

precisa ser provado é justamente o fato ou fatos ocorridos. Estes não se repetem, restando as provas sobre esses fatos; daí a importância dos deveres instrumentais.

Alberto Xavier[12] distingue as *provas* em *pessoais* – como as declarações do contribuinte e de testemunhas – e *reais* – os exames, as vistorias e as avaliações.

Importante distinguir as provas em *diretas* e *indiretas*. A *prova direta* refere-se ao fato em si, representando-o. A prova indireta está relacionada a outro fato (indício), por meio do qual se alcança o fato que se quer provar. Segundo Liebman: "Prova indireta é, por sua vez, aquela que tem por objeto um fato diverso (indício), do qual pode ser extraído logicamente o fato relevante para o julgamento; presunção é a dedução do fato provado da verdade do fato relevante no processo".[13]

Quanto à forma, a prova pode ser *testemunhal*, *documental* ou *material*.

A confissão consiste no reconhecimento da verdade dos fatos alegados pela parte contrária. Com o avanço da ciência processual, é elemento que deve ser sopesado pelo julgador com o conjunto de provas do processo, com utilização muito limitada.

A declaração do contribuinte, podendo ser modificada por ele, visando à sua retificação, não é aceita como confissão, uma vez que a conseqüência lógica desta é a irretratabilidade. Com relação a declarações de testemunhas, a lei fiscal raramente a elas se refere, mas existe referência expressa com relação a pessoas especialmente obrigadas a um dever geral de colaboração para a descoberta da verdade, como as instituições financeiras, tabeliães, escrivães e demais serventuários de ofício, empresas de administração de bens, corretores, inventariantes, leiloeiros, síndicos, comissários ou liquidatários e demais pessoas eleitas pelas leis em razão do cargo, função ou atividade profissional.

A prova documental, amplamente utilizada no processo administrativo tributário, é elemento que representa um fato e o fixa de modo idôneo e permanente, constituindo-se em instrumento probatório da maior importância e também de maior utilização. Em alguns casos a prova documental é a única para demonstrar determinados

12. Alberto Xavier, *Do Lançamento: Teoria Geral do Ato, do Procedimento e do Processo Tributário*, 2ª ed., p. 182.

13. Enrico Tullio Liebman, *Manual de Direito Processual Civil*, vol. 2, p. 102.

fatos. *Documento* é o suporte físico capaz de representar um fato, e por isso deve assumir foro de autenticidade. Essa autenticidade é que imprime ao documento a força protetora do ordenamento, que, acatando seu conteúdo, lhe dá veracidade material e jurídica.

A prova documental é de grande importância para o processo administrativo tributário, principalmente porque a oralidade é restrita e os fatos tributários demandam a utilização de documentos, condição imposta legalmente, seja para o contribuinte, seja para o fisco. As provas documentais em boa parte decorrem da escrita fiscal e contábil do contribuinte.

Quanto à forma, os documentos podem ser *escritos* (documentos em geral – como, por exemplo, escrituras), *gráficos* (meios gráficos que não os escritos) ou *diretos* (aqueles que se transmitem da coisa, como fotos, reproduções).

Há também documentos públicos e privados, conforme promanem do exercício da atividade pública ou privada, e outras classificações com maior ou menor utilidade, que variam em função da origem, forma ou conteúdo.

A legislação estabelece condições em que a prova indiciária serve de fundamento ao lançamento, em substituição à prova documental, base da comprovação dos fatos imponíveis.[14]

Essa situação de caráter excepcional exige que se configure a inexistência da prova documental (documentos comprobatórios dos fatos e falta de escrita) ou a comprovação de sua inexatidão, sem o quê não se pode recorrer à prova indiciária como elemento alternativo.

2.2 Prova magnética

Outra discussão levantada pela doutrina é a da possibilidade de utilização da prova através de arquivos magnéticos no processo administrativo tributário. Este tipo de prova guarda determinadas peculiaridades.

---

14. Acompanha-se a terminologia utilizada por Geraldo Ataliba, uma vez que a expressão "fato gerador" traz equívocos, na medida em que às vezes quer dizer a previsão legal do fato, e outras vezes a própria situação fática ocorrida – pelo quê tem sido combatida pela doutrina. Assim, utiliza-se "hipótese de incidência" e "fato imponível" para designar a primeira e segunda situações, respectivamente.

200 PROCESSO ADMINISTRATIVO TRIBUTÁRIO

A prova magnética consiste em arquivos eletrônicos, obtidos pelo fisco a partir de dados fiscais constantes nos sistemas de automação utilizados por seus contribuintes. A controvérsia acerca da utilização destas informações nasce a partir do seu caráter volátil.

Paulo de Barros Carvalho encontra justificação estritamente jurídica para a não-utilização destes dados *in natura* como meios de prova, e sim indícios de prova, em razão de se tratar "de uma reprodução mecânica, e as reproduções dessa natureza são passíveis de alterações, às vezes profundas e radicais, dando ensejo a deturpações irreparáveis e a montagens que se consubstanciam em modificações substanciais da realidade".[15]

A possibilidade de utilização da matéria destes arquivos como prova no processo administrativo tributário necessita de determinadas cautelas, no sentido de assegurar a inviolabilidade de seu conteúdo.

Dalton Luiz Dallazem ressalta o caráter de *indícios* que estas provas guardam. Em sua lição: "Quer-se aqui frisar o caráter indiciário da base probatória calcada em arquivos magnéticos. A prova cabal sempre fica sujeita à análise física das notas fiscais de entrada e saída. Os arquivos magnéticos constituem meros indícios, não prova definitiva capaz de sustentar um lançamento tributário (a menos que haja concordância expressa do sujeito passivo nesse sentido)".[16]

Assim afirma também Paulo Barros Carvalho: "O eventual campo de aproveitamento desses relatórios estaria circunscrito ao reconhecimento de que são indícios, e, como tais, pontos de partida para o desvelamento de outros fatos que, devidamente comprovados, poderiam demonstrar a existência do fato jurídico tributário do ICMS".[17]

A prova resultante da análise dos arquivos magnéticos é uma realidade no processo administrativo tributário,[18] e sua apreciação

15. Paulo de Barros Carvalho, "A prova no procedimento administrativo tributário", *Revista Dialética de Direito Tributário* 34/109.

16. Dalton Luiz Dallazem, "Processo administrativo tributário. Prova. Arquivos magnéticos", *Jus Navigandi* 929.

17. Paulo de Barros Carvalho, "A prova no procedimento administrativo tributário", *Revista Dialética de Direito Tributário* 34/109.

18. A título exemplificativo a seguinte jurisprudência: "Apreensão de arquivo magnético – Programa 'Authenticator II' – Falta de emissão de notas fiscais pelas operações de saída de mercadorias – Apreensão de CPUs utilizadas pelo contribuinte para gerenciar suas operações – Constitucionalidade da apreensão realizada – Recurso ordinário conhecido e desprovido – Decisão unânime" (TIT/SP, 3ª Câ-

deve respeitar os pressupostos estabelecidos pela legalidade. A Lei 11.196, de 21.11.2005, já traz inovações ao processo administrativo tributário federal neste sentido, prevendo que os atos e termos processuais poderão ser encaminhados de forma eletrônica ou apresentados em meio magnético ou equivalente. A mesma norma traz, ainda, a possibilidade de intimação eletrônica do contribuinte.

Para a utilização do conteúdo dos arquivos magnéticos como meios de prova, uma hipótese consiste em imprimir seu conteúdo na presença do contribuinte e ao final o agente do fisco colher sua aceitação, tornando incontroverso o conteúdo escrito produzido na sua presença.

Da eventual recusa do contribuinte, pode o fisco recorrer ao Judiciário para a quebra do sigilo dos dados contidos nos seus arquivos eletrônicos. Exemplificativamente: a Secretaria de Fazenda do Estado de São Paulo, com vistas a conferir legitimidade à análise dos dados magnéticos, elaborou o programa "Authenticator II", que consiste em sistema de criptografia que gera duas versões dos dados, cada qual com seu código hexadecimal de 32 dígitos, que permite identificar eventuais alterações de dados que venham a ser introduzidas, sendo uma cópia desses disquetes entregue ao representante do fisco e outra ao contribuinte.

Desta forma, os indícios constantes dos arquivos magnéticos, acessados mediante aceite do contribuinte ou autorização judicial, submetidos a processo de autenticação eletrônica, estariam revestidos de legitimidade para figurar como elementos probatórios no processo administrativo tributário.

2.3 Prova emprestada

Assunto controvertido na doutrina processual, a *prova emprestada* merece ser abordada, em razão de ser também utilizada no pro-

mara Temporária, rela. Miriam Gomes Lage, 20.10.2004, Processo DRT-6-38526/ 2002, *DOE* 20.11.2004); "Prova do ilícito fiscal – Omissão de receita – Controles paralelos de recursos mantidos à margem da escrituração. Provado nos autos que o arquivo magnético apreendido pelo fisco corresponde ao controle interno das vendas efetivamente realizadas pela pessoa jurídica, a caracterizar a manutenção de escrituração paralela de recursos, resta configurada a existência de receita subtraída ao crivo da tributação – Recurso voluntário – Negado provimento por unanimidade" (Conselho de Contribuintes, Rec. 121.628, rel. Gustavo Kelly Alencar, 17.2.2004).

202 PROCESSO ADMINISTRATIVO TRIBUTÁRIO

cesso administrativo tributário, uma vez que não existe aspecto legal que impeça seja aplicada. Ao contrário, o instituto da prova emprestada vem encontrando aplicação e ajustamento às peculiaridades do processo administrativo tributário quando oferece segurança e pertinência com os pressupostos indispensáveis ao convencimento do julgador.

Prova emprestada é aquela produzida em determinado processo e trasladada e aproveitada em outro, por certidão extraída do processo original. A polêmica de seu uso está ligada ao fato de não ter sido ela produzida para demonstrar os fatos em questão; mas, como o princípio maior das provas é o de que todos os meios legais são legítimos, nada impede que se faça uso da prova emprestada, desde que ela guarde pertinência com os fatos e se ajuste ao contraditório no processo em que venha a ser emprestada.

Nesse sentido, Nélson Nery Jr.[19] afirma: "Evidentemente não se pode negar valor e eficácia à prova emprestada, que, contudo, deverá obedecer a certas regras para que se efetive validamente (...) deve ser examinada a pertinência e validade da prova emprestada". Adiante, conclui: "De todo modo, aos litigantes deve ser dada oportunidade de discutir a prova emprestada, interpretando-a e deduzindo suas observações para o fim que o novo processo almeja, qualquer que tenha sido o resultado do processo originário".

É comum o uso da prova emprestada como fundamento de pretensão fiscal, e tem sido aceita não só pelos julgadores administrativos, como o próprio STF[20] já se manifestou no mesmo sentido.

Sustenta Paulo Celso B. Bonilha que, "no processo administrativo tributário, o instituto da prova emprestada vem encontrando freqüente aplicação e ajustamento às peculiaridades probatórias desse processo, de conformidade com as elaborações que os colegiados judicantes vêm construindo em torno desse tema".[21]

---

19. Nélson Nery Jr., *Princípios do Processo Civil na Constituição Federal*, 7ª ed., pp. 139-140.
20. STF, RE 95.322-1-SP, *DJU* 18.12.1981, p. 12.946. O voto do Relator, acolhido por unanimidade na 1ª Turma, valida lançamento efetuado pelo fisco federal com prova emprestada de processo administrativo do fisco estadual.
21. Paulo Celso B. Bonilha, *Da Prova no Processo Administrativo Tributário*, p. 123.

2.4 Prova ilícita

No tocante às provas, o inciso LVI do art. 5º da CF veda a utilização de provas obtidas por meios ilícitos, preceito aplicável no âmbito administrativo.

Também os sistemas alemão e italiano dão dignidade constitucional à proibição da prova ilícita, embora não seja absolutamente característica de países não-autoritários, uma vez que na Inglaterra, por exemplo, a busca da verdade real faz com que toda prova seja válida, desde que relevante, e na França também não existe, em princípio, proibição de provas ilícitas. A jurisprudência alemã ressalva a teoria da proporcionalidade, segundo a qual, em caráter excepcional, quando houver ameaça a um bem jurídico relevante e não houver outro meio lícito e legal para resguardar o bem ameaçado, acolhe-se a prova ilícita, baseando-se no princípio do equilíbrio entre valores fundamentais contrastantes. Esse princípio alemão da *proporcionalidade* aproxima-se da construção jurisprudencial da *razoabilidade*, importante e significativo nas manifestações da Suprema Corte americana.

A conceituação de prova obtida ilicitamente é tarefa da doutrina, que não é pacífica a respeito do tema. Grande parte acata a classificação proposta por Nuvolone, que usa a terminologia "prova vedada", mas faz a classificação entre *prova ilegal* e *prova ilícita*. *Prova ilegal* é aquela proibida expressamente em lei; *prova ilícita* é aquela obtida violentando o direito material. Desta maneira, uma prova pode ser legal, porém ilícita, se foi obtida indevidamente.[22] A legislação venezuelana abraça esta posição e dispõe, na sua legislação administrativa fiscal, que se pode provar "com qualquer meio de prova que não esteja expressamente proibido por lei".[23]

Em outra classificação, a ilicitude da prova pode se dar em sentido material ou em sentido formal. A par de outras classificações feitas pela doutrina, pode-se generalizar a questão e afirmar que são razões de natureza *legal* e *moral* que atuam como causas restritivas da livre atividade probatória.

---

22. Nesta última hipótese, quanto às provas derivadas das provas ilícitas, o STF entende plenamente aplicável a teoria dos *fruits of the poisonous tree* – ou seja, reputa válido que a ilicitude de uma prova afeta todas as provas que dela promanaram.

23. Art. 100 da *Ley Orgánica de la Contraloría-General de la República y del Sistema Nacional de Control Fiscal.*

204 PROCESSO ADMINISTRATIVO TRIBUTÁRIO

3. Ônus da prova

O problema do *ônus da prova* está ligado ao modo como se distribui a carga da prova entre as partes interessadas na proteção de seus direitos.

A palavra "ônus" vem do Latim e quer dizer *carga, fardo, peso, gravame*. Traduz-se na necessidade de praticar determinado ato para obter vantagem jurídica. A produção probatória, no tempo e na forma prescritos em lei, é ônus da condição de parte. Eros Roberto Grau define *ônus* como sendo "o instrumento através do qual o ordenamento jurídico impõe ao sujeito um determinado comportamento, que poderá ser adotado se não pretender arcar com conseqüências que lhe serão prejudiciais".[24] Para Carnelutti é a "necessidade de agir de certo modo, antes que de outro, para conseguimento de um interesse".[25]

A opção no sentido de serem normas de direito material as regras do ônus da prova é determinada pela influência limitadora do princípio inquisitório, pelo qual inexiste ônus formal ou subjetivo, por incompatível com a relação jurídica.

Na lição de J. L. Saldanha Sanches: "A impossibilidade da existência de um ónus em sentido formal está ligada à função que esse ónus desempenha no processo civil e que o torna dificilmente adaptável a qualquer outra forma de relação processual; por ónus subjectivo tem de entender-se uma responsabilidade insuprível da parte no carrear para o processo dos factos sobre os quais se vai basear a decisão".[26] Esse ônus formal ou subjetivo traduz-se numa auto-responsabilidade das partes.

A sistematização do ônus da prova entre o sentido formal ou subjetivo e o sentido material ou objetivo foi feita por Rosenberg, que identificou no ônus subjetivo a existência de conexão entre a parte a quem incumbe a prova e a alegação de determinados fatos, enquanto o ônus material tem natureza objetiva.

Embora não exista formulação expressa, a jurisprudência norte-americana a deduz das relações entre as regras para partilha do ônus

24. Citação feita por Valdir de Oliveira Rocha (*A Consulta Fiscal*, p. 67).

25. Citação feita por Nuno Sá Gomes ("As situações jurídicas tributárias-I", *Cadernos de Ciência e Técnica Fiscal* 77/113).

26. J. L. Saldanha Sanches, "O ónus da prova no processo fiscal", *Cadernos de Ciência e Técnica Fiscal* 152/129.

PROVAS 205

da prova no processo fiscal; e, por isso, cada uma das partes, para obter sucesso, tem o ônus de alegar e provar os fatos correspondentes à previsão da norma que aproveita à sua pretensão processual. Conforme pontifica Liebman: "Da necessidade para o juiz de julgar, em princípio, com base nas provas produzidas ou propostas pelas partes deriva a conseqüência de que ao ônus de alegar os fatos relevantes da causa se acrescenta para as partes o ônus de prová-los".[27]

J. L. Saldanha Sanches dá como pacífica a aceitação do "ônus, diferenciando-o, em relação à obrigação, como o possível sacrifício de um interesse, a menos que se verifique um determinado comportamento do seu titular, enquanto na obrigação nos encontramos perante um interesse já sacrificado pela ordem jurídica".[28] No mesmo sentido, Lourival Vilanova afirma: "O sujeito passivo pode omitir a defesa e deixar que o curso da relação corra à revelia. Por isso, dizem-se *ônus* e não deveres jurídicos em sentido estrito".[29]

Enquanto na obrigação o não-cumprimento está ligado pelo ordenamento a determinado efeito jurídico, a ausência do exercício ligado ao ônus se traduz na não-obtenção de vantagem. É o caso, por exemplo, de lei que concede isenção condicionada a requerimento do contribuinte. Assim também em relação a determinadas despesas que a pessoa física tem o ônus de comprovar – por exemplo, gastos com dependentes para obter redução no Imposto de Renda, cuja ausência, pela não-informação, não significa sanção, mas desvantagem econômica que vai ser arcada pelo contribuinte.

As normas que exigem *deveres instrumentais ou formais*[30] tendentes a tornar possível a determinação da existência dos pressupostos da tributação têm como destinatários os contribuintes mas não configuram ônus, e sim deveres jurídicos, embora sejam relevantes para definir a manutenção, modificação ou extinção de determinada relação jurídica fiscal.

Assim, a presunção de verdade conferida à escrita contábil e fiscal do sujeito passivo, quando se encontra devidamente organizada,

27. Enrico Tullio Liebman, *Manual de Direito Processual Civil*, vol. 2, p. 96.

28. J. L. Saldanha Sanches, "O ónus da prova no processo fiscal", *Cadernos de Ciência e Técnica Fiscal* 152/96-97.

29. Lourival Vilanova, *Causalidade e Relação no Direito*, 2ª ed., p. 125.

30. Acompanha-se a terminologia utilizada pelo professor Paulo de Barros Carvalho (*Curso de Direito Tributário*, 6ª ed., pp. 194 e ss.) para especificar as chamadas *obrigações acessórias*, pelos motivos defendidos.

PROCESSO ADMINISTRATIVO TRIBUTÁRIO

segundo as normas legais, é importante garantia do cidadão contribuinte cumpridor de suas obrigações tributárias. Tal presunção de verdade cederá apenas perante a verificação inequívoca de erros, omissões ou inexatidões ou, ainda, outros indícios fundados de que a escrita não reflete a verdadeira situação tributária do contribuinte.

Apesar da possibilidade de revisão oficiosa do lançamento pela Administração, é atribuído ao contribuinte o ônus da iniciativa processual no caso de pretender a anulação de ato que lesa seus direitos. O exame da relação tributária depende do impulso inicial do contribuinte no sentido da instauração do processo administrativo tributário.

Isso porque, apesar de a Administração ter o dever de revogar atos praticados quando constatada sua ilegalidade, não tem como se obrigar a um perpétuo exame dos atos, que depois de certo período adquirem o caráter de definitivos, por motivos de certeza e segurança do direito.

O contraditório propicia ao sujeito a ciência de dados, fatos, argumentos, documentos, a cujo teor ou interpretação pode reagir, apresentando, por seu lado, outros dados, fatos, argumentos, documentos. Assim, à garantia do contraditório para si próprio corresponde o ônus do contraditório, pois o sujeito deve aceitar a atuação no processo de outros sujeitos interessados, com idênticos direitos.

A presunção de legitimidade do lançamento tem induzido muitos ao entendimento de que há predomínio da Fazenda na questão de provas, por isso transferindo a maior carga probante ao contribuinte. Essas posições estão assentes em teoria que sublinha o caráter de prova pré-constituída do lançamento, principalmente a partir do autor italiano Mario Pugliese.

Essa legitimidade inerente ao ato administrativo não é suficiente para explicar os fatos, uma vez que ao julgador é dado formar seu convencimento com liberdade, pelo quê a presunção não tem força para vinculá-lo à decisão.

Tal entendimento foi sendo questionado e rebatido com novas elaborações doutrinárias, evoluindo a questão para uma repartição do ônus da prova na relação processual.

Com a finalidade última da verdade material, que se reflete na legalidade, o processo administrativo tributário estrutura-se segundo o princípio inquisitório, e não o princípio dispositivo. Da recepção desses princípios e da natureza das relações jurídicas de direito público, que não são relações de poder, não há como aceitar que se atribua ao contribuinte o ônus da prova com fundamento na presunção de legitimidade do lançamento.

Outrossim, não se admite mais que a presunção de legitimidade do ato administrativo do lançamento inverta o ônus da prova e, por isso, exonere a Administração de provar os fatos que afirma. Ao contrário, no equilíbrio da relação processual, a prova consiste na demonstração da existência ou da verdade daquilo que se alega e do fundamento do direito. As alegações de defesa que não estiverem acompanhadas da produção das competentes e eficazes provas desfiguram-se e obliteram o arrazoado defensório, pelo quê prospera a exigibilidade fiscal.

Em decorrência da presunção de legitimidade do ato de lançamento, não há relação direta com a repartição do ônus da prova na relação processual tributária. Como afirma Paulo Celso B. Bonilha, "a pretensão da Fazenda funda-se na ocorrência do fato gerador, cujos elementos configuradores supõem-se presentes e comprovados, atestando a identidade de sua matéria fática com o tipo legal. Se um desses elementos se ressentir de certeza, ante o contraste da impugnação, incumbe à Fazenda o ônus de comprovar a sua existência".[31]

A pretensão da Fazenda Pública fundamenta-se no fato imponível, cujos elementos configuradores supõem-se presentes e comprovados, confirmando a subsunção da matéria fática ao tipo legal. São eles: (a) a realização do fato imponível; (b) a quantia referente à dimensão econômica adotada como base de cálculo; e (c) os elementos ou circunstâncias determinantes da atribuição do fato imponível ao sujeito passivo. Diante da impugnação sobre a certeza de um desses elementos, incumbe ao contribuinte provar: (a) fatos impeditivos do nascimento da obrigação tributária ou de sua extinção; e (b) requisitos constitutivos de uma isenção ou outro benefício tributário.

A parte que não produz prova, convincentemente, dos fatos alegados sujeita-se às conseqüências da sucumbência, porque não basta alegar. O fisco tem que oferecer prova concludente de que o evento do contribuinte ocorreu na estrita conformidade da previsão da hipótese legal, assim como o contribuinte deve oferecer os elementos que juridicamente desconstituam o lançamento, ao formular a impugnação.

---

31. Paulo Celso B. Bonilha, *Da Prova no Processo Administrativo Tributário*, p. 94.

PROCESSO ADMINISTRATIVO TRIBUTÁRIO

Na lição de J. L. Saldanha Sanches, o impugnante deve, "quando desencadear o impulso processual, afirmar sem equívocos que não existe o facto tributário em que se baseou a Administração ou que este deverá fundar uma dívida fiscal mais reduzida que aquela que lhe é atribuída".[32]

Alberto Xavier afirma: "Compete indiscutivelmente ao autor a prova dos fatos constitutivos do direito alegado, isto é, do direito à anulação, e, portanto, a prova dos fatos que se traduzem em vícios do lançamento impugnado".[33] Para o autor, a impugnação instaura o processo administrativo tributário como processo de anulação, cujo princípio norteador impõe ao mesmo a demonstração dos fatos de que resulta seu direito à anulação.

Com efeito, conclui-se, com Luís Eduardo Schoueri, acompanhando doutrina alemã, que "também no direito tributário prevalecem as regras do ônus objetivo da prova, que – excetuados os casos em que a lei dispuser diferentemente – impõem caber o dever de provar o alegado à parte em favor de quem a norma corre".[34]

4. Presunções

A *presunção* constitui meio de prova supletiva, só sendo admissível quando o fato em questão não possa ser provado por outros meios. Assim, a presunção é meio excepcional de prova, que conduz a um raciocínio que, partindo do exame de fato conhecido, conclui pela existência de fato ignorado. Segundo Paulo de Barros Carvalho, as presunções "inserem-se no âmbito processual das provas, visando a caracterizar ou positivar meros fatos ou situações de fato que se encaixem nas molduras jurídicas".[35]

Pertinente observar que distinta das presunções é a *ficção legal*, pois nesta o legislador dá por verdadeiro o que sabe ser inexato, isto

32. J. L. Saldanha Sanches, "O ónus da prova no processo fiscal", *Cadernos de Ciência e Técnica Fiscal* 152/118.

33. Alberto Xavier, *Do Lançamento: Teoria Geral do Ato, do Procedimento e do Processo Tributário*, 2ª ed., p. 337.

34. Luís Eduardo Schoueri, "Presunções simples e indícios no procedimento administrativo fiscal", in *Processo Administrativo Fiscal*, vol. 2º, p. 81.

35. Paulo de Barros Carvalho, "A prova no procedimento administrativo tributário", *Revista Dialética de Direito Tributário* 34/109.

é, a lei diz que determinado fato é igual a outro, para produção das mesmas conseqüências, mas na verdade os dois fatos são diversos. Nas palavras de Alfredo Augusto Becker, apoiado em valiosa doutrina: "Na *ficção*, a lei estabelece como verdadeiro um fato que é *provavelmente (ou com toda certeza) falso*. Na presunção a lei estabelece como verdadeiro um fato que é *provavelmente verdadeiro*. A verdade jurídica imposta pela lei, quando provável (ou certa) a falsidade é ficção legal; quando se fundamenta numa provável veracidade é presunção legal".[36]

Tal distinção opera no plano pré-jurídico, uma vez que, criada a regra jurídica, desaparece a diferenciação, e ambas passam a ser tidas como verdades.

Para Ferreiro Lapatza[37] as presunções ferem o direito de igualdade das partes no processo, uma vez que, ao serem profusamente utilizadas no ordenamento tributário, sempre a favor da Administração, invertem o ônus da prova, colocando o contribuinte em situação de debilidade real – o que leva a uma igualdade puramente formal.

Podem as presunções ser consideradas *simples* – fundam-se na razão, e qualquer um pode formulá-las – ou *legais* – estabelecidas em lei, vinculando o aplicador. A diferença entre elas consiste em que no primeiro caso o aplicador ou intérprete é quem as formula, e no segundo é a lei. São ainda *relativas*, conhecidas como *juris tantum*, ou *absolutas*, também conhecidas como *juris et de jure*, conforme admitam ou não prova em contrário, respectivamente.

A produção de provas para confirmar a verdade estabelecida por presunção legal absoluta, ou por ficção legal, é inútil, porque desnecessária.

Mas é preciso observar que é inadmissível o emprego de presunções legais absolutas ou de ficções legais para modificar conceitos usados em norma hierárquica superior. Por isso, devem se compatibilizar com os princípios da legalidade e da tipicidade e se harmonizar com o sistema.

É manifesto o risco de erro nas presunções, que se neutraliza mediante a possibilidade, que sempre fica aberta, da prova contrária.

---

36. Alfredo Augusto Becker, *Teoria Geral do Direito Tributário*, 2ª ed., p. 463.

37. José Juan Ferreiro Lapatza, "Poder tributario y tutela judicial efectiva", in *Estudos em Homenagem a Geraldo Ataliba-1: Direito Tributário*, p. 99.

PROCESSO ADMINISTRATIVO TRIBUTÁRIO

Ensina Cândido Dinamarco que "a técnica das presunções relativas, como é ressabido, conduz à *inversão do ônus da prova* e não a soluções radicalizadas. As presunções relativas projetam-se na teoria da prova, como se vê, mediante alterações no *objeto da prova* (demonstração do indício e não do fato probando em si mesmo) e na distribuição do *onus probandi* (provado o indício, tem-se por cumprido o ônus pelo interessado, passando ao adversário o encargo de provar o contrário)".[38]

Esse tipo de prova só cabe quando não for possível outra, ou a lei especificamente o preveja. Por exemplo, à falta de manifestação do contribuinte, a lei admite o arbitramento. Mas, inversamente, só permite sua rejeição diante de elemento seguro de prova – por exemplo, em uma construção indutiva pela qual se traduz o valor da base de cálculo, a *presunção-prova* formulada pela autoridade fiscal prevalece se não encontrar oposição do contribuinte; se este se opuser, a avaliação passa a ser contraditória, cujo resultado configura a base de cálculo no caso concreto.

Quando a lei exige prova direta, comprovação ou elementos seguros de convicção, o intérprete/aplicador não pode recorrer a presunções.

Sendo o indício a base objetiva da atividade mental por meio da qual se pode chegar ao fato desconhecido, o resultado do raciocínio do julgador se orienta nos conhecimentos gerais universalmente aceitos e por aquilo que ordinariamente acontece para chegar ao conhecimento do fato probando. O indício é o meio (parte lógica), e a presunção o resultado (conclusão). Tido como positivo, o indício leva ao fato desconhecido, que é a presunção.

Essa atividade traduz-se num *silogismo*, em que a *premissa maior* é o *conhecimento geral da experiência* (regras de critérios humanos) e o *fato conhecido* é a *premissa menor* (fatos provados por meios comuns), cuja conseqüência positiva resultante do raciocínio do julgador é a *presunção* (fato provado por presunção).

Comparativamente, no julgamento as premissas maior e menor reduzem-se, respectivamente, nas normas jurídicas aplicáveis e nos fatos provados, cuja conclusão é a decisão.

---

38. Cândido Rangel Dinamarco, *A Instrumentalidade do Processo*, 12ª ed., p. 299.

Os indícios que levam à presunção, enquanto prova, devem também demonstrar a existência da relação de causalidade com o fato que se pretende dar por ocorrido.

O recurso a métodos indiciários em conseqüência de incorreções na escrita só deve ocorrer quando não forem possíveis a comprovação e a quantificação direta e exata dos elementos indispensáveis à determinação dos fatos imponíveis.

Sendo meio excepcional, suscetível de injustiças e arbitrariedades, a utilização de meios indiciários exige que sejam especificados os motivos da impossibilidade de uso de outros meios e a indicação dos critérios utilizados na determinação do fato originário e critério de cálculo, permitindo ao contribuinte reagir contra os mesmos.

Para afastar a relação de causalidade entre o indício e o fato a ser provado há de se mostrar que tal relação não atende aos reclamos da lógica – prova abstrata, lógica – ou, simplesmente, demonstrar que o indício permite não só a ocorrência do fato alegado como, também, de outro qualquer.

Afirma Paulo Celso B. Bonilha que, "no julgamento, o indício que leva à presunção da ocorrência do fato gerador ocultado (fato desconhecido) será apreciado no conjunto probatório que fundamenta a pretensão fiscal. Somente com a convicção de presunção é que a autoridade julgadora admitirá a validade e a procedência do lançamento".[39]

É o que sucede quando são consideradas comercializadas ou consumidas na industrialização, para efeito de tributação, mercadorias que faltam no estoque dos respectivos estabelecimentos.

Quando a lei atribui à Administração a possibilidade de tributação em casos específicos por avaliação ou estimativa, isso como última forma,[40] o requisito indispensável para sua utilização é a determinação inequívoca dos pressupostos dessa forma excepcional de tributação, e

---

39. Paulo Celso B. Bonilha, *Da Prova no Processo Administrativo Tributário*, p. 116.

40. A justiça fiscal, com base no princípio da capacidade contributiva, exige métodos que busquem certeza das bases fiscais, e não os que invoquem outras vantagens como simplicidade, economicidade, agilidade e automatismo. Mas é cada vez mais comum o uso de métodos puramente estimativos, daí a necessidade de se admitir do contribuinte todos os meios de prova de aplicação no Direito para comprovar os fatos alegados, e da Administração as provas nas situações decorrentes de presunção.

PROCESSO ADMINISTRATIVO TRIBUTÁRIO

compete ao contribuinte o ônus de impugnar o lançamento, em decorrência do seu interesse em obter a anulação ou diminuição do lançamento impugnado.

Quando a lei estabelece a presunção para abranger pela tributação certas realidades econômicas, o contribuinte deve provar que o ato que praticou se encontra fora da previsão legal.

Nesses casos é a lei que dispensa a Administração Fiscal da prova direta de certos fatos – o que permite concluir que os julgadores, então, não podem deixar de aplicar tais normas, até prova em contrário do contribuinte.

5. Perícia e diligência

Não comporta este estudo o aprofundamento da discussão sobre a natureza jurídica da perícia, aceitando-se conceituá-la como meio de prova em função da tradição doutrinária. O importante é que, qualquer que seja a natureza que se lhe atribua, a perícia deve ser produzida sob o pálio do contraditório.

A *perícia* é tida como inspeção para verificar fatos ou circunstâncias que interessam ao caso em questão, e sua utilização no processo administrativo tributário está ligada a que nem sempre a prova documental é suficiente para a dedução da verdade material, isto é, não é a prova documental suficiente para imprimir certeza ou convicção quanto à verdade dos fatos deduzidos no processo.

Os autores espanhóis José Arias Velasco e Susana S. Albalat, valendo-se de Castán, definem a *prova pericial* como "a declaração ou afirmação de pessoas especializadas ou técnicas acerca daquelas questões de fato que hão de ser base de solução de um litígio e requeiram, para sua apreciação, conhecimentos especializados";[41] e destacam a importância da perícia para a gestão tributária pela complexidade técnica na aferição de determinados fatos imponíveis e a necessidade de valorar determinados bens que constituem objeto da imposição tributária.

A prova pericial é admitida para evitar seja atribuído ao fisco um poder ilimitado. Mas, como as demais provas, é passível de imperfeições ou erros, suscetível de vícios, que a tornam imprestável.

41. José Arias Velasco e Susana S. Albalat, *Procedimientos Tributarios*, 6ª ed., p. 153.

PROVAS 213

A complexidade da matéria às vezes exige conhecimentos técnicos específicos, a cargo de pessoas especializadas – os peritos –, que promovem *exames* (verificações), *vistorias* (inspeções, averiguações) ou *avaliações* (estimação valorativa), que configuram a *perícia*.

Os laudos fornecidos por órgãos oficiais especializados oferecidos pelo contribuinte na impugnação têm presunção *juris tantum* de idoneidade, exigindo contraperícia para serem negados.

Além das provas atribuíveis às partes da relação processual administrativa tributária, as autoridades preparadoras e as autoridades julgadoras detêm poderes expressos para determinar diligências e produção de provas, advindos do caráter inquisitório do processo administrativo tributário, diferentemente do processo civil, cujo princípio regente é o da iniciativa das partes. Esses poderes probatórios cometidos às autoridades administrativas não se confundem com as atribuições de defesa da pretensão fiscal, pois têm como objetivo o esclarecimento dos pontos controvertidos, sem possibilidade de inversão nos campos de prova pertinentes ao contribuinte ou à Fazenda.

Isso quer dizer que a atuação das autoridades administrativas não consiste em substituir as partes ou suprir a prova não apresentada por aquele a quem incumbia carreá-la ao processo, em função do equilíbrio e da imparcialidade com que devem atuar, mas tão-somente esclarecer aspectos controvertidos considerados relevantes para seu convencimento e que não ficaram suficientemente comprovados pelas provas aportadas ao processo pelas partes.

Nesses casos o julgador não obteve uma correta *percepção* da realidade, "necessitando da colaboração de um *perito* para um esclarecimento mais pormenorizado da verdadeira realidade praticada pelo contribuinte" – como afirma Aurélio Pitanga Seixas Filho,[42] para quem "o *exame pericial*, para um deslinde mais esclarecedor sobre a matéria fática, vai depender, exclusivamente, da necessidade que tenha a autoridade fiscal de aperfeiçoar a sua *percepção* sobre a *verdadeira realidade* por diversas formas representada".

As *diligências* são, em geral, realizadas por funcionários do fisco, que promovem as verificações cabíveis, reduzindo a termo as informações circunstanciadas, com esclarecimentos e resultados.

42. Aurélio Pitanga Seixas Filho, "A prova pericial no processo administrativo tributário", in *Processo Administrativo Fiscal*, vol. 3º, pp. 13-14.

PROCESSO ADMINISTRATIVO TRIBUTÁRIO

O pedido de perícia e diligência formulado regularmente na impugnação deve ser apreciado pela autoridade administrativa e motivadamente deferido ou indeferido, sem o quê se caracteriza cerceamento ao direito de defesa.

Como o julgador não se vincula às condições do laudo e a perícia serve como meio de apuração dos fatos, pode, de ofício ou a requerimento da parte, determinar a realização de *nova perícia* sempre que a primeira não tenha esclarecido o suficiente a questão para a formação de seu convencimento.

Capítulo VII
CONTROLE JURISDICIONAL
DA ADMINISTRAÇÃO TRIBUTÁRIA

1. Controle judicial. 2. Mandado de segurança.

1. Controle judicial

Os atos administrativos, enquanto declarações da autoridade pública, titulam interesses públicos e são desenvolvidos pelos agentes públicos, que às vezes geram danos ao administrado.

Cabe a quem teve interesse ou direito lesado impugnar, na via administrativa, a atividade da Administração, fundamentando a causa da lesão. Tal pretensão pode ser imediatamente atendida pela Administração, ou pelo esgotamento dos degraus da via administrativa, mediante a interposição de recursos hierárquicos. Não o sendo, pode o administrado acionar o Judiciário, que resolverá, em definitivo, a pendência, dando razão ao interessado ou ao Poder Público. O administrado tanto pode exaurir os respectivos recursos administrativos como recorrer, de imediato, ao Poder Judiciário, sempre que ameaçado ou lesado por ato ilegal da Administração.

Mesmo esgotadas as instâncias administrativas, a decisão administrativa não é definitiva, pois não tem a qualidade de *coisa* julgada,[1] e a Constituição não permite retirar do Poder Judiciário a apreciação de qualquer lesão de direito individual.

---

1. A inexistência de *coisa julgada administrativa* decorre de dois princípios fundamentais: o da *revogabilidade dos atos administrativos* e o do *controle jurisdicional da Administração*.

Como preleciona Alberto Xavier: "À *certeza final*, própria do ato jurisdicional, há que contrapor, pois, a *certeza instrumental*, própria de certos atos administrativos. Neste último caso se encontra precisamente o lançamento, no qual a criação de uma certeza objetiva, materializada na formação de um título abstrato, não é o objetivo último a que a Administração Fiscal tende, mas o pressuposto para o eficaz exercício dos seus direitos de crédito tributário".[2]

A faculdade que o cidadão tem de exigir prestações do Estado, decorrentes da relação administrativa e fundadas no direito objetivo, é o que se chama de *direito público subjetivo*, que pode ser ameaçado ou lesado; pode ser líquido e certo, ou pode ser destituído de liquidez e certeza – o que indica o veículo para reivindicar a prestação devida.

O controle jurisdicional do ato administrativo é de grande importância para o Estado de Direito, e é exercido pelo Poder Judiciário[3] sobre a atividade administrativa sempre que eivada de *ilegalidade* ou *abuso de poder*, causando prejuízos a seus destinatários. *Lesão a interesse* está fora do controle jurisdicional, porque desprotegida da norma jurídica.

O Judiciário controla a legalidade, incidindo sobre o ato administrativo imperfeito; procura restabelecer o império da lei, corrigindo o ato editado. O controle jurisdicional do ato administrativo circunscreve-se ao terreno da legalidade, incidindo sobre o ato administrativo imperfeito; procura restabelecer o império da lei, corrigindo o ato editado. O controle jurisdicional do ato administrativo circunscreve-se ao terreno da legalidade.

Anteriores a doutrina e a jurisprudência das Cortes Superiores eram voltadas para a impossibilidade de controle do mérito dos atos administrativos discricionários pelo Poder Judiciário. Esse entendimento tinha por premissa que a discricionariedade atribuída por lei ao administrador lhe conferia liberdade para promoção do juízo de conveniência e oportunidade do ato, e que da interferência do

---

2. Alberto Xavier, *Do Lançamento: Teoria Geral do Ato, do Procedimento e do Processo Tributário*, 2ª ed., p. 269.

3. O controle judicial dos atos administrativos é exercido privativamente pelos órgãos do Poder Judiciário, mas também podem os atos do Executivo que expressam direito em tese sofrer controle do Legislativo (art. 49, V, da CF).

Judiciário nasceria afronta ao princípio constitucional da separação dos Poderes.[4-5]

Entendimento doutrinário atual traz novo vigor à matéria. A doutrina vem creditando ao juízo de legalidade, realizado pelo órgão jurisdicional, a possibilidade de avaliação do mérito dos atos administrativos, sob a ótica dos princípios regentes da Administração Pública. Esta vertente entende que um ato que contém, dentro do seu juízo de conveniência e oportunidade, desvio em relação aos princípios norteadores da atividade administrativa é ato contrário à legalidade.

Celso Antonio Bandeira de Mello acompanha a doutrina inovadora, entendendo que: "Nada há de surpreendente, então, em que o controle jurisdicional dos atos administrativos, ainda que praticados em nome de alguma discrição, se estenda necessária e insuperavelmente à investigação dos motivos, da finalidade e da causa do ato. Nenhum empeço existe a tal proceder, pois é meio – e, de resto, fundamental – pelo qual se pode garantir o atendimento da lei, a afirmação do Direito".[6]

Em atenção à vanguarda doutrinária, a jurisprudência já tem reconhecido a possibilidade da averiguação da legalidade do ato administrativo. A Min. Eliana Calmon, em voto sobre o tema, é conclusiva sobre a matéria: "Assim, quando o Judiciário exerce o controle *a posteriori* de determinado ato administrativo, não se pode olvidar que é o Estado controlando o próprio Estado. Não se pode, ao menos, alegar que a competência jurisdicional de controle dos atos administrativos incide, tão-somente, sobre a legalidade, ou, melhor, sobre a conformidade destes com a lei, pois, como se sabe, discricionarie-

---

4. A antiga doutrina era a favor da impossibilidade de controle. Neste sentido: "O *controle jurisdicional* jamais incide sobre o mérito do ato administrativo, porque aspectos de mérito se inscrevem na esfera do poder discricionário da Administração, faixa reservada ao 'administrador', tão-só" (José Cretella Jr., *Controle Jurisdicional do Ato Administrativo*, 3ª ed., p. 283).

5. Seguia a antiga doutrina a jurisprudência do STJ: "Administrativo – Servidor público – Concessão de horário especial – Ato discricionário – Ilegalidade ou abuso – Inexistência. Foge ao limite do controle jurisdicional o juízo de valoração sobre a oportunidade e conveniência do ato administrativo, porque ao Judiciário cabe unicamente analisar a legalidade do ato, sendo-lhe vedado substituir o administrador público – Recurso ordinário desprovido" (6ª Turma, RMS 14.967-SP, rel. Min. Vicente Leal, *DJU* 22.4.2003, p. 272).

6. Celso Antônio B. de Mello, *Curso de Direito Administrativo*, 24ª ed., p. 951.

218 PROCESSO ADMINISTRATIVO TRIBUTÁRIO

dade não é liberdade plena, mas, sim, liberdade de ação para a Administração Pública, dentro dos limites previstos em lei, pelo legislador. E é a própria lei que impõe ao administrador público o dever de motivação".[7-8]

O chamado *juízo discricionário administrativo* – ou seja, a avaliação da oportunidade e da conveniência para a edição de determinado ato – está condicionado à sua motivação. O motivo precede e é requisito estabelecido pela lei. "A motivação, portanto, é parâmetro para o controle dos atos administrativos pelo Poder Judiciário. A ausência de motivação, tanto quanto o vício de finalidade ou causa determinante, configura ilegalidade, ensejando a invalidação do ato."[9]

7. Citação retirada do voto da relatora no seguinte processo: "Administrativo e processo civil – Ação civil pública – Obras de recuperação em prol do meio ambiente – Ato administrativo discricionário. 1. *Na atualidade, a Administração Pública está submetida ao império da lei, inclusive quanto à conveniência e oportunidade do ato administrativo.* 2. Comprovado tecnicamente ser imprescindível, para o meio ambiente, a realização de obras de recuperação do solo, tem o Ministério Público legitimidade para exigi-la. 3. O Poder Judiciário não mais se limita a examinar os aspectos extrínsecos da Administração, pois pode analisar, ainda, as razões de conveniência e oportunidade, uma vez que essas razões devem observar critérios de moralidade e razoabilidade" (STJ, 2ª Turma, REsp 429.570-GO, rela. Min. Eliana Calmon, *DJU* 22.3.2004, p. 277; *RSTJ* 187/219 – sem grifos no original).

8. No mesmo sentido, jurisprudência do STF: "Administrativo – Tribunal de justiça – Magistrado – Promoção por antiguidade – Recusa – *Indispensabilidade de fundamentação* – Art. 93, X, da CF – Nulidade irremediável do ato, por não haver sido indicada, nem mesmo na ata do julgamento, a razão pela qual o recorrente teve o seu nome preterido no concurso para promoção por antiguidade – Recurso provido" (STF, 1ª Turma, RE 235.487-RO, rel. Min. Ilmar Galvão, *DJU* 21.6.2002, p. 99; *Ementário* 02074-04/685). E também: "Recurso extraordinário – Pressuposto específico de recorribilidade. A parte sequiosa de ver o recurso extraordinário admitido e conhecido deve atentar não só para a observância aos pressupostos gerais de recorribilidade, como também para um dos específicos do permissivo constitucional. Longe fica de vulnerar o art. 6º, parágrafo único, da Constituição de 1969 acórdão em que afastado ato administrativo praticado com abuso de poder, no que revelou remoção de funcionário sem a indicação dos motivos que estariam a respaldá-la. Na dicção sempre oportuna de Celso Antônio Bandeira de Mello, "mesmo nos atos discricionários *não há margem para que a Administração atue com excessos ou desvios ao decidir, competindo ao Judiciário a glosa cabível* (*Discricionariedade e Controle Judicial*)" (STF, 2ª Turma, RE 131.661-ES, rel. Min. Marco Aurélio, *DJU* 17.11.1995, p. 39.209; *Ementário* 01809-06/1.393 – sem grifos no original).

9. Matheus Carneiro Assunção, "O controle judicial dos atos administrativos discricionários à luz da jurisprudência do STF e do STJ", *Jus Navigandi* 1.078.

CONTROLE JURISDICIONAL DA ADMINISTRAÇÃO TRIBUTÁRIA 219

Esta motivação, como emanada de órgão componente da Administração Pública, deve sujeitar-se aos princípios que regem a atividade administrativa. Qualquer motivação que se afaste desta regra fere a legalidade, na medida em que a norma obriga a Administração a seguir seus princípios-nortes. Sendo ilegal a motivação, cabe ao órgão jurisdicional, aquele que detém o juízo de legalidade, impedir que tal situação contrária à lei permaneça.

O controle dos atos administrativos é função conferida ao Judiciário pelo próprio princípio da separação de Poderes, que prevê o controle recíproco entre as funções estatais. A esquiva do Judiciário à apreciação de eventual ilegalidade contida no juízo de conveniência e oportunidade realizado pela Administração implicaria ataque ao princípio do acesso à Justiça e, por fim, em razão da omissão do órgão, criado para assegurar a aplicação da lei, haveria perpetração de situação jurídica em contrariedade ao ordenamento.

Cumpre ao Poder Judiciário examinar o ato administrativo sob todos os aspectos, no exame de sua legalidade – adequação do ato ao texto legal. Para tanto, é necessário o exame completo dos elementos de fato, que fornecem indicador seguro para entendimento do *domínio da legalidade*, condição primeira para a validade e eficácia do ato administrativo. Esta legalidade também deve estar presente no mérito, cabendo ao Judiciário a função de avaliar se o juízo discricionário atende aos pressupostos estabelecidos pelo princípio.

A Emenda Constitucional 45/2004 trouxe ao ordenamento pátrio nova forma de controle de legalidade dos atos administrativos: a *súmula vinculante*. O efeito vinculante alcança não somente os demais órgãos do Poder Judiciário, mas também a Administração Pública direta e indireta, nas esferas federal, estadual e municipal. Este instituto, regulado pelo art. 103-A da CF, prevê o cabimento de reclamação ao STF em relação ao ato administrativo que contrariar a súmula aplicável ou que indevidamente a aplicar. O julgamento pela procedência da reclamação anulará o ato.

As súmulas jurídicas começaram a ser utilizadas pelo STF na década de 60. As súmulas têm o objetivo de atingir uma família de decisões, de certa maneira para uma generalização prescritiva (situação semelhante = mesmo tratamento). De Plácido e Silva conceitua *súmula* como um enunciado "que de modo abreviadíssimo explica o teor, ou o conteúdo integral de uma coisa".[10] Assim, as súmulas são

10. De Plácido e Silva, *Vocabulário Jurídico*, vol. III, p. 297.

220 PROCESSO ADMINISTRATIVO TRIBUTÁRIO

editadas pelos tribunais contendo o entendimento uniformizado sobre determinada matéria. Atrás da regra sumulada há uma justificação subjacente, e a diferenciação é feita no caso concreto, pois a súmula está vinculada às situações que a geraram. Para o Min. Luiz Fux: "A técnica da súmula empreende celeridade ímpar à solução dos conflitos, a partir mesmo da desnecessidade de ingresso ao juízo, porque a vinculação, repita-se, opera-se em todos os níveis, e não só em relação ao Poder Judiciário".[11]

Bruno Maciel dos Santos, em artigo sobre o tema, conclui que "o art. 103-A da CF apresentou importante alteração no sistema vigente ao estender os efeitos vinculantes da súmula à Administração Pública, impedindo a utilização de recursos meramente protelatórios pelos representantes do fisco, bem como obrigando a Administração Tributária a não aplicar a norma julgada inconstitucional pelo STF, no controle difuso de constitucionalidade, evitando-se, assim, o ajuizamento de novas ações sobre a mesma matéria pelos demais contribuintes".[12]

No processo administrativo tributário os tribunais administrativos – órgãos julgadores de segunda instância – também editam súmulas referentes às matérias de entendimento pacífico. O Conselho de Contribuintes da União tem 80 anos, e só desde o ano passado já editou mais de 30 súmulas – o que demonstra uma tendência à edição de súmulas, também. As súmulas editadas pelo Conselho dos Contribuintes podem ser *persuasivas* – aquelas que o vinculam em âmbito interno – ou *vinculantes* – aquelas submetidas ao rito especial, trazido pela Lei 11.196/2005, que tem o condão de vincular toda a Administração Tributária.

Marcos Vinicius Neder, em palestra sobre o tema "Súmula Vinculante no Processo Administrativo Federal", relacionou argumentos favoráveis e contrários à implantação da súmula vinculante. A favor: a utilização de mesmo tratamento para casos semelhantes; a maior consistência das decisões; a eficiência no procedimento, com a economia de esforços dúplices; a redução dos riscos de erro; e a estabilidade nas decisões. Contra: os argumentos da limitação do direito de

---

11. Luiz Fux, "A súmula vinculante e o Superior Tribunal de Justiça", *Revista de Direito Bancário e do Mercado de Capitais* 28/27.

12. Bruno Maciel dos Santos, "Súmula vinculante em matéria tributária", *XXI Congresso Brasileiro de Direito Tributário*, outubro/2007.

CONTROLE JURISDICIONAL DA ADMINISTRAÇÃO TRIBUTÁRIA   221

defesa; da eternização da jurisprudência dominante; do óbice à evolução do Direito; e da limitação da criação do Direito pelo jurista.[13]

No Estado de Direito, em que impera o regime da legalidade, são colocados à disposição do administrado meios para impugnação das ações dos agentes públicos que, no exercício de suas funções, ultrapassam os limites fixados pelo direito positivo.

Na lição de Celso Antônio Bandeira de Mello, o objetivo do Estado de Direito é "garantir o cidadão contra intemperanças do Poder Público, mediante prévia subordinação do Poder e de seus executores a um quadro normativo geral e abstrato, cuja função precípua é conformar *efetivamente* a conduta estatal a certos parâmetros antecipadamente estabelecidos como forma de defesa dos indivíduos".[14]

Os dispositivos constitucionais e legais brasileiros oferecem ao administrado o remédio jurídico mais idôneo para proteção contra todo tipo de ilegalidade ou abuso de poder. Conforme o caso, pode o administrado fazer uso do *habeas corpus*, do *mandado de segurança*, dos *interditos possessórios*, da *ação ordinária* – entre outros.

Diante de ato de autoridade que fira direito líquido e certo, não só o administrado, cidadão ou funcionário, mas também a pessoa jurídica, pública ou privada, têm o *direito subjetivo público constitucional*, consubstanciado no *mandado de segurança*, de reclamar a *prestação jurisdicional* para exigir a volta ao *status* anterior, perturbado ou ameaçado de perturbação por *ato arbitrário* do agente público.

O controle jurisdicional do ato administrativo no Direito Brasileiro é feito por meio dos chamados *remédios* específicos – nos quais se incluem o mandado de segurança, o *habeas corpus*, a ação popular, a ação direta na desapropriação e a ação sumária especial –, ou é feito por meio de ação ordinária, ação executiva, ação constitutiva, ação declaratória ou ação de despejo.

O particular lesado em seus direitos por ato ilegal da Administração pode utilizar-se das vias judiciais comuns, fazendo uso dos instrumentos processuais respectivos, para obter não só a anulação do ato como, também, a reparação dos danos causados pela conduta

13. Marcos Vinicius Neder, "Súmula vinculante no Conselho de Contribuintes", palestra proferida no *II Congresso de Direito Tributário de Londrina*, outubro/2007.

14. Celso Antônio Bandeira de Mello, "O controle judicial dos atos administrativos", *RDA* 152/1.

PROCESSO ADMINISTRATIVO TRIBUTÁRIO

ilegal do Poder Público. Além da *legalidade*, aferida pela conformidade do ato com a norma que o rege, cabe ao Judiciário aferir também a *legitimidade*, ou seja, a conformidade do ato com a moral administrativa e com o interesse coletivo – atributos que devem estar presentes em toda atividade pública (não pode o ato servir a interesses privados de pessoas ou grupos favoritos).

O controle judicial dos atos administrativos é feito pelas vias processuais aptas a impedir, reprimir ou invalidar ato ilegal ou abusivo.

2. Mandado de segurança

O *mandado de segurança* é o remédio mais eficiente e mais utilizado para o *controle jurisdicional da Administração*, no exame do ato administrativo ilegal ou editado com abuso de poder e que ameace ou lese, concretamente, direito líquido e certo. Com prazo de exercício de 120 dias, a contar da ciência oficial do ato a ser impugnado, o mandado de segurança admite suspensão liminar do ato, a critério do juiz, tendo efeito mandamental e imediato se concedido, não podendo ser contestada sua execução por qualquer recurso comum, exceto pelo tribunal competente para tomar conhecimento da sentença de grau inferior.

O mandado de segurança tem definição constitucional dada pelo art. 5º, LXIX, e constitui instituto jurídico de aprimorada técnica processual, como meio de defesa de direito líquido e certo ameaçado ou violado por ato manifestamente ilegal ou inconstitucional de qualquer autoridade. O mandado de segurança permite limitar a atuação da Administração aos contornos da lei.

Na defesa dessa medida processual, Paulo Celso B. Bonilha cita José Manoel de Arruda Alvim, para afirmar que: "Por suas características e pronta atuação judicial que enseja, o mandado de segurança passou a constituir um dos mais importantes instrumentos do processo judicial tributário para tolher e obviar abusos ou constrições ilegais praticadas pelas autoridades administrativas".[15]

Mas nem sempre foi assim. Houve época em que a lei excluía expressamente o uso do mandado de segurança nas questões pertinentes à tributação. Tal exclusão deixou de ser possível a partir da

---

15. Paulo Celso B. Bonilha, *Da Prova no Processo Administrativo Tributário*, p. 34.

CONTROLE JURISDICIONAL DA ADMINISTRAÇÃO TRIBUTÁRIA

Constituição de 1946. Sendo a atividade de tributação tipicamente estatal, o mandado de segurança é o instrumento por excelência destinado ao controle da legalidade no campo tributário.

Nesse sentido, Teresa Arruda Alvim e outros defendem que, "para a proteção constitucional do contribuinte contra eventuais excessos do fisco, o instrumento mais difundido é o mandado de segurança individual, que se tem mostrado instrumento plenamente apto para assegurar ao contribuinte que o Poder Público não desborde dos limites constitucionais e legais quando da instituição, fiscalização e cobrança de tributos".[16]

A posição de Alberto Xavier é coincidente: "Em matéria tributária, todo tipo de ato tributário (que não apenas o lançamento) é passível de mandado de segurança, quer se trate de atos positivos – de que o lançamento é paradigma – ou negativos, como a recusa de reconhecimento de isenção ou a recusa de restrição de pagamento indevido; quer se trate de atos primários, quer se trate de atos secundários, como a revisão do lançamento *ex officio*, ou a revisão a pedido do particular em recurso hierárquico, reclamação ou impugnação administrativa".[17]

A ilegalidade e o abuso de poder podem se caracterizar tanto nos atos discricionários quanto nos atos vinculados. Ao enfrentar esta questão, Michel Temer assim se manifesta: "No ato vinculado a ilegalidade é direta e imediata. Na edição do ato discricionário a ilegalidade é indireta e mediata. Conclui-se que o mandado de segurança pode dirigir-se tanto contra o ato vinculado quanto contra o ato discricionário. Este, em face do abuso de poder".[18]

Impetração de mandado de segurança contra *lei em tese* (contra norma que não incidiu) é incabível, mas não se confunde com *impetração preventiva*, na qual o impetrante afirma residir seu direito de impedir futura lesão a direito seu por "ato concreto *[de autoridade]* que possa pôr em risco o direito do postulante".[19] Cada vez mais a resistência contra o mandado de segurança preventivo vem cedendo pela afirmação da jurisprudência. Em defesa do mandado de segu-

---

16. Teresa Arruda Alvim, James Marins e Eduardo Arruda Alvim (coords.), *Repertório de Jurisprudência e Doutrina sobre Processo Tributário*, p. 14.

17. Alberto Xavier, *Do Lançamento: Teoria Geral do Ato, do Procedimento e do Processo Tributário*, 2ª ed., p. 374.

18. Michel Temer, *Elementos de Direito Constitucional*, 22ª ed., p. 185.

19. Hely Lopes Meirelles, *Mandado de Segurança*, 30ª ed., p. 28.

rança preventivo, Hugo de Brito Machado enuncia: "O justo receio de vir a ser molestado por ato de autoridade, fundado em lei inconstitucional ou em ato normativo infralegal desprovido de validade jurídica, decorre do próprio princípio da legalidade, ao qual está vinculada a autoridade administrativa".[20]

Outra questão de interesse do mandado de segurança no âmbito tributário refere-se à consulta formulada por contribuinte em face de fato concreto já ocorrido. A resposta ao consulente tem efeito vinculante, ou seja, opera como *ato administrativo em concreto*,[21] e contra ela pode o consulente impetrar mandado de segurança.

Hugo de Brito Machado colabora com esta posição, destacando: "A resposta a consulta formulada em face de situação concreta pode significar uma cobrança de tributo, feita administrativamente inclusive sob a ameaça das sanções legalmente previstas para o inadimplente da obrigação tributária. E, sendo assim, enseja, induvidosamente, a impetração de mandado de segurança".[22]

Quanto à determinação do tipo de sentença produzida, a doutrina é controvertida. Se for considerado o critério do conteúdo do pedido, cabem todas as naturezas que a teoria abriga: se o pedido é de uma prestação ou abstenção, a sentença é *condenatória*; se o mesmo se limitar à anulação de ato viciado, é *constitutiva*; e se o impetrante pedir o reconhecimento da nulidade do ato, sem nada mais pleitear, a sentença respectiva é *declarativa*.

Assim entende também Lúcia Valle Figueiredo, ao afirmar: "A sentença, no mandado de segurança, pode ser constitutiva ou condenatória e, até mesmo, declaratória, em casos especialíssimos".[23]

Em mandado de segurança corretivo a sentença de mérito reveste-se das características de sentença constitutiva de anulação, pois se traduz em anulação de um ato de autoridade, assim como aquela proferida em ação de anulação de débito fiscal. No caso de mandado de segurança preventivo ou contra ato omissivo a sentença de mérito é de condenação de prestação de fato. Condenação de prestação de fato

20. Hugo de Brito Machado, *Processo Judicial em Matéria Tributária*, p. 85.

21. Em relação a terceiros a resposta à consulta tem a natureza de simples *interpretação* e opera como *norma em tese*.

22. Hugo de Brito Machado, "Mandado de segurança e consulta fiscal", *RDTributário* 61/113.

23. Lúcia Valle Figueiredo, "Mandado de segurança em matéria tributária", *RDTributário* 62/54.

CONTROLE JURISDICIONAL DA ADMINISTRAÇÃO TRIBUTÁRIA

positivo (ordem para a prática de determinado ato), no caso de ato omissivo; e condenação de prestação de fato negativo (proibição de praticar certo ato), no caso preventivo.

Não importa, aqui, aprofundar a evolução histórica e os mais variados aspectos jurídicos do mandado de segurança, mas tão-somente identificá-lo no que toca aos aspectos ligados aos atos administrativos que comportam sua utilização no controle da legalidade no processo administrativo tributário. Nessa orientação, pode-se, de imediato, transcrever a definição de *mandado de segurança* dada por José Cretella Jr.: "a ação civil de conhecimento, de rito sumaríssimo, pela qual todo aquele que, por ilegalidade ou abuso de poder, proveniente de autoridade pública ou de delegado do Poder Público, sofra violação de direito líquido, certo e incontestável, não amparável por *habeas corpus*, ou tenha justo receio de sofrê-la, tem o direito de suscitar o controle jurisdicional do ato ilegal editado, ou a remoção da ameaça coativa, a fim de que se devolva, *in natura*, ao interessado aquilo que o ato lhe ameaçou tirar ou efetivamente tirou".[24]

Alberto Xavier qualifica o mandado de segurança como "ação de conhecimento cujas características essenciais residem em ter por *objeto* um ato de autoridade pública, por *fundamento* um fato objeto de prova documental pré-constituída e desenvolver-se através de um *rito* mais expedito que o processo ordinário de declaração".[25]

O objetivo do mandado de segurança é a obtenção de uma ordem do juiz, de um mandamento, à autoridade coatora para a entrega de prestação; ou seja, obter uma ordem do juiz para que se execute determinada providência. Por isso, o rito é o mais célere e o mais simples possível.

O foro é determinado pelo domicílio da autoridade impetrada, importando o local em que o ato impugnado foi praticado.

Seguindo Alfredo Buzaid, José Cretella Jr. sublinha a característica do mandado de segurança como ação em que "a decisão é o *prius*; o mandado, o *posterius*. Este não existe sem aquela; em compensação, aquela contém ínsito o mandado, que é, em última análise, a sua forma natural e específica de execução".[26]

---

24. José Cretella Jr., *Controle Jurisdicional do Ato Administrativo*, 3ª ed., pp. 345-346.

25. Alberto Xavier, *Do Lançamento: Teoria Geral do Ato, do Procedimento e do Processo Tributário*, 2ª ed., p. 373.

26. José Cretella Jr., *Controle Jurisdicional do Ato Administrativo*, 3ª ed., p. 362.

226 PROCESSO ADMINISTRATIVO TRIBUTÁRIO

Tendo capacidade para postular em juízo, pode impetrar mandado de segurança qualquer pessoa, física ou jurídica (de direito privado ou de direito público), brasileira ou estrangeira, que tenha tido direito líquido e certo violado ou ameaçado por ato ilegal ou por abuso de poder da Administração.

Enquanto o *sujeito passivo da lide* é a pessoa jurídica de direito público interno (União, Estados, Distrito Federal e Municípios), o *sujeito passivo da ação* é a autoridade coatora, e daí a obrigatoriedade de citação do Estado, como litisconsorte, sob pena de ineficácia da sentença que concede o mandado. A autoridade coatora é o substituto processual, e não representante do Estado; e, por isso, defende em juízo direito do Estado em nome próprio. O mandado de segurança destina-se a invalidar certos atos de autoridade que detém *poder público*.

A legitimação ativa para suscitar o controle jurisdicional de ato administrativo lesivo é do titular do direito líquido, certo e incontestável ferido por ato arbitrário do Poder Público.

A sentença de mérito no mandado de segurança dirige-se ao Estado, não importando haver sido substituída a autoridade coatora. Os efeitos da sentença prolatada são imutáveis e produzem coisa julgada em relação ao substituído. Agora, se o novo titular do cargo desfizer o ato coator, insubsiste o mandado, por falta de interesse do autor.

Como o mandado de segurança é concedido para a proteção de direito *líquido e certo*, a doutrina e a jurisprudência têm travado discussões para construir as definições que melhor sirvam à solução das controvérsias, e que têm evidenciado a idéia de *incontestabilidade* – ou seja, uma afirmação que não pode ser validamente impugnada pelo Poder Público que praticou o *ato ilegal* ou o *abuso de poder*.

J. R. Feijó Coimbra, ao enfrentar a questão do *direito líquido e certo*, destaca a posição de Pontes de Miranda, para afirmar que "no processo de mandado de segurança dois direitos se colocam par a par: um básico e outro conseqüente, um que antecede o pedido e outro que a autoridade ofende, opondo-se à sua realização. O direito básico, antecedente, tem de ser líquido e certo, verificável de plano, sem carecer de comprovação outra além da documentação que a ele possa ser a alusiva; o outro, o direito-conseqüência, é que constituirá o objeto do *mandamus*".[27]

---

27. J. R. Feijó Coimbra, *Defesas Fiscais*, p. 266.

CONTROLE JURISDICIONAL DA ADMINISTRAÇÃO TRIBUTÁRIA 227

Não há como se considerar líquida e certa situação sobre a qual surja *controvérsia*, seja de interpretação, seja de aplicação. E, por isso, não pode ser fundamento para a impetração de mandado de segurança. Qualquer controvérsia exclui a certeza. *Líquido* não é só o certo em quantidade, mas o concretizado como objeto, não dependente de qualquer liquidação. A *certeza* é condição da liquidez.

No contexto normativo do mandado de segurança a expressão "direito líquido e certo" indica ausência de controvérsia quanto aos fatos.

Elucida José Cretella Jr.: *"Direito líquido e certo* é aquele que não desperta dúvidas, que está isento de obscuridades, que não precisa ser aclarado com o exame de provas em dilações, que é, de si mesmo, concludente e inconcusso".[28]

Para a caracterização de liquidez e certeza, os fatos em que se fundar devem ser provados de forma incontestável. Não há instrução probatória no mandado de segurança – impetrante e informante hão de produzir a sustentação das suas alegações documentalmente. A doutrina é concorde em que isso se dá por documentos juntados à inicial, por ser a forma adequada a uma demonstração imediata e segura de fato inequívoco, sem necessidade de provas complementares de qualquer espécie, independentemente da complexidade das questões envolvidas, que o magistrado pode reconhecer de imediato, sem necessidade de detido exame.

Oportuno abordar a questão do mandado de segurança quando inscrito o crédito tributário como dívida ativa, pois ainda há manifestação contrária ao uso desse instrumento nessa fase, com base na argumentação de que tal dívida goza de presunção de liquidez e certeza.

Não há contraposição entre a *presunção de liquidez e certeza* da dívida ativa – pois esta diz respeito a questões de fato – e a expressão "direito líquido e certo", pelo qual o impetrante pode atacar a dívida ativa, que se refere ao *significado jurídico* dos fatos, à constitucionalidade da norma tributária.

A dívida ativa regularmente inscrita é líquida e certa até prova em contrário: líquida quanto ao montante e certa quanto à legalidade. E estes aspectos dizem respeito a situações fáticas. Estas só podem ser atacadas no mandado de segurança se for apresentada prova inequívoca pré-constituída, uma vez que a liquidez e certeza da dívida ativa só hão de ceder diante de prova em contrário.

28. José Cretella Jr., *Controle Jurisdicional do Ato Administrativo*, 3ª ed., p. 376.

PROCESSO ADMINISTRATIVO TRIBUTÁRIO

O ato de autoridade contra o qual pode ser impetrado o mandado de segurança é qualquer manifestação do Poder Público exteriorizada (ato administrativo) pela autoridade coatora ocupante de cargo no desempenho de suas funções, ou a pretexto de exercê-las, que lese ou ameace lesar, por ação ou omissão, direito líquido e certo do indivíduo.

No âmbito do processo administrativo tributário podem revelar ilegalidade ou abuso de poder principalmente as atitudes que afrontem o contraditório e a ampla defesa – como, por exemplo, o desrespeito à publicidade, a negativa de perícia necessária, a falta da devida fundamentação das decisões, entre outras.

No tocante ao prazo de 120 dias para uso do mandado de segurança, no caso de recurso administrativo para reexame da decisão perante a mesma autoridade (pedido de reconsideração) ficou cristalizado o entendimento no sentido de que de maneira alguma se interrompe a fluência do prazo, valendo o prazo inicial da primeira decisão, que teria ferido o direito líquido e certo do interessado, conforme entendimento dado pela Súmula 430 do STF: "O *pedido de reconsideração*, na via administrativa, não interrompe o prazo para o mandado de segurança". Assim, para impetração de segurança vale o prazo inicial da primeira decisão, que teria ferido o direito líquido e certo do interessado.

O prazo é de decadência, não podendo ser suprimido ou interrompido, e se conta da ciência do ato impugnado, e não de ato posterior que o manteve.

Como o sistema brasileiro não impede que o administrado recorra, mesmo que simultaneamente, às duas esferas distintas – administrativa e judicial –, embora interligadas, com recíprocos reflexos, o ingresso na via judicial por meio de mandado de segurança não significa desistência do recurso administrativo.

No caso de a decisão judicial ser favorável ao impetrante, fica inutilizada a decisão administrativa desfavorável, reintegrando-se o lesado em seus direitos e devolvendo-se-lhe as vantagens subtraídas com a prática abusiva ou ilegal. Se desfavorável, o interessado pode prosseguir com os recursos administrativos, podendo até a própria Administração vir a acolher o pedido e reconhecer o direito.

O ato administrativo produz efeitos imediatos, e se sua eficácia for coatora pode gerar danos irreparáveis – o que justifica a ação imediata e radical própria do mandado de segurança, que é remédio

CONTROLE JURISDICIONAL DA ADMINISTRAÇÃO TRIBUTÁRIA   229

jurídico dirigido à auto-executoriedade do ato. Para lhe evitar os efeitos, a *medida liminar*[29] responde imediatamente, pois corta-lhe a eficácia.

Como procedimento fulminante, a medida liminar existe dentro da operação maior que é a ação mandamental. É providência anterior que se opõe à medida posterior (providência de mérito). A concessão de liminar, sobrestando os efeitos do ato, não implica julgamento prévio, nem definitivo, do próprio ato, mas não apenas pode suspender liminarmente o direito atacado como, também, determinar à autoridade exorbitante o cumprimento específico da prestação – praticar ou se abster de praticar o ato –, sob as sanções da lei penal.

Na panorâmica do processualismo moderno, o importante é a realização da justiça – e, nesse sentido, a *concessão da liminar* está situada na *esfera discricionária* do magistrado. Como acentua José Cretella Jr.: "É o magistrado que irá valorar o fundamento do pedido, ao apreciar o caso, em concreto, e julgar se o sobrestamento do ato impugnado é indispensável para que o deferimento extemporâneo da medida não se torne inócuo, por ineficaz".[30] O fundamento está na relevância do motivo e na irreparabilidade futura do dano produzido pelo ato impugnado.

A legitimação da liminar está na verificação da existência dos pressupostos da concessão, que o juiz faz ao apreciar a inicial, e está relacionada com uma das garantias dos direitos do cidadão assegurados na Constituição Federal (lesão irreparável ao direito).

A força da medida liminar do mandado de segurança consiste em suspender a exigibilidade do lançamento, não sustando sua prática. É a sentença de mérito de mandado de segurança preventivo que tem legitimidade para proibir a prática do lançamento. Se fosse possível por cognição sumária obstar ao exercício de atividade administrativa como o lançamento, haveria invasão de competência.

Fica sem efeito a liminar concedida, retroagindo os efeitos da decisão contrária, se for denegado o mandado de segurança pela sentença, ou no julgamento do agravo. Pode até ocorrer revogação da

---

29. *Liminar* é considerada gênero, do qual as *medidas cautelares* e as *tutelas antecipadas* são espécies, tidas como garantias do cidadão contribuinte deduzidas do princípio do acesso à Justiça. No mandado de segurança a liminar constitui hipótese típica de antecipação da tutela.

30. José Cretella Jr., *Controle Jurisdicional do Ato Administrativo*, 3ª ed., p. 459.

230 PROCESSO ADMINISTRATIVO TRIBUTÁRIO

liminar antes da sentença final, o que interrompe sua eficácia e opera *ex tunc*. No caso de o impetrante adquirir direito em função de conseqüência da liminar, a decisão final que anula a liminar não incide sobre os direitos adquiridos.

Quando a ação é julgada procedente a liminar é absorvida pela sentença final; mas se julgada improcedente a liminar é revogada.

Da decisão denegatória ou concessiva cabe recurso de apelação, e o juiz, toda vez que concede o mandado, recorre de ofício, não tendo os recursos (voluntário ou de ofício) efeito suspensivo.

Questão não pacificada pela jurisprudência diz respeito à possibilidade de o relator do agravo deferir liminar denegada em primeiro grau. Os que entendem não ser possível fundamentam-se, basicamente, no fato de o agravo de instrumento não ter a natureza de ação, mas consubstanciar recurso interposto contra decisão denegatória, pelo quê descabe o pedido de liminar. Na posição oposta filiam-se Américo Lacombe e Hugo de Brito Machado,[31] que defendem a possibilidade de antecipar efeitos do mérito recursal via provimento liminar substitutivo. Esse entendimento[32] assenta-se em interpretação não-gramatical dos arts. 527 e 558 do CPC, mas sistemática e condizente com o direito positivo e que alcança a instrumentalidade do processo e sua capacidade de produzir os resultados desejados, preservando a prevalência de princípios – em particular o da igualdade, o da economia e o da plenitude de acesso à jurisdição. Afinal, se a apelação devolve ao conhecimento do tribunal todas as questões debatidas no juízo de primeiro grau, também há de devolver a matéria relativa à liminar.

A doutrina tem-se debatido sobre os efeitos da sentença no mandado de segurança, quando decide ou não o mérito. Lúcia Valle Figueiredo, em estudo específico, sumulou:

"A sentença concessiva, no mandado de segurança, faz coisa julgada material.

"Todavia, se denegatória, pode fazer ou não. Este o entendimento da Súmula 304 da Suprema Corte.

---

31. *Apud* Valdir Rocha, *Problemas de Processo Judicial Tributário*, pp. 121 e ss.

32. Nesse sentido: TRF-3ª Região, AI 96.03.030595-2 38509, j. 5.6.1996; TRF-5ª Região: AI 7.673-PB, j. 14.6.1996; AI 7.346-CE, j. 8.8.1996; AI 7.404-PE, j. 27.6.1996; AI 7.118-CE, j. 5.7.1996; AI 7.346-PE, j. 11.7.1996.

CONTROLE JURISDICIONAL DA ADMINISTRAÇÃO TRIBUTÁRIA

"É dizer: se a sentença denegatória percute o mérito, ter-se-á coisa julgada material.

"Se, entretanto, deixar de fazê-lo, por circunstâncias especiais, teremos, apenas, a coisa julgada formal."[33-34]

Para obter a proteção aos eventuais desvios da atividade administrativa tributária nas suas várias fases, os problemas, em boa parte, são superados por procedimentos céleres, não só pelo mandado de segurança, mas também por medidas cautelares ou mesmo antecipatórias, previstas no ordenamento.

O mandado de segurança é o instrumento jurídico específico e mais empregado no Direito Brasileiro para o controle dos atos da Administração. Mas há outros instrumentos processuais, como o *habeas corpus* (contra ato administrativo que impeça a liberdade de locomoção), a *ação direta/ação popular* (contra atos lesivos ao patrimônio das entidades públicas), a *ação direta na desapropriação* (contra declaração expropriatória).

Além desses instrumentos, o controle jurisdicional dos atos da Administração também se processa mediante o emprego de *ações não-específicas*, como a *ação executiva fiscal*, os *interditos possessórios*, a *ação penal*, a *ação cominatória*, a *ação constitutiva*, a *ação declaratória*, a *ação de consignação em pagamento*, a *ação de despejo*.

Especificamente em relação ao processo judicial tributário, quase todas as ações exacionais são próprias, com exceções, como a ação de inconstitucionalidade, a ação declaratória de constitucionalidade, a argüição de descumprimento de preceito fundamental e a ação popular; enquanto são impróprias quase todas as ações antiexacionais – o que demonstra a existência na legislação brasileira de instrumentos especiais aptos à cobrança coativa de tributos e apenas instrumentos processuais ordinários, com exceção da ação de embargos à execução fiscal, como garantia judicial do contribuinte contra a atuação fiscal.

---

33. Lúcia Valle Figueiredo, "Mandado de segurança em matéria tributária", *RDTributário* 62/59. No mesmo sentido Hugo de Brito Machado, "Coisa julgada no mandado de segurança", in *Temas de Direito Tributário-II*.

34. Esse é o entendimento no STF: RE 67.352-SP, j. 12.8.1969; RE 69.912-GB, j. 4.5.1971; AR 768-SP, j. 19.10.1972; RE 73.579-GO, j. 30.5.1972; RE 75.520-GO, j. 15.5.1973; RE 78.119-RJ, j. 8.8.1975; RE 81.423-RJ, j. 19.9.1975.

CONCLUSÕES

1. O processo administrativo tributário tutela administrativamente interesses do administrado contra medidas arbitrárias ou ilegais da autoridade administrativa concretizadas pelo lançamento tributário e pela imposição de penalidades; e se configura pelo desencadeamento de uma série de medidas processuais, estabelecidas pelo legislador, para conferir efetividade a uma situação amparada pelo direito substancial, a partir de ato do contribuinte, com apresentação de impugnação, momento em que se institui o *contraditório*.

2. Decorrência da elevação ao altiplano constitucional e da visão teleológica processual moderna, ultrapassa-se a visão introspectiva de *processo* apenas como *instrumento do Poder Judiciário*, transcendendo-se não só a terminologia mas também as *linhas diretivas*, para consolidar o processo administrativo tributário como instrumento para o legítimo exercício do poder de controle da legalidade dos atos administrativos tributários, constituindo-se em meio idôneo para *pacificar e fazer justiça administrativa tributária*, com a prevalência do interesse da ordem jurídica sobre os interesses divergentes dos litigantes na resolução dos conflitos em matéria tributária, para atingir os resultados jurídico-substanciais desejados pela própria Constituição Federal e pela lei ordinária.

3. A consulta tributária é instrumento orientador de natureza preventiva que reduz os fatores de incerteza derivados da complexidade e da heterogeneidade das obrigações tributárias, cujo aprimoramento é indispensável para harmonizar as relações Fisco/contribuinte, na medida em que reforça a certeza e segurança jurídicas ao administrado, facilitando e antecipando o conhecimento e compreensão das normas aplicáveis aos casos consultados – o que, em última análise, reduz os custos e agiliza o cumprimento das obrigações tributárias. Não havendo prazo legalmente estabelecido, o tempo para resposta deve ser razável, nunca excedendo 120 dias (prazo adotado por analogia em relação ao prazo para impetração de mandado de segurança).

234 PROCESSO ADMINISTRATIVO TRIBUTÁRIO

4. As decisões resultantes dos julgamentos administrativos tributários, como os demais atos administrativos, têm atributos e também requisitos de validade, sem a obediência dos quais se tornam viciadas. Tais vícios podem atingir qualquer um dos elementos dos atos, e pela intensidade da repulsa são ou não passíveis de convalidação, via tratamento instrumental depurativo que lhes salve os efeitos. O próprio processo administrativo tributário constitui-se em uma forma revisional, formado por uma série de atos administrativos e do sujeito passivo da obrigação tributária para que a Administração possa rever sua validade e sua eficácia, segundo os valores consagrados na ordem constitucional, em especial a liberdade e a igualdade, que sintetizam o valor *justiça*.

5. No âmbito dessa *autotutela* conferida à Administração Pública, o processo administrativo tributário garante o controle de legalidade sobre ato administrativo ilegítimo ou ilegal e é um dever da Administração, podendo esta agir de ofício ou mediante provocação do interessado, e se desenvolve no âmbito do Poder Executivo dos diversos entes políticos, cuja competência é de *órgãos judicantes*, com o escopo de restabelecer o equilíbrio que deve ocorrer na relação entre sujeito ativo e sujeito passivo da obrigação tributária, que é uma relação de direito, e não de poder.

6. Essa *função judicante*, embora tenha em comum com a *função ativa* a *imparcialidade material* (atuação com aplicação objetiva e vinculação à lei), diferencia-se dela pela diversidade conceitual do interesse que objetivam realizar. À *Administração ativa* cabe zelar pelo *interesse fazendário*, consubstanciado na arrecadação de tributos; enquanto à *Administração judicante* cabe perseguir o *interesse da ordem jurídica*.

7. Com a apresentação da impugnação o contribuinte institui o contraditório e inaugura o processo administrativo tributário para indagar da conformidade entre o ato fiscal e a lei. Essa impugnação tem fundamento no direito de petição e está teleologicamente orientada para obter uma decisão sobre a legalidade de determinada obrigação tributária, visando a dirimir o conflito, e pressupõe o direito à prova da violação ou do abuso e o direito à reapreciação do ato praticado.

8. O cabimento de revisão, via de recurso a órgão colegiado, funda-se na possibilidade de a decisão singular ser injusta ou errada e tem como fundamento de natureza política o de que nenhum ato

CONCLUSÕES

estatal pode ficar imune aos necessários controles. Os órgãos colegiados de segunda instância, cuja composição é mista – parte com representantes da Administração Fazendária e parte com representantes da sociedade –, caracterizam ainda mais a imparcialidade e oferecem maior efetividade ao binômio *segurança/justiça*, atendendo melhor ao fundamento político de maior controle dos atos administrativos e ao Estado Democrático de Direito, pela participação dos administrados diretamente na Administração Pública.

9. Algumas legislações prevêem um recurso especial para decisões desfavoráveis à Administração, e que normalmente é de competência do titular da Fazenda Pública. Essa permissão ao fisco para rever, por decisão singular, julgado proferido por órgão colegiado é esdrúxula, ao permitir que uma autoridade isolada casse aresto de órgão colegiado, uma vez que o processo administrativo tributário não existe para expressar a *vontade* da Administração, mas a solução de uma controvérsia segundo a vontade da lei, e o que importa é a boa aplicação da justiça, na manutenção da ordem jurídica, e a igualdade das partes.

10. De modo geral, os recursos objetivam conferir às decisões maior grau de certeza e segurança, o que não se afina com incidentes infundados e com intervenções protelatórias. Inconformismos desprovidos de mínimo fundamento, na tentativa de procrastinar a situação final processual, devem ser desestimulados por meio de instrumentos legais que combatam e eliminem condutas desconformes com o balizamento ético que deve cercar o comportamento processual.

11. Embora os julgadores administrativos tributários não estejam integrados ao Poder Judiciário, estão alheios às partes; ao contrário, objetivam a solução de uma controvérsia segundo a vontade da lei, e o que importa é a manutenção da ordem jurídica. Em prestígio ao conteúdo normativo dos valores do Estado Democrático de Direito, tais órgãos devem ter *imparcialidade orgânica*, sem vínculos diretos de subordinação hierárquica, constituindo-se em um corpo autônomo, em uma função *para-hierárquica*, livre de injunções de qualquer natureza, ainda que sob a égide do mesmo órgão do Poder Executivo.

12. Esses órgãos e sistemas administrativos caracterizam-se por sua especialização técnica e têm melhores elementos para apreciação de situações de fato e dados técnicos para o pleno conhecimento da situação objeto do conflito. E funcionam como instrumento auxiliar, reduzindo as causas instauradas perante o Judiciário, à medida que tendem à simplicidade e celeridade, sem afetar os princípios essenciais do Estado de Direito, atendendo ao objetivo de justiça no julgamento dos recursos; e, discutindo sobre matérias e normas tributárias, ainda possibilitam o constante aprimoramento e desenvolvimento destas.

13. Aos julgadores administrativos fiscais é conferido o livre convencimento na apreciação da prova, uma vez que no processo o princípio que prevalece é o da distribuição da justiça, que exige a descoberta da verdade material em relação à suposta legitimidade do lançamento. É essa busca da verdade material, como elemento essencial ao julgamento, que impõe a exigência da prova, como sendo a soma dos fatos produtores da convicção do julgador apurados no processo sob o vetor inquisitório, segundo o qual a autoridade administrativa julgadora acha-se investida de latitude de ação em relação à prova, como sujeito ativo da própria instrução.

14. A atividade probatória representa um aspecto central do processo, ligada à alegação e à indicação dos fatos, visando a demonstrar a verdade. Portanto, cada uma das partes tem o ônus de alegar e provar os fatos correspondentes à previsão da norma que aproveita à sua pretensão processual para obter sucesso no encaminhamento dialético do processo. Embora não exista limitação expressa com relação aos meios de prova, predomina no processo administrativo tributário a prova documental, que representa um fato e o fixa de modo idôneo e permanente.

15. As decisões administrativas promovidas na atividade judicante devem ser motivadas, em observância aos preceitos constitucionais, de modo a evidenciar se a legalidade, a imparcialidade e a moralidade foram observadas pela Administração, pois só a motivação mostra o exercício lógico-intelectual do julgador e sua submissão ao Estado de Direito e às garantias constitucionais.

16. O interesse da ordem jurídica é primacial na função judicante da Administração, o que só é possível com a plena efetividade da Constituição e de todas as leis e normas nela fundadas. A recusa da aplicação de preceito legal que conflite com preceito constitucional está no âmbito do exercício do controle da legalidade dos atos administrativos de natureza tributária e se traduz em um poder-dever. As decisões administrativas só são válidas se orientadas a realizar os valores consagrados na Constituição, competindo aos órgãos julgadores decidir sobre a conformidade, ou não, dos atos administrativos

CONCLUSÕES 237

tributários com as disposições constitucionais e legais que regem a matéria, em razão do princípio da supremacia da Constituição, que resulta da compatibilidade vertical das normas na ordenação jurídica e da garantia constitucional da ampla defesa e do contraditório. Desse modo, esses órgãos são competentes para aplicar a norma constitucional em oposição a normas legais ou regulamentares, porque inviável descumprir os mandamentos maiores, posto que a legalidade começa com a Constituição, que é a lei máxima, e sem essa obediência não é possível interpretar e aplicar lei ou regulamento.

17. A apreciação posterior pelo Judiciário das decisões tomadas pela Administração é conseqüência natural e lógica da separação de Poderes baseada em pesos e contrapesos, cabendo à *função jurisdicional*, exercida com exclusividade pelo Poder Judiciário, controlar e revisar *terminativamente*, independentemente de essas decisões terem sido favoráveis ou contrárias à Fazenda Pública, em atendimento aos princípios da isonomia e da universalidade de jurisdição.

18. As premissas básicas e conceituações indispensáveis à atuação do processo administrativo tributário não se restringem ao direito tributário, mas se relacionam com outros institutos jurídicos, principalmente do direito administrativo e processual, com caráter específico em relação ao regime geral do processo. Por isso, deve-se dispor de normas jurídicas que definam as *faculdades* e *deveres* das partes e o *iter* jurídico, com as garantias de ajustar os atos da Administração aos recursos e órgãos encarregados de decidir, que não se ajustam perfeitamente à órbita das soluções das lides existentes seja no direito privado, seja no campo estrito do direito público, uma vez relações obrigacionais tributárias, não tendo caráter contratual, reúnem características que justificam regime e fundamentos próprios.

19. A legislação vigente não assinala com clareza nem regula de modo uniforme os momentos capitais de cada uma das fases do processo administrativo tributário. A diversidade continua sendo a regra, o que gera insegurança e desorientação nas atividades das partes relativamente aos atos processuais. Os preceitos são esparsos e não facilitam a composição dos conflitos entre o fisco e os contribuintes no âmbito das esferas administrativa e judicial, e o Governo vem timidamente introduzindo regras isoladas para a solução de problemas pontuais, ao invés de produzir reforma mais sistemática e abrangente do processo tributário, que incorpore discussão com a sociedade, por meio dos vários segmentos. A reformulação dos julgamentos administrativos tributários e a potencialização de suas atividades dependem de revisão e atualização da legislação processual e da atribuição de maior autonomia e independência ao julgamento, visando a lhe conceder maior utilidade como instrumento de aplicação da justiça tributária. As constantes investidas em matéria de reforma fiscal não têm trazido acoplada qualquer manifestação a respeito da importância técnica e jurídica da uniformização processual. Apesar de algumas manifestações no sentido da atuação integrada das Administrações Tributárias (Emenda Constitucional 42/2003) e modernização dos procedimentos administrativos tributários (Lei 11.196/2005), ainda são acanhados os ensejos de mudança. Qualquer reforma tributária há de contemplar o processo tributário em toda a sua extensão – do administrativo ao judicial –, sob pena de ficar inacabada e de não operacionalizar a devida aplicação dos direitos e garantias na tutela adequada.

20. O caráter de justiça no processo tributário é o elemento propulsor da aproximação e harmonização entre a fase administrativa e a judicial para alcançar os fins últimos do Direito – consecução e manutenção da paz jurídica e realização da justiça, sem afetar o princípio da *unidade de jurisdição*, cuja competência de declarar o Direito de modo definitivo e imutável é exclusiva do Poder Judiciário.

21. Essa harmonização evita desgastes ao aparelho estatal e afasta a dualidade não-harmônica de conhecimento das lides em matéria tributária, o que está demonstrado nas experiências bem-sucedidas nos sistemas alemão e português. A bem da celeridade e da redução de custos e para afastar a duplicidade de certas atividades processuais, convém que a legislação crie liames entre os dois processos – administrativo e judicial –, no âmbito fiscal. A relação mais íntima entre os dois processos, seja no que respeita à predeterminação do recorrente, seja ao objeto do processo, seja à sua sucessão obrigatória, afigura-se adequada e oferece melhores condições para apreciação na via judicial, pela maior amplitude da análise sobre as ponderações e razões que nortearam as decisões administrativas, implicando melhor e mais ágil condução do processo judicial logo a partir da petição. Ao mesmo tempo, é necessário e importante que todos os entes políticos se ajustem em uma harmonização da legislação processual administrativa tributária, cuja falta atual vem acarretando enormes dificuldades e custos aos contribuintes.

22. A existência de uma disciplina científica que explica e sistematiza o *processo tributário* é de fundamental importância. A preo-

CONCLUSÕES 239

cupação doutrinária e jurisprudencial em torno da evolução das normas de previsões gerais abstratas clama pela concorrência de um conjunto de regras formais que permitam a operatividade das primeiras, conferindo a necessária dinâmica aos tributos, que, a partir desse tratamento científico e sistemático, lhes dê maior organicidade, e a presença incontestável dos princípios regentes – o que representa um passo adiante em área em que é superficial a elaboração legislativa e doutrinária e que tem levado a grandes equívocos, à medida que se utiliza supletivamente o Código de Processo Civil no âmbito fiscal, cujo processo guarda pontos de contato mais fortes com outras áreas.

23. A edição de um *Código de Processo Tributário* permite, pois, que se apliquem ao direito público soluções compatíveis não com a abordagem privatística, mas com limitações aos excessos ou abusos em vista da concentração de competências no poder estatal, evitando-se infringência aos fundamentos do Estado Democrático de Direito, para o quê se exige submissão a um regime jurídico reservado para situações específicas que lhe são atinentes e que trate de modo orgânico e uniforme os princípios e garantias processuais, onde, ao abrigo do sistema de jurisdição única, os órgãos de julgamento administrativo tributário possam cumprir o papel de remover conflitos sob a prevalência do *estatuto da justiça*, e não do *estatuto do fisco* ou do *estatuto do contribuinte* – o que se apresenta como mecanismo de grande importância e contribui para o aperfeiçoamento do sistema jurídico brasileiro, em um modelo de relação com o contribuinte que não concorre com o Judiciário, mas que se traduz em espaço alternativo de exercício da cidadania em matéria tributária.

24. O controle judicial do ato administrativo é de grande importância para o Estado de Direito e é exercido pelo Poder Judiciário sobre a atividade administrativa sempre que eivada de ilegalidade ou abuso de poder, causando prejuízos a seus destinatários, circunscrevendo-se ao terreno da legalidade. Os dispositivos constitucionais e legais brasileiros oferecem ao administrado o remédio jurídico mais idôneo e apto a impedir, reprimir ou invalidar ato administrativo ilegal ou abusivo. O mandado de segurança é um desses remédios, muito utilizado no processo tributário, e constitui instituto jurídico de aprimorada técnica processual, como meio de defesa de direito líquido e certo ameaçado ou violado por ato de qualquer autoridade manifestamente ilegal ou inconstitucional, com fundamento em fato objeto de prova documental pré-constituída. Para obter proteção aos

240 PROCESSO ADMINISTRATIVO TRIBUTÁRIO

eventuais desvios da atividade judicante administrativa tributária nas suas várias fases, o sistema processual dispõe de procedimentos céleres; não só o mandado de segurança, mas também medidas cautelares ou, mesmo, antecipatórias.

25. Finalmente, é de se destacar a importância do processo administrativo tributário como instrumento alternativo em favor da solução de controvérsias em matéria tributária, que se tem consolidado pela dinâmica implementada pelos órgãos julgadores, que contribuem para o refinamento do sistema tributário e aperfeiçoamento do Estado Democrático de Direito. Além disso, promovem uma evolução no relacionamento entre o fisco e os contribuintes, num sentido ético e de justiça fiscal.

BIBLIOGRAFIA

A

ALBALAT, Susana Sartorio, e VELASCO, José Arias. *Procedimientos Tributarios*. 6ª ed. Madri, Marcial Pons, 1996.

ALVAREZ, Roxana Delgado. *Consulta Tributária – Marco Teórico*. Sursiquilho/ PE, 10.2.2000 (disponível em *http://www.munisurquillo.gob.pe/website/libros/Derecho/Congreso/Derecho/artic_23.pdf*, acesso em 20.8.2007).

ANDRADE, Luciano Benévolo de. "Dívida ativa – Inscrição". *RDTributário* 57/127-144. São Paulo, Ed. RT, julho-setembro/1991.

ARRUDA ALVIM, Teresa, e MARINS, James (coords.). *Repertório de Jurisprudência e Doutrina sobre Processo Tributário*. São Paulo, Ed. RT, 1994.

ASSUNÇÃO, Matheus Carneiro. "O controle judicial dos atos administrativos discricionários à luz da jurisprudência do STF e do STJ". *Jus Navigandi* 1.078. Ano 10. Teresina, 14.6.2006 (disponível em *http://jus2.uol.com.br/doutrina/texto.asp?id=8508*, acesso em 10.8.2007).

ATALIBA, Geraldo. "Consulta fiscal – Condições de eficácia". In: *Estudos e Pareceres de Direito Tributário*. vol. 2. São Paulo, Ed. RT, 1978.

_____. "Contencioso administrativo". *RDTributário* 11-12/347-350. São Paulo, Ed. RT, janeiro-junho/1980.

_____. "Espontaneidade como excludente de punibilidade no procedimento tributário". *RT* 464/55-67. São Paulo, Ed. RT, junho/1974.

_____. "Princípios constitucionais do processo e procedimento". *RDTributário* 46/118-132. São Paulo, Ed. RT, outubro-dezembro/1988.

_____. "Princípios informativos do contencioso administrativo tributário federal". *Revista de Informação Legislativa* 15(58)/123-138. Brasília, Ed. do Senado Federal, abril-junho/1978.

_____. "Processo administrativo e judicial". *RDTributário* 58/101-132. São Paulo, Ed. RT, outubro-dezembro/1991.

_____. "Prova no procedimento tributário". *RT* 473/42-50. São Paulo, Ed. RT, março/1975.

_____. "Recurso em matéria tributária". *Revista de Informação Legislativa* 25(97)/111-132. Brasília, Ed. do Senado Federal, janeiro-março/1988.

B

BALERA, Wagner. "Consulta em matéria tributária". *RDTributário* 45/218-228. São Paulo, Ed. RT, julho-setembro/1988.

BANDEIRA DE MELLO, Celso Antônio. *Curso de Direito Administrativo.* 24ª ed. São Paulo, Malheiros Editores, 2007; 21ª ed. São Paulo, Malheiros Editores, 2006.

_____. *Discricionariedade e Controle Jurisdicional.* 2ª ed., 8ª tir. São Paulo, Malheiros Editores, 2007.

_____. "O controle judicial dos atos administrativos". *RDA* 152/1-15. Rio de Janeiro, abril-junho/1983.

_____. "Procedimento tributário – Declaração falsa – Responsabilidade – Deveres acessórios – Multa – Suspeita e provas – Boa-fé e relação jurídica". *RDTributário* 7-8/60-69. São Paulo, Ed. RT, janeiro-junho/1979.

_____. (org.). *Estudos em Homenagem a Geraldo Ataliba-1: Direito Tributário.* São Paulo, Malheiros Editores, 1997.

_____. (org.). *Estudos em Homenagem a Geraldo Ataliba-2: Direito Administrativo e Constitucional.* São Paulo, Malheiros Editores, 1997.

BASTOS, Celso Ribeiro. *Curso de Direito Constitucional.* 14ª ed. São Paulo, Saraiva, 1992.

BECKER, Alfredo Augusto. *Teoria Geral do Direito Tributário.* 2ª ed. São Paulo, Saraiva, 1972.

BEDAQUE, José Roberto dos Santos. *Direito e Processo – Influência do Direito Material sobre o Processo.* 4ª ed. São Paulo, Malheiros Editores, 2006.

BERGROTH, Leonardo, DÍAZ SIEIRO, Horacio D., e VELJANOVICH, Rodolfo Diego. *Procedimiento Tributario.* Buenos Aires, Ediciones Macchi, 1993.

BITTAR, Djalma. "Instâncias administrativa e judicial". *RDTributário* 53/206-208. São Paulo, Ed. RT, julho-setembro/1990.

BOBBIO, Norberto. *Teoria do Ordenamento Jurídico.* 5ª ed. Brasília, UnB, 1994.

BIBLIOGRAFIA

BONILHA, Paulo Celso Bergstrom. *Da Prova no Processo Administrativo Tributário*. São Paulo, LTr, 1992.

BOTTALLO, Eduardo Domingos. "Princípios gerais do processo administrativo tributário". *RDTributário* 1/46-55. São Paulo, Ed. RT, julho-setembro/1977.

_____. *Procedimento Administrativo Tributário*. São Paulo, Ed. RT, 1977.

BRITO, Edvaldo. "Ampla defesa e competência dos órgãos julgadores administrativos para conhecer de argüições de inconstitucionalidade e/ou irregularidade de atos em que se fundamentem autuações". In: ROCHA, Valdir de Oliveira (coord.). *Processo Administrativo Fiscal*. vol. 3º. São Paulo, Dialética, 1998.

C

CAETANO, Marcello. *Direito Consitucional*. 2ª ed. (revista e atualizada por Flávio B. Novelli). vol. I. Rio de Janeiro, Forense, 1987.

CAIS, Cleide Previtalli. *O Processo Tributário*. 2ª ed. São Paulo, Ed. RT, 1996.

CANOTILHO, J. J. Gomes. *Direito Constitucional*. 6ª ed. Coimbra, Livraria Almedina, 1993.

CANTO, Gilberto de Ulhôa. "Processo tributário". *RDP* 8/138-168. São Paulo, Ed. RT, abril-junho/1969.

CANUTO, Enrique de Miguel. "El orden contencioso-administrativo y la Ley de Enjuiciamiento Civil". *Revista de Direito da Universidade de Valência* novembro/2002. Valência/Espanha (disponível em *http://www.uv.es/revista-dret/archivo/num1/pdf/canuto.pdf*, acesso em 28.7.2007).

CARLUCI, J. Lence. "O *due process of law* no procedimento administrativo-fiscal na área aduaneira". *RDTributário* 61/164-173. São Paulo, Malheiros Editores, s/d.

CARRAZZA, Roque Antônio. *Curso de Direito Constitucional Tributário*. 23ª ed. São Paulo, Malheiros Editores, 2007.

_____. *ICMS*. 12ª ed. São Paulo, Malheiros Editores, 2007.

CARVALHO, Paulo de Barros. "A prova no procedimento administrativo tributário". *Revista Dialética de Direito Tributário* 34/104-116. São Paulo, Dialética, julho/1998.

_____. *Curso de Direito Tributário*. 6ª ed. São Paulo, Saraiva, 1993.

_____. *Direito Tributário: Fundamentos Jurídicos da Incidência*. São Paulo, Saraiva, 1998.

244 PROCESSO ADMINISTRATIVO TRIBUTÁRIO

CARVALHO, Roberto Leal de. "O controle de constitucionalidade no processo administrativo tributário". *Jus Navigandi* 570. Ano 9. Teresina, 28.1.2005 (disponível em *http://jus2.uol.com.br/doutrina/texto.asp?id=6225*, acesso em 21.8.2007).

CASÁS, José Osvaldo. "El principio de igualdad en el 'Estatuto del Contribuyente' (paralelo entre el pensamiento del maestro uruguayo Ramón Valdés Costa y la doctrina y jurisprudencia de la República Argentina)". *Revista Latinoamericana de Derecho Tributario* 3. Madri, 1997.

COIMBRA, J. R. Feijó. *Defesas Fiscais*. São Paulo, Hemus Editora, 1986.

CONRADO, Paulo César. "Oficina: Processo Administrativo". *RDTributário* 98/141-154 (Anais do XX Congresso Brasileiro de Direito Tributário). São Paulo, Malheiros Editores, s/d.

COSTA, Regina Helena. "Processo administrativo eletrônico. Provas e garantias recursais". *RDTributário* 98/86-92 (Anais do XX Congresso de Direito Tributário). São Paulo, Malheiros Editores.

COTRIM NETO, A. B. "Código de Processo Administrativo – Sua necessidade, no Brasil". *RDP* 80/34-44. São Paulo, Ed. RT, outubro-dezembro/1986.

CRETELLA JR., José *Controle Jurisdicional do Ato Administrativo*. 3ª ed. Rio de Janeiro, Forense, 1993.

_____. "Da autotutela administrativa". *RDA* 108/47-63. Rio de Janeiro, abril-junho/1972.

_____. *Dos Atos Administrativos Especiais*. 2ª ed. Rio de Janeiro, Forense, 1995.

_____. "O 'contencioso administrativo' inexistente". *RDP* 75/27-30. São Paulo, Ed. RT, julho-setembro/1985.

CRUZ E CREUZ, Luis Rodolfo Cruz, e VILLAREAL, Gabriel Hernan Facal. "A consulta fiscal. A norma antielisiva e a segurança empresarial". *Revista de Estudos Tributários* 47. São Paulo, janeiro-fevereiro/2006.

D

DALLARI, Dalmo de Abreu. *O Conselho de Estado e o Contencioso Administrativo no Brasil*. RDP 11/33-44 . São Paulo, Ed. RT, janeiro-março/1970.

DALLAZEM, Dalton Luiz. "Processo administrativo tributário. Prova. Arquivos magnéticos". *Jus Navigandi* 929. Ano 10. Teresina, 18.1.2006 (disponível em *http://jus2.uol.com.br/doutrina/texto.asp?id=7855*, acesso em 23.8.2007).

BIBLIOGRAFIA 245

DANTAS, Francisco Wildo Lacerda. *Jurisdição, Ação (Defesa) e Processo*. São Paulo, Dialética, 1997.

DANTAS, Hamilton de Sá. "Contencioso administrativo tributário". *O Estado de S. Paulo* 2.10.1995. "Caderno B". São Paulo (p. 17).

DE PLÁCIDO e SILVA. *Vocabulário Jurídico*. vols. III e IV. Rio de Janeiro, Forense, 1987.

DI PIETRO, Maria Sylvia Zanella. *Direito Administrativo*. 9ª ed. São Paulo, Atlas, 1998.

_____. "Processo administrativo – Garantia do administrado". *RDTributário* 58/113-118. São Paulo, Ed. RT, outubro-dezembro/1991.

_____. "Processo Administrativo e Judicial". *RDTributário* 58/113-118, 1991.

DÍAZ SIEIRO, Horacio D., BERGROTH, Leonardo, e VELJANOVICH, Rodolfo Diego. *Procedimiento Tributario*. Buenos Aires, Ediciones Macchi, 1993.

DICHIARA, Sara M. Clara. "Consideraciones sobre el proceso contencioso tributario – El anteproyecto brasileño". *RDTributário* 6/27-31. São Paulo, Ed. RT, outubro-dezembro/1978.

DINAMARCO, Cândido Rangel. *A Instrumentalidade do Processo*. 12ª ed. São Paulo, Malheiros Editores, 2005; 13ª ed., 2008.

_____, CINTRA, Antônio Carlos de Araújo, e GRINOVER, Ada Pellegrini. *Teoria Geral do Processo*. 24ª ed. São Paulo, Malheiros Editores, 2008.

DINIZ, Maria Helena. *Código Civil Anotado*. 3ª ed. São Paulo, Saraiva, 1997.

E

ESPANHA. *Ley de la Jurisdicción Contencioso-Administrativa* (Ley 29/1998) (disponível em *http://www.ruidos.org/Normas/Ley_29_1998.html*, acesso em 28.7.2007).

F

FEITOSA, Celso Alves. "Da possibilidade dos tribunais administrativos, que julgam matéria fiscal, decidirem sobre exação com fundamento em norma considerada ilegítima em oposição à Constituição Federal". In: ROCHA, Valdir de Oliveira (coord.). *Processo Administrativo Fiscal*. vol. 3º. São Paulo, Dialética.

246 PROCESSO ADMINISTRATIVO TRIBUTÁRIO

FERNANDES, F. Pinto, e SANTOS, J. Cardoso dos. *Código de Processo Tributário Anotado e Comentado*. Lisboa, Rei dos Livros, 1991.

FERRARA, Francesco. *Interpretação e Aplicação das Leis*. 4ª ed. Coimbra, Arménio Amado Editor, Sucessor (Colecção STVDIVM – Temas Filosóficos, Jurídicos e Sociais), 1987.

FERRAZ, Sérgio. "Privilégios processuais da Fazenda Pública". *RDP* 53-54/38-43. São Paulo, Ed. RT, janeiro-junho/1980.

FERRAZ JR., Tércio Sampaio. "Segurança jurídica e normas gerais tributárias". *RDTributário* 17-18/51-56. São Paulo, Ed. RT, junho-dezembro/1981.

FERREIRA, Pedrylvio Francisco Guimarães. "Processo administrativo-fiscal e ação judicial". *RDTributári* 6/138-144. São Paulo, Ed. RT, outubro-dezembro/1978.

FERREIRO LAPATZA, J. J. "Poder tributario y tutela judicial efectiva". In: *Estudos em Homenagem a Geraldo Ataliba-1: Direito Tributário*. São Paulo, Malheiros Editores, 1997.

_____. "Relación jurídico-tributaria – La obligación tributaria". *RDTributário* 41/7-35. São Paulo, junho-setembro de 1987.

FIGUEIREDO, Lúcia Valle. "Devido processo legal e fundamentação das decisões". *RDTributário* 63/211-216. São Paulo, Malheiros Editores, 1993.

_____. "Mandado de segurança em matéria tributária". *RDTributário* 62/50-61. São Paulo, Malheiros Editores, 1993.

_____. "Princípios de proteção ao contribuinte: princípio de segurança jurídica". *RDTributário* 47/56-61. São Paulo, Ed. RT, janeiro-março/1989.

FLEINER, Fritz. *Principes Généraux du Droit Administratif Allemand*. Paris, Librairie Delagrave, 1933.

FONROUGE, Carlos M. Giuliani. "Contencioso tributario". In: *Derecho Financiero*. 5ª ed. , vol. II. Buenos Aires, Depalma, 1993 (pp. 745-878).

_____, e NAVARRINE, Susana Camila. *Procedimiento Tributario*. 6ª ed. (atualizada e ampliada por Susana Camila Navarrine). Buenos Aires, Depalma, 1995.

FRANÇA, R. Limongi. *Hermenêutica Jurídica*. 5ª ed. São Paulo, Saraiva, 1997.

FRIEDE, R. Reis. "A garantia constitucional de devido processo legal". *RT* 716/71-77. São Paulo, Ed. RT, junho/1995.

FUX, Luiz. "A súmula vinculante e o Superior Tribunal de Justiça". *Revista de Direito Bancário e do Mercado de Capitais* 28/27-30. Ano 8. Abril-junho/2005.

BIBLIOGRAFIA

G

GIARDINO, Cléber. "Instituto da consulta em matéria tributária. Declaração de ineficácia". *RDTributário* 39/223-227. São Paulo, Ed. RT, janeiro-março/1987.

GOMES, Nuno Sá. "As situações jurídicas tributárias-I". *Cadernos de Ciência e Técnica Fiscal* 77. Lisboa, Centro de Estudos Fiscais da Direcção-Geral das Contribuições e Impostos/Ministério das Finanças, 1969.

_____. "Estudos sobre a segurança jurídica na tributação e as garantias dos contribuintes". *Cadernos de Ciência e Técnica Fiscal* 169. Lisboa, Centro de Estudos Fiscais da Direcção-Geral das Contribuições e Impostos/Ministério das Finanças, 1993.

GORDILLO, Agustín A. "La garantía de defensa como principio de eficacia en el procedimiento administrativo". *RDP* 10/16-34. São Paulo, Ed. RT, outubro-dezembro/1969.

_____. "Processo administrativo tributário". *RDTributário* 9-10/277-294. São Paulo, Ed RT, julho-dezembro/1979.

GRAU, Eros Roberto. *O Direito Posto e o Direito Pressuposto*, 6ª ed. São Paulo, Malheiros Editores, 2005.

GRECO, Marco Aurélio. *Dinâmica da Tributação e Procedimento*. São Paulo, Ed. RT, 1979.

GRINOVER, Ada Pellegrini, CINTRA, Antônio Carlos de Araújo, e DINAMARCO, Cândido Rangel. *Teoria Geral do Processo*. 24ª ed. São Paulo, Malheiros Editores, 2008.

GUEDES, Armando M. Marques. "O processo burocrático". *Cadernos de Ciência e Técnica Fiscal* 78. Lisboa, Centro de Estudos Fiscais da Direcção-Geral das Contribuições e Impostos/Ministério das Finanças, 1969.

H

HARADA, Kioshi. *Dicionário de Direito Público*. 2ª ed. São Paulo, MP Editora, 2005.

J

JARACH, Dino. "Derecho tributario procesal". In: *Curso Superior de Derecho Tributario*. Buenos Aires, Liceo Profesional Cima, 1969 (pp. 435-499).

JUSTEN FILHO, Marçal. "Considerações sobre o 'processo administrativo fiscal'". *Revista Dialética de Direito Tributário* 33/108-132. São Paulo, Dialética, junho/1998.

248 PROCESSO ADMINISTRATIVO TRIBUTÁRIO

K

KELSEN, Hans. *Teoria Pura do Direito*. 3ª ed. São Paulo, Martins Fontes, 1991.

L

LIEBMAN, Enrico Tullio. *Manual de Direito Processual Civil*. Tocantins, Intelectos, 2003, vols. 1 e 2 (edição não autorizada); 3ª ed., tradução e notas de Cândido Rangel Dinamarco, São Paulo, Malheiros Editores, 2005.

LIMA, Ruy Cirne. *Princípios de Direito Administrativo*. 5ª ed. São Paulo, Ed. RT, 1982; 7ª ed. Revista e reelaborada por Paulo Alberto Pasqualini. São Paulo, Malheiros Editores, 2007.

LOPES DA COSTA, Alfredo de Araújo. *Direito Processual Civil Brasileiro*. 2ª ed., vol. III. Rio de Janeiro, Forense, 1959.

M

MACHADO, Hugo de Brito. "Coisa julgada no mandado de segurança". In: *Temas de Direito Tributário-II*. São Paulo, Ed. RT, 1994.

_____. "Estudos de processo tributário". In: *Imposto de Renda – Estudos n. 19*. São Paulo, Resenha Tributária, 1991.

_____. "Mandado de segurança e consulta fiscal". *RDTributário* 61/109-114. São Paulo, Malheiros Editores, s/d.

_____. *O Conceito de Tributo no Direito Brasileiro*. Rio de Janeiro, Forense, 1987.

_____. "O devido processo legal administrativo tributário e o mandado de segurança". In: ROCHA, Valdir de Oliveira (coord.). *Processo Administrativo Fiscal*. vol. 3º. São Paulo, Dialética, 1998 (também in *Estudos de Processo Tributário*).

_____. *Temas de Direito Tributário-II*. São Paulo, Ed. RT, 1994.

MARINS, James. "Decisões tributárias administrativas e controle judicial". *Revista Dialética de Direito Tributário* 19/36-59. São Paulo, Dialética, abril/1997.

_____. *Princípios Fundamentais do Direito Processual Tributário*. São Paulo, Dialética, 1998.

_____, ARRUDA ALVIM, Eduardo, e ARRUDA ALVIM, Teresa (coords.). *Repertório de Jurisprudência e Doutrina sobre Processo Tributário*. São Paulo, Ed. RT, 1994.

BIBLIOGRAFIA

MARIZ DE OLIVEIRA, Ricardo. "Processo administrativo federal – Alterações introduzidas pela Medida Provisória 1.621-30 e 31". In: ROCHA, Valdir de Oliveira (coord.). *Processo Administrativo Fiscal*. vol. 3º. São Paulo, Dialética, 1998.

MARTINS, Ives Gandra da Silva. "Procedimento administrativo". *RDTributário* 9-10/71-85. São Paulo, Ed. RT, julho-dezembro/1979.

MAXIMILIANO, Carlos. *Hermenêutica e Aplicação do Direito*. 10ª ed. Rio de Janeiro, Forense, 1988.

MEDAUAR, Odete. "A processualidade administrativa tributária". *IOB – Repertório de Jurisprudência* 21/429-430. São Paulo, IOB, 1994.

_____. *A Processualidade no Direito Administrativo*. São Paulo, Ed. RT, 1993.

_____. "As garantias do devido processo legal, do contraditório e da ampla defesa no processo administrativo tributário". *IOB – Repertório de Jurisprudência* 12/237-238. São Paulo, IOB, 1994.

_____. "Conselhos de Contribuintes". *IOB – Repertório de Jurisprudência* 2/34. São Paulo, IOB, 1995.

_____. *O Direito Administrativo em Evolução*. São Paulo, Ed. RT, 1992.

MEIRELLES, Hely Lopes. *Direito Administrativo Brasileiro*. 34ª ed. (atualizada por Eurico de Andrade Azevedo, Délcio Balestero Aleixo e José Emmanuel Burle Filho). São Paulo, Malheiros Editores, 2008.

_____. *Mandado de Segurança*. 30ª ed. (atualizada por Arnoldo Wald e Gilmar Ferreira Mendes, com a colaboração de Rodrigo Garcia da Fonseca). São Paulo, Malheiros Editores, 2007.

_____. *O Processo Administrativo e em Especial o Tributário*. São Paulo, Resenha Tributária, 1975.

MONTI, Italo Paolinelli. "El contencioso tributario en el Código Tributario chileno". *RDTributário* 4/19-28. São Paulo, Ed. RT, abril-junho/1978.

MORAES, Alexandre de. *Constituição do Brasil Interpretada e Legislação Constitucional*. São Paulo, Atlas, 2002.

MORAES, Bernardo Ribeiro de. "A instância administrativa tributária". In: *Compêndio de Direito Tributário*. Rio de Janeiro, Forense, 1984 (pp. 835-894).

_____. "Tutela jurídica em matéria tributária". In: *Compêndio de Direito Tributário*. Rio de Janeiro, Forense, 1984 (pp. 825-834).

MOREIRA, José Carlos Barbosa. *Temas de Direito Processual: Segunda Série*. São Paulo, Saraiva, 1980.

250 PROCESSO ADMINISTRATIVO TRIBUTÁRIO

N

NAVARRINE, Susana Camila, e FONROUGE, Carlos M. Giuliani. *Procedimiento Tributario*. 6ª ed. (atualizada e ampliada por Susana Camila Navarrine). Buenos Aires, Depalma, 1995.

NEDER, Marcos Vinicius. "Súmula vinculante no Conselho de Contribuintes". Palestra proferida no *II Congresso de Direito Tributário de Londrina*. Outubro/2007.

NEGRÃO, Theotonio. *Código de Processo Civil e Legislação Processual em Vigor*. 28ª ed. (atualizada até 5.1.1997). São Paulo, Saraiva, 1997.

NERY JR., Nélson. *Princípios do Processo Civil na Constituição Federal*. 7ª ed. São Paulo, Ed. RT, 2002.

NERY JR., Nélson, e NERY, Rosa Maria de Andrade. *Código de Processo Civil Comentado e Legislação Processual Civil Extravagante em Vigor*. 3ª ed. (revista e ampliada até 1.8.1997). São Paulo, Ed. RT, 1997.

NOVOA, César G. "Seguridad jurídica y derecho tributario". In: *Estudos em Homenagem a Geraldo Ataliba-1: Direito Tributário*. São Paulo, Malheiros Editores, 1997.

O

OLIVEIRA, Régis Fernandes de. *Ato Administrativo*. 3ª ed. São Paulo, Ed. RT, 1992.

P

PELUFFO, Juan P. Cajarville. *Procedimiento Administrativo*. Montevidéu, Ediciones Idea, 1992.

PEREZ, Juan José Zornoza. "Consulta y Administración Tributaria en España". *RDTributário* 29-30/11-27. São Paulo, Ed. RT, julho-dezembro/1984.

_____. "Interpretación administrativa y consulta tributaria". *RDTributário* 38/59-92. São Paulo, Ed. RT.

PINTO, Maria da Glória Ferreira. "Considerações sobre a reclamação prévia ao recurso contencioso". *Cadernos de Ciência e Técnica Fiscal* 127. Lisboa, Centro de Estudos Fiscais da Direcção-Geral das Contribuições e Impostos/Ministério das Finanças, 1983.

BIBLIOGRAFIA

PORTANOVA, Rui. *Princípios do Processo Civil*. Porto Alegre, Livraria do Advogado, 1995.

R

RAMOS FILHO, Carlos Alberto de Moraes. "Limites objetivos à revisibilidade do lançamento no processo administrativo tributário". *RDT da APET* 13/46-70. Ano III. São Paulo, MP Editora, março/2007.

RIBAS, Lídia M. L. Rodrigues. *Direito Penal Tributário – Questões Relevantes*. 2ª ed. São Paulo, Malheiros Editores, 2004.

ROCHA, José de Albuquerque. *Teoria Geral do Processo*. 6ª ed. São Paulo, Malheiros Editores, 2002.

ROCHA, Valdir de Oliveira. *A Consulta Fiscal*. São Paulo, Dialética, 1996.

_____. *Problemas de Processo Judicial Tributário*. São Paulo, Dialética, 1996.

_____. *Processo Administrativo Fiscal*. São Paulo, Dialética, 1995 (vol. 2º, 1997; vol. 3º, 1998).

_____ (coord.). *Processo Judicial em Matéria Tributária*. São Paulo, Dialética, 1995.

ROMANO, Santi. *Princípios de Direito Constitucional Geral*. Trad. de Maria Helena Diniz. São Paulo, Ed. RT, 1977.

S

SAINZ DE BUJANDA, Fernando. *Lecciones de Derecho Financiero*. 7ª ed. Madri, Universidad Complutense, 1989.

SANCHES, J. L. Saldanha. "O novo processo tributário português". *RDTributário* 59/47-55. São Paulo, Malheiros Editores, s/d.

_____. "O ónus da prova no processo fiscal". *Cadernos de Ciência e Técnica Fiscal* 151. Lisboa, Centro de Estudos Fiscais da Direcção-Geral das Contribuições e Impostos/Ministério das Finanças, 1987.

SANTI, Eurico Marcos Diniz de. *Lançamento Tributário*. São Paulo, Max Limonad, 1996.

SANTOS, Bruno Maciel dos. "Súmula vinculante em matéria tributária". *XXI Congresso Brasileiro de Direito Tributário*. São Paulo, outubro/2007.

252 PROCESSO ADMINISTRATIVO TRIBUTÁRIO

SANTOS, J. Cardoso dos, e FERNANDES, F. Pinto. *Código de Processo Tributário Anotado e Comentado*. Lisboa, Rei dos Livros, 1991.

SCHOUERI, Luís Eduardo. "Presunções simples e indícios no procedimento administrativo fiscal". In: ROCHA, Valdir de Oliveira (coord.). *Processo Administrativo Fiscal*. vol. 2º. São Paulo, Dialética, 1997.

_____, e SOUZA, Gustavo Emílio Contrucci A. de. "Verdade material no 'processo' administrativo tributário". In: ROCHA, Valdir de Oliveira (coord.). *Processo Administrativo Fiscal*. vol. 3º. São Paulo, Dialética, 1998.

SEABRA FAGUNDES, M. "Revogação e anulamento do ato administrativo". *RDA* 3/1-12. Rio de Janeiro, janeiro/1946.

SEIXAS FILHO, Aurélio Pitanga. "A prova pericial no processo administrativo tributário". In: ROCHA, Valdir de Oliveira (coord.). *Processo Administrativo Fiscal*. vol. 3º. São Paulo, Dialética, 1998 (pp. 13-14).

_____. *Dos Recursos Fiscais – Regime Jurídico e Efeitos*. Rio de Janeiro, Freitas Bastos, 1983.

_____. "Questões relacionadas à chamada *coisa julgada* administrativa em matéria fiscal". In: ROCHA, Valdir de Oliveira (oord.). *Processo Administrativo Fiscal*. vol. 3º. São Paulo, Dialética, 1998.

SIEIRO, Horacio Díaz, e outros. *Procedimiento Tributário – Ley 11.683*. Buenos Aires, Editorial Macchi, 1983..

SILVA, José Afonso da. *Curso de Direito Constitucional Positivo*. 30ª ed. São Paulo, Malheiros Editores, 2008.

SOARES, Mário Lúcio Quintão. *Teoria Geral do Estado: o Substrato Clássico e os Novos Paradigmas como Pré-Compreensão para o Direito Constitucional*. Belo Horizonte, Del Rey, 2001.

STIPPO, Massimo. "L'accertamento con adesione del contribuente *ex* D. Leg. 19 giugno 1997, n. 218, nel quadro generale delle obbligazioni di diritto pubblico e il problema della natura giuridica". *Rassegna Tributaria* 5. 1998.

SOUSA, Rubens Gomes de. "Idéias gerais para uma concepção unitária e orgânica do processo fiscal". *RDA* 34/14-33.

_____. "Procedimento tributário". *RDTributário* 2/133-157. São Paulo, Ed. RT, outubro-dezembro/1977.

_____. "Revisão judicial dos atos administrativos em matéria tributária por iniciativa da própria Administração". *RDA* 29/441-453, julho-setembro/1952.

SOUTO MAIOR BORGES, José. "Competência tributária dos Estados e Municípios". *RDTributário* 47/132-142. São Paulo, Ed. RT, janeiro-março/1989.

_____. *O Contraditório no Processo Judicial (Uma Visão Dialética)*. São Paulo, Malheiros Editores, 1996.

BIBLIOGRAFIA   253

T

TÁCITO, Caio. "Contencioso administrativo." *RDA* 133/59-69.

TEMER, Michel. *Elementos de Direito Constitucional*. 22ª ed. São Paulo, Malheiros Editores, 2007.

V

VELASCO, José Arias, e ALBALAT, Susana Sartorio. *Procedimientos Tributarios*. 6ª ed. Madri, Marcial Pons, 1996.

VELJANOVICH, Rodolfo Diego, BERGROTH, Leonardo, e DÍAZ SIEIRO, Horacio D. *Procedimiento Tributario*. Buenos Aires, Ediciones Macchi, 1993.

VENEZUELA. "Ley Orgánica de la Contraloría-General de la República y del Sistema Nacional de Control Fiscal". *Gaceta Oficial* 37.347 (17.12.2001). Caracas/Venezuela (disponível em *http://www.cgr.gov.ve/pdf/institut/in_locgr. pdf*, acesso em 28.7.2007).

VILANOVA, Lourival. *As Estruturas Lógicas e o Sistema de Direito Positivo*. São Paulo, Ed. RT, 1977 ("Prefácio" de Geraldo Ataliba).

_____. *Causalidade e Relação no Direito*. 2ª ed. São Paulo, Saraiva, 1989.

VILLAREAL, Gabriel Hernan Facal, e CRUZ E CREUZ, Luis Rodolfo. "A consulta fiscal. A norma antielisiva e a segurança empresarial". *RET* 47. São Paulo, janeiro-fevereiro/2006.

VOGEL, Klaus. "Protección legal ante los tribunales fiscales en la República Federal Alemana". *RDTributário* 34/13-25. São Paulo, Ed. RT, outubro-dezembro/1985.

X

XAVIER, Alberto P. "Aspectos fundamentais do contencioso tributário". *Cadernos de Ciência e Técnica Fiscal* 103. Lisboa, Centro de Estudos Fiscais da Direcção-Geral das Contribuições e Impostos/Ministério das Finanças, 1972.

_____. *Do Lançamento: Teoria Geral do Ato, do Procedimento e do Processo Tributário*. 2ª ed. Rio de Janeiro, Forense, 1997.

_____. "Natureza jurídica do processo tributário". *RDTributário* 17-18/ 103-114. São Paulo, Ed. RT, julho-dezembro/1981.

GRÁFICA PAYM
Tel. (011) 4392-3344
paym@terra.com.br

0499